STRATÈGES

NIVEAU 3

ACTIVITÉS DE GÉOMÉTRIE

et suivi des progrès avec des ceintures de compétences

Kevin Gueguen

RETZ
editions-retz.com

Cet ouvrage suit l'orthographe recommandée par les rectifications de 1990
et les programmes scolaires.
Voir le site
http://www.orthographe-recommandee.info et son miniguide d'information.

Ce livre est imprimé sur du papier issu de forêts gérées durablement.

Direction éditoriale : Céline Lorcher
Édition : Elvire Lakraa
Couverture : Marylène Lhenri
Correction : Gérard Tassi
Maquette et mise en page : STDI

N° de projet : 10295621
Dépôt légal : février 2024
Achevé d'imprimer en France en janvier 2024 sur les presses de Chirat

ISBN : 978-2-7256-4508-7

SOMMAIRE

** Les notions marquées d'un astérisque contiennent des exercices pour les 6ᵉ. Ces exercices sont identifiables dans le fichier par un code (voir page 7).*

CHAPITRE 6

Identifier et tracer des droites et des segments	1-3	Tracer des points et des droites symétriques	26-27
Identifier des parallèles et des perpendiculaires	4-6	Tracer un axe de symétrie*	28-30
Identifier des angles	7-10	Reproduire des polygones	31-33
Mesurer des angles*	11-13	Tracer des cercles	35
Calculer un périmètre	14-17	Construire des polygones	34, 36
Calculer une aire*	18-21	Tracer l'agrandissement d'une figure	37
Identifier des solides	22	Tracer la réduction d'une figure	38
Reproduire un solide	23-25	Suivre un programme de construction	39-40

CHAPITRE 7

Identifier des droites et des segments	1-4	Tracer un solide en perspective	25-27
Identifier et tracer des parallèles et des perpendiculaires	5-6	Tracer des segments symétriques	28-29
Tracer la médiatrice d'un segment*	7	Tracer un axe de symétrie	30-31
Identifier et mesurer des angles*	8-14	Reproduire des polygones*	32-33
Calculer un périmètre	15-18	Construire des polygones*	34-37
Calculer une aire*	19-21	Tracer l'agrandissement d'une figure	38
Reproduire un solide	22-24	Tracer la réduction d'une figure*	39
		Suivre un programme de construction	40-41

CHAPITRE 8

Identifier et tracer des droites et des segments	1-4	Calculer une aire*	17-19
Tracer la médiatrice d'un segment*	5	Tracer un solide en perspective	20-23
Tracer des parallèles et des perpendiculaires	6-7	Tracer une figure symétrique	24-25
Tracer et mesurer des angles*	8-12	Tracer l'agrandissement d'une figure	26-27, 34-35
Tracer la bissectrice d'un angle*	13	Reproduire des polygones*	28-30
Calculer un périmètre*	14-16	Construire des polygones*	31-33
		Suivre un programme de construction	36-37

CHAPITRE 9

Identifier et tracer des droites et des segments	1-2	Identifier des solides	18-20
Tracer la médiatrice d'un segment*	3, 5	Construire le patron d'un solide*	21
Tracer des parallèles et des perpendiculaires	4	Tracer une figure symétrique	22-24
Construire des angles*	6-8	Tracer un axe de symétrie	25
Mesurer des angles*	9	Reproduire des polygones*	26-27
Tracer la bissectrice d'un angle*	10-11	Construire des polygones*	28-30
Calculer un périmètre*	12-14	Tracer la réduction d'une figure	31
Calculer une aire*	15-17	Tracer l'agrandissement d'une figure	32
		Suivre un programme de construction	33-34

CHAPITRE 10

Identifier des droites et des segments	1	Calculer une aire*	15-17
Tracer des parallèles et des perpendiculaires	2-4	Construire le patron d'un solide*	18-19
Tracer les médiatrices d'une figure*	5	Tracer une figure symétrique	20-22
Identifier des angles	6	Reproduire des polygones*	23-25
Mesurer et calculer des angles*	7-9	Construire des polygones*	26-29
Tracer la bissectrice d'un angle*	10-11	Tracer une réduction d'une figure	30
Calculer un périmètre*	12-14	Suivre un programme de construction*	31-32

PRÉSENTATION

UNE PROGRESSIVITÉ STRUCTURÉE, DU CP À LA 6e

La géométrie, au sens large, demande aux élèves de maitriser des savoirs, des compétences et des gestes liés à des outils. Pour favoriser l'acquisition et la maitrise de ces différents domaines, il est essentiel de pouvoir disposer d'outils progressifs et structurés, pensés sur le long terme. L'acquisition de gestes précis, l'utilisation fine du matériel de géométrie, l'émergence des liens entre les savoirs et les savoir-faire vont se construire très progressivement par un travail régulier permettant à l'élève de parfaire ses compétences. Cette proposition de support d'entrainement et d'évaluation, sous forme de fichier photocopiable, nous permet, à nous enseignants, de montrer quotidiennement le *comment*, d'expliquer progressivement le *pourquoi*, de guider *pendant*, sur une longue période, de l'école primaire au début du collège, pour voir nos élèves gagner en réussite et en autonomie.

UN OUTIL POUR UN TRAVAIL RÉGULIER

Les chapitres sont construits de manière à favoriser une pratique régulière de la géométrie avec les élèves. Chaque semaine, les élèves vont être amenés à utiliser progressivement tous les outils de la géométrie, à en parfaire l'utilisation et à consolider les notions abordées en classe.

CINQ GRANDES COMPÉTENCES MATHÉMATIQUES MISES EN ŒUVRE

Chercher pour s'engager dans une démarche. Observer, questionner, manipuler, expérimenter, émettre des hypothèses en mobilisant des outils ou des procédures déjà rencontrées et en élaborant un raisonnement adapté à une situation nouvelle.

Modéliser pour reconnaitre des situations pouvant être modélisées par des relations géométriques et utiliser des propriétés géométriques pour reconnaitre des objets.

Représenter pour analyser, reconnaitre et utiliser les premiers éléments de codage d'une figure ou d'un solide, et pour en produire des représentations.

Raisonner pour passer progressivement de la perception de l'objet géométrique à son contrôle par les instruments afin que le raisonnement s'appuie sur des propriétés des figures et sur des relations entre ces objets.

Communiquer pour utiliser progressivement un vocabulaire adéquat et/ou des notations adaptées pour décrire une situation et exposer une argumentation.

Au-delà de ces cinq grandes compétences, chaque chapitre des fichiers d'activités permet à l'enseignant de retravailler de façon systématique les grands domaines des programmes pour l'espace et la géométrie :

Au cycle 2 (fichiers de niveaux 1 et 2)

- Reconnaitre, nommer, décrire et reproduire quelques solides.
- Reconnaitre, nommer, décrire, reproduire et construire quelques figures géométriques.
- Reconnaitre et utiliser les grandes notions géométriques (alignement, angle droit, égalité de longueurs, milieu, symétrie).

Au cycle 3 (fichiers de niveaux 2 et 3)

- Reconnaitre, nommer, décrire, reproduire, représenter des solides et des figures géométriques.
- Reconnaitre et utiliser quelques relations géométriques : alignement, appartenance, perpendicularité, parallélisme, égalité de longueurs, égalité d'angle, distance entre deux points, symétrie, agrandissement et réduction.

UNE ÉVALUATION POSITIVE DES GESTES ET DES COMPÉTENCES DES ÉLÈVES

La validation des productions de l'élève se veut progressive, positive et motivante en rendant toujours visible les réussites. Chaque élève se verra donc proposer, tout au long de l'année, de nombreuses opportunités de retravailler des gestes et des notions préalablement abordés afin de les parfaire progressivement.

Chaque chapitre est associé à une ceinture qui viendra valider les productions des élèves et matérialiser leurs progrès. Cette validation de la réussite est un puissant moteur de la confiance et de l'engagement de tous les élèves. Cet ouvrage est donc conçu par et pour les enseignants comme un support de travail quotidien mais aussi comme une aide à l'évaluation et à l'analyse du cheminement des élèves.

Les ceintures de compétences

Tout comme F. Oury, l'auteur s'est inspiré de sa longue expérience de judoka. Les ceintures permettent aux enfants de représenter leur réussite et donc leur progression. À chaque chapitre terminé, l'élève colorie la ceinture qu'il vient d'atteindre et qui symbolise sa progression et sa réussite. Les ceintures peuvent aider l'enseignant à mieux gérer l'hétérogénéité de la classe en favorisant la coopération et le tutorat entre une ceinture élevée et un débutant. Avec ce dispositif, les enseignants peuvent, s'ils le souhaitent, mettre en place un affichage des ceintures dans la classe. Avec leurs prénoms comme étiquette, les élèves savent toujours où ils en sont.

MA FICHE DE PROGRÈS

Proposée dans les ressources numériques (voir page suivante), la fiche de progrès est une fiche personnelle qui permet de matérialiser pas à pas les progrès de l'élève durant l'année et le cycle. Cette fiche est complétée progressivement par l'enseignant à chaque réussite de l'élève en géométrie.

Chaque cercle à colorier sous la ceinture choisie correspond à un exercice que l'élève devra effectuer. L'élève sait donc toujours ce qu'il a accompli et ce qu'il reste à accomplir pour atteindre le niveau de compétence visé. Chaque chapitre ainsi complété permet de valider la ceinture correspondante.

À la première séance, 6 exercices ont été validés, puis 9 à la séance suivante. Il reste encore 16 exercices avant de valider la ceinture. Une fois tous les exercices validés, on peut faire colorier la ceinture.

DES ACTIVITÉS TESTÉES PAR LES ENSEIGNANTS

Cet ouvrage, comme *Résolution de problèmes mathématiques* de la même collection « Stratèges », est le fruit d'une longue expérience de terrain dans les classes. Il a été construit par et pour des enseignants.

Toutes les activités proposées sont issues des demandes de collègues enseignantes qui souhaitaient des supports de travail pour leurs élèves. Ces supports devaient répondre à plusieurs attentes :

- Être progressifs pour accompagner les élèves tout au long de l'année, quel que soit leur niveau.
- Aborder toutes les attentes des programmes pour tous les niveaux.
- Être riches quant au nombre d'activités proposées afin que les élèves puissent essayer, se tromper et se perfectionner afin de réussir à maitriser les gestes et compétences ciblées.
- Permettre de rendre visibles les progressions et réussites des élèves.

Cet ouvrage est l'aboutissement de ces demandes qui ont été concrétisées en classe durant plusieurs années. Nous souhaitons donc qu'il puisse accompagner quotidiennement vos élèves afin qu'ils acquièrent les gestes, les connaissances et les compétences abordées.

COMMENT UTILISER CE FICHIER ?

➡ Ce fichier peut s'utiliser en parallèle ou en complément des leçons et activités de géométrie proposées par l'enseignant. Il viendra renforcer la pratique de classe en offrant de très nombreux exercices progressifs.

➡ Ce fichier est construit pour permettre d'associer un chapitre à une période de l'année scolaire. Un fichier de dix chapitres couvrira ainsi deux années de cinq périodes.

➡ S'il le souhaite, l'enseignant peut proposer un livret individuel correspondant à un chapitre au début de chaque période. Il peut ainsi aborder progressivement toutes les compétences attendues en géométrie.

➡ Selon la progression des élèves, l'enseignant pourra préparer à l'avance des exercices ou des chapitres pour les plus avancés. Chaque élève va se construire petit à petit un recueil complet de son travail.

➡ Les élèves peuvent travailler seuls ou à plusieurs selon la difficulté proposée et les objectifs de l'enseignant.

➡ La régularité est essentielle. Selon les choix pédagogiques des enseignants, ces séances peuvent être organisées en atelier de quelques élèves, en demi-classe ou classe entière.

➡ Des carrés de validation, associés à l'énoncé, permettent la validation de chaque étape de la consigne par l'enseignant. Celui-ci colorie ou coche le carré de validation et complète ensuite la fiche de progrès.

➡ La validation de chaque exercice permet de compléter progressivement la fiche de suivi de progrès. Cette fiche, une par chapitre, permet de valider la ceinture correspondante.

➡ Ce support se veut modulable afin que l'enseignant puisse plus aisément proposer à ses élèves la difficulté la plus adaptée pour progresser.

POUR ALLER PLUS LOIN

La classe de 6e, première étape du parcours de nos élèves au collège, correspond à l'aboutissement du cycle 3. Nous proposons donc, dans la collection « Stratèges », des exercices dédiés aux élèves de 6e qui respectent les programmes du collège et les attendus de progression du cycle 3. Ces exercices sont identifiables dans le sommaire par des astérisques et dans le fichier par un code couleur dédié (voir ci-dessous) afin que l'enseignant puisse les sélectionner et les proposer à ses élèves quand il le souhaite.

37	37
Exercices accessibles au CM1 et CM2	*Exercices accessibles au niveau 6e*

RESSOURCES NUMÉRIQUES

Chaque ouvrage de la collection « Stratèges » est accompagné de ressources numériques à télécharger au format PDF (voir page 2 de couverture) :

- toutes les fiches activités de l'ouvrage prêtes à être vidéoprojetées ou imprimées,
- des exercices supplémentaires,
- les corrigés de toutes les activités,
- des fiches de progrès,
- des fiches mémo sur les gestes, les connaissances et les compétences attendues en fin de cycles 2 et 3.

MA FICHE DE PROGRÈS

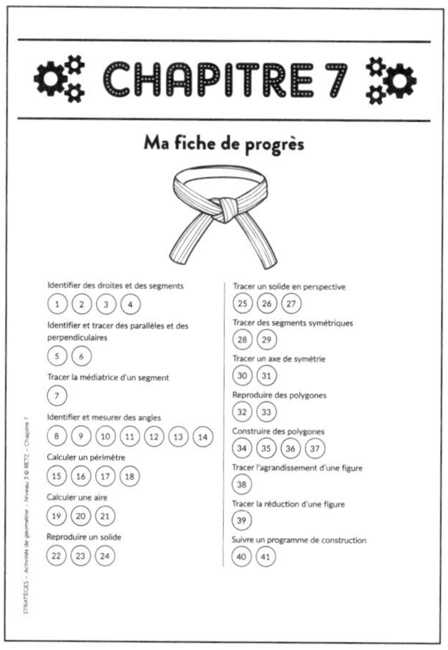

Des fiches de progrès sont proposées pour une évaluation positive et régulière des compétences. À chaque chapitre correspond une fiche individuelle à compléter par l'élève ou l'enseignant. Chaque cercle à colorier sous la ceinture correspond à un exercice de géométrie à effectuer. Une fois tous les exercices du chapitre résolus, on peut colorier la **ceinture de compétences correspondante**.

LES CORRIGÉS DES EXERCICES

Pour faciliter l'utilisation de cet outil, le corrigé de chaque exercice est disponible en couleur.

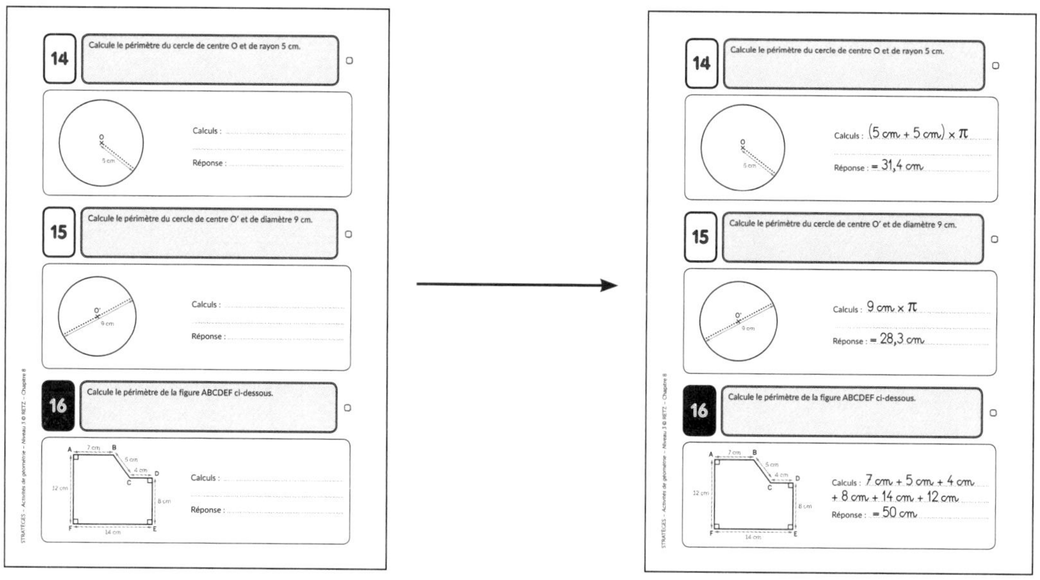

CHAPITRE 1

Activités de géométrie

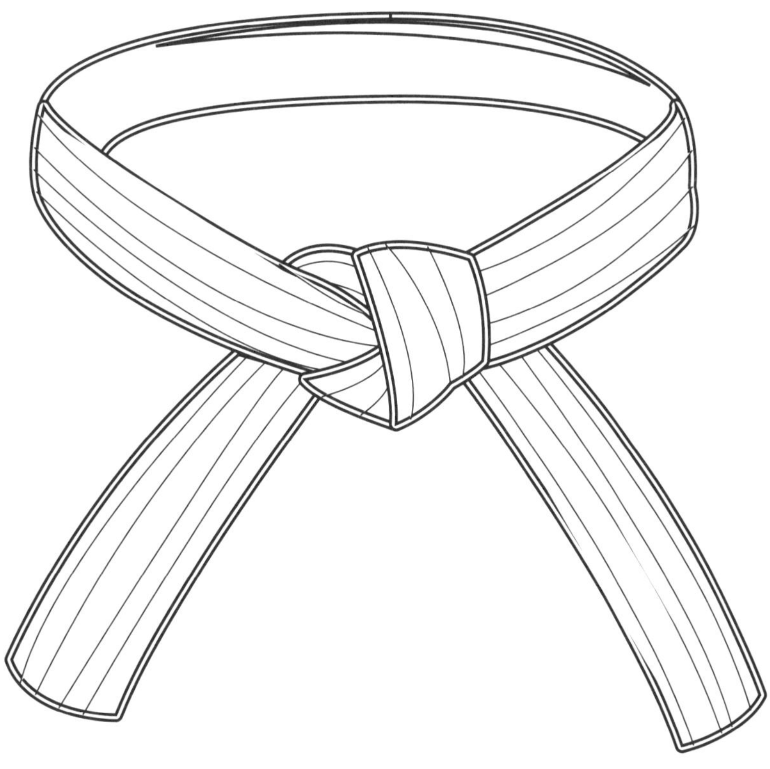

1 Avec ton matériel de géométrie, reproduis les polygones comme sur les modèles.

Modèles :

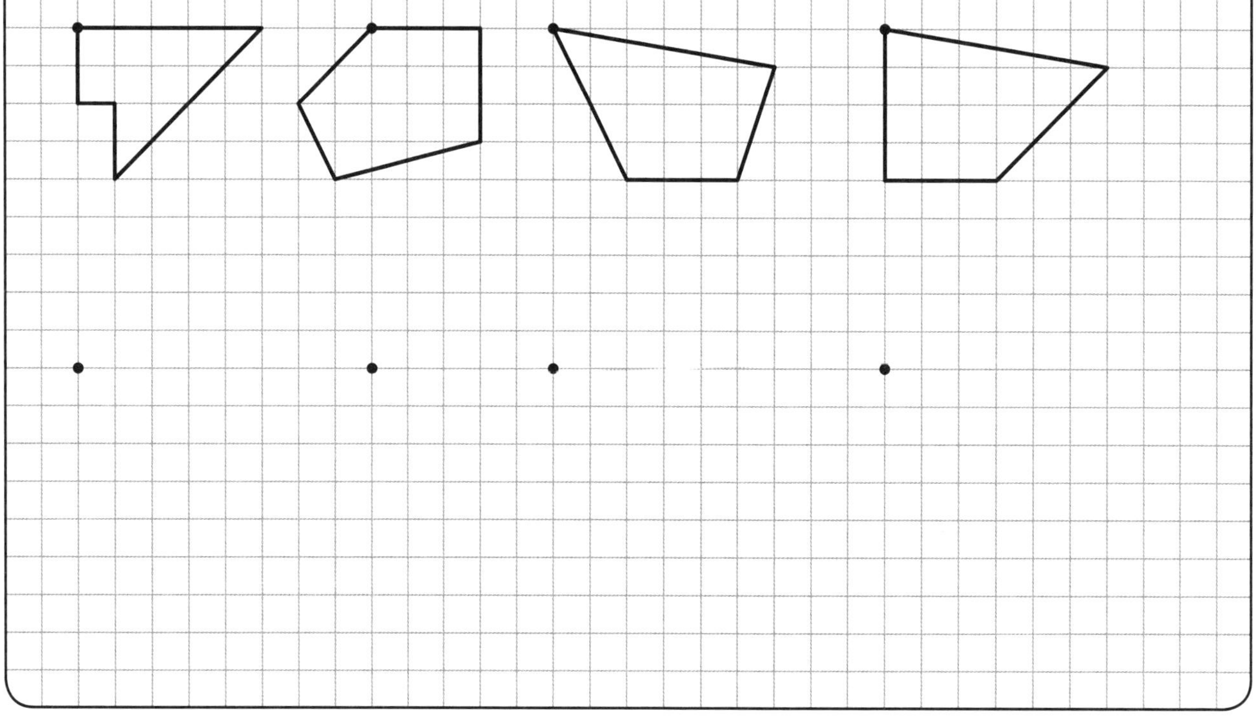

2 Colorie les figures suivantes :

- les triangles : en jaune ;
- les quadrilatères : en vert ;
- les pentagones : en rouge.

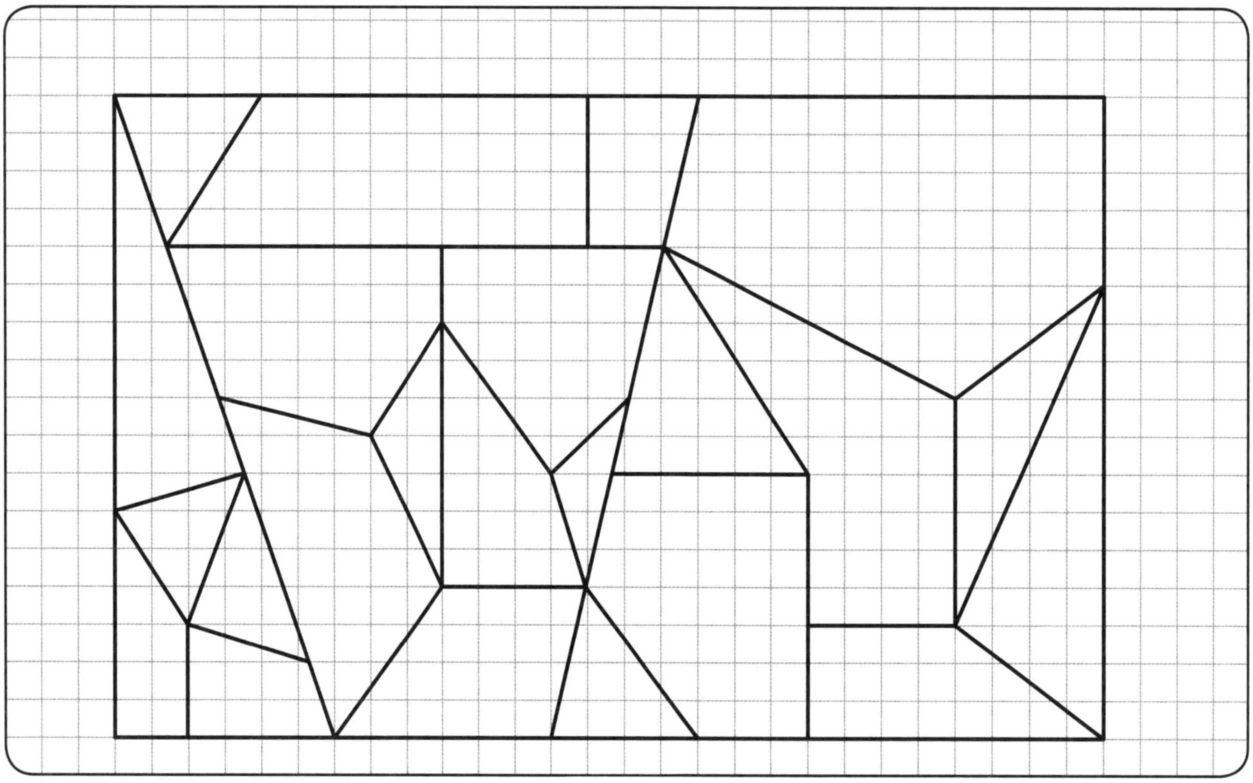

3

Avec ton matériel de géométrie, reproduis les figures comme sur les modèles.

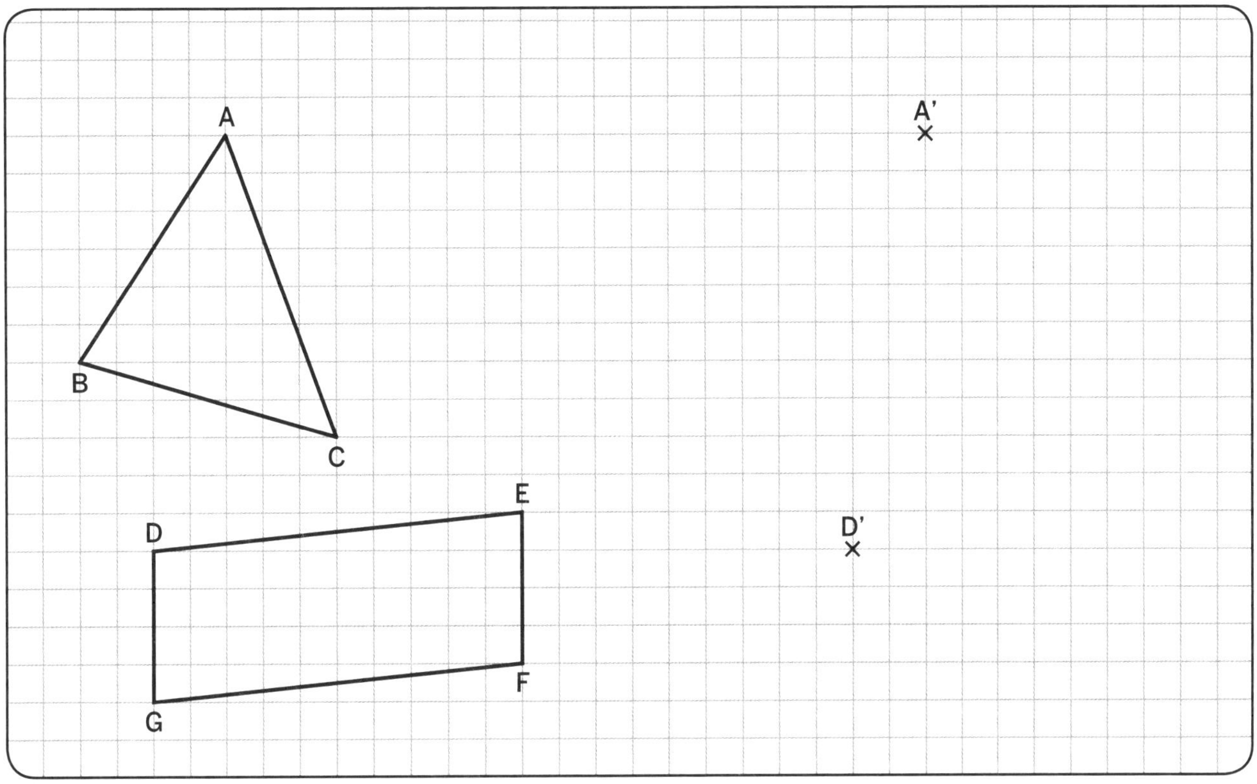

4

Avec ton matériel de géométrie, reproduis les figures comme sur les modèles.

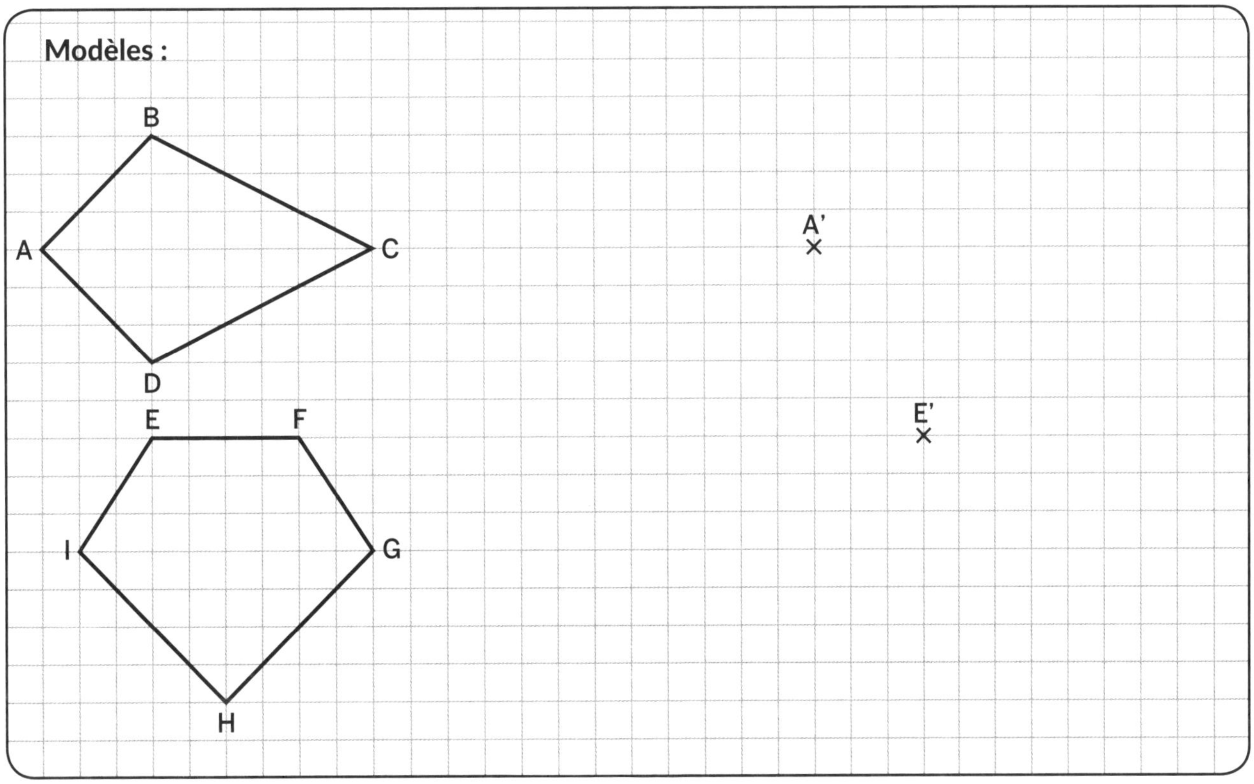

5

Avec ton matériel de géométrie, reproduis le triangle rectangle ABC aux dimensions indiquées.

Modèle réduit :

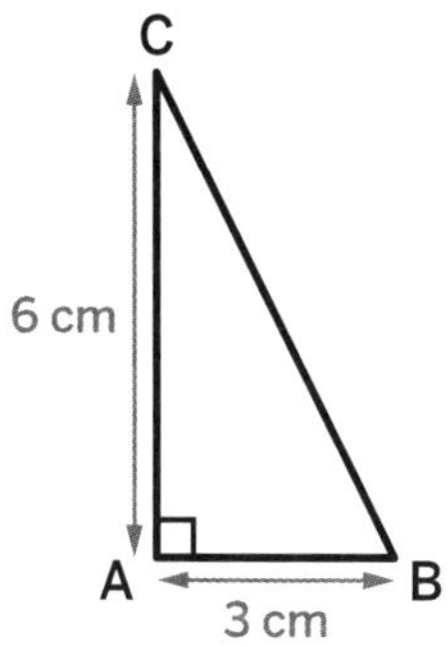

6

Avec ton matériel de géométrie, termine la construction du triangle équilatéral ABC.

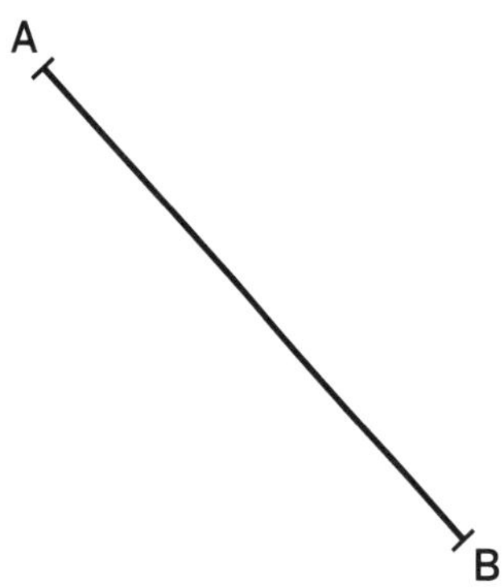

7

Avec ton matériel de géométrie, reproduis le triangle ABC aux dimensions indiquées.

Modèle réduit :

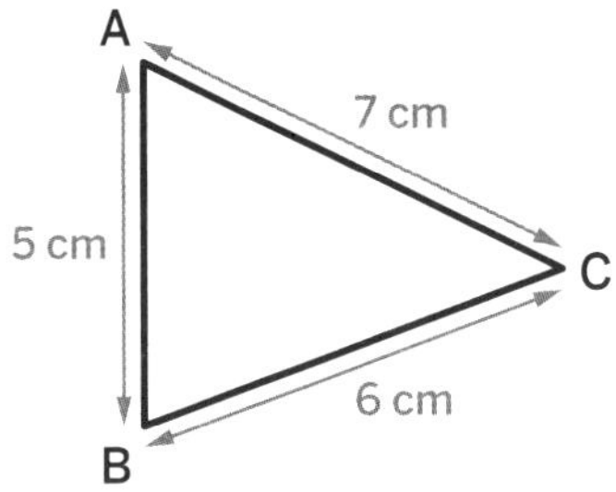

8

Avec ton matériel de géométrie, termine la construction du triangle isocèle DEF dont les côtés égaux mesurent 8 cm.

9

Avec ton matériel de géométrie, trace le carré ABCD
dont [AB] est un côté.

☐

10

Avec ton matériel de géométrie, trace le rectangle EFGH
dont [EF] est la longueur.
[FG] = 5 cm.

☐

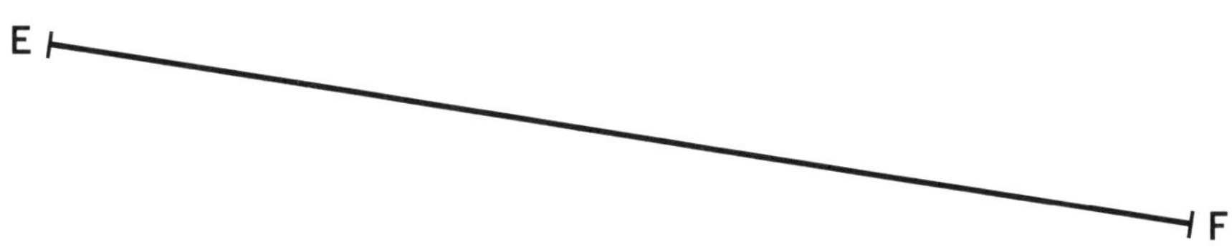

11

Avec ton matériel de géométrie, trace un losange IJKL
dont [IJ] est un côté.

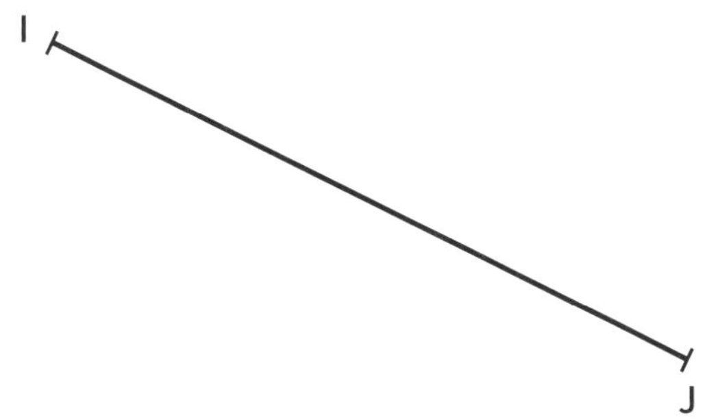

12

Avec ton matériel de géométrie, trace un quadrilatère MNOP
dont [MN] est un côté.
Le quadrilatère doit posséder un angle droit.

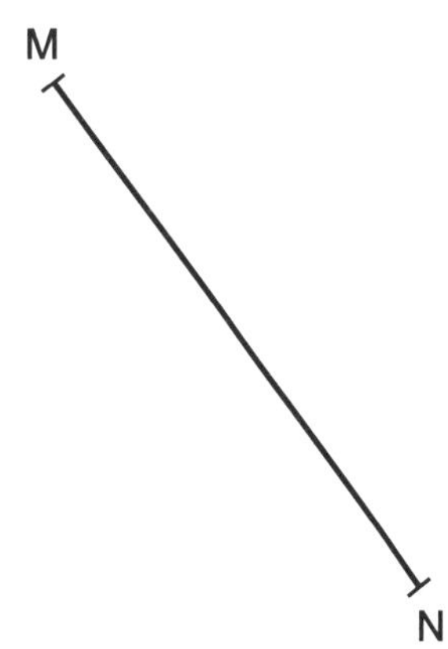

13

Avec ton matériel de géométrie, trace deux cercles concentriques de centre O. Les rayons sont de 3,5 cm et 4,5 cm.

O
×

14

Avec ton matériel de géométrie, trace deux cercles concentriques de centre O. Les diamètres sont de 6 et 8 cm.

O
×

15

Avec ton matériel de géométrie, termine la frise et colorie-la.

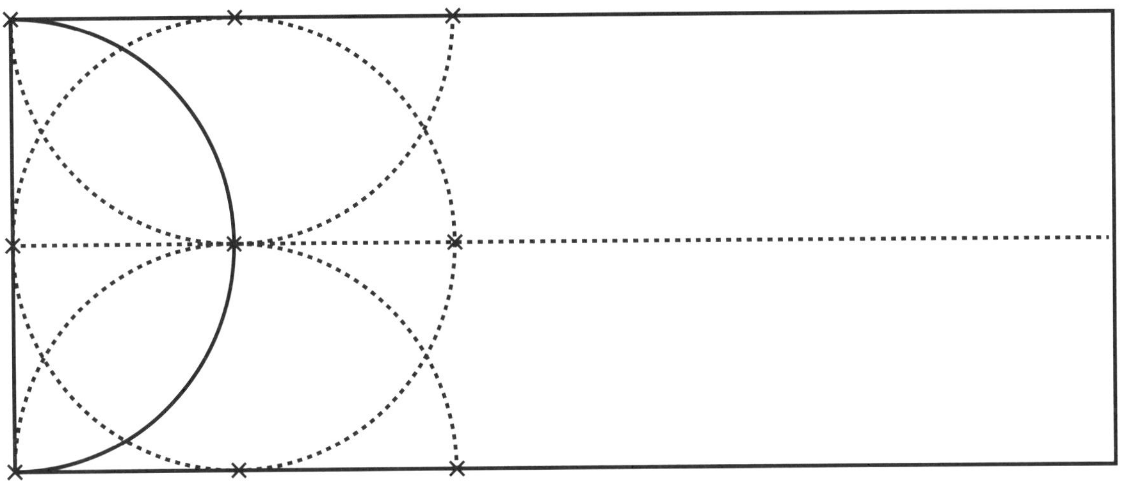

16

Avec ton matériel de géométrie, termine la frise et colorie-la.

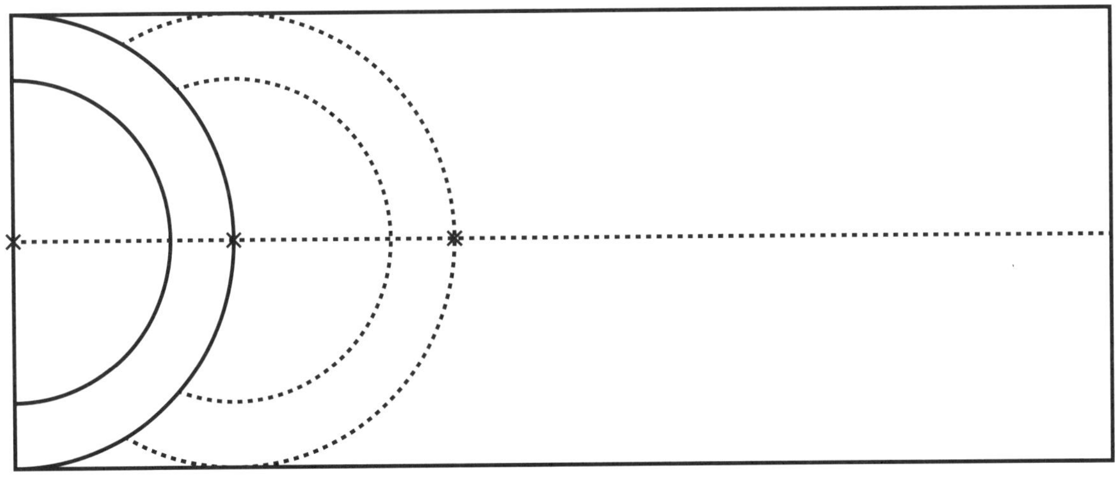

17

Colorie les faces en bleu, repasse les arêtes en vert et marque les sommets en rouge.

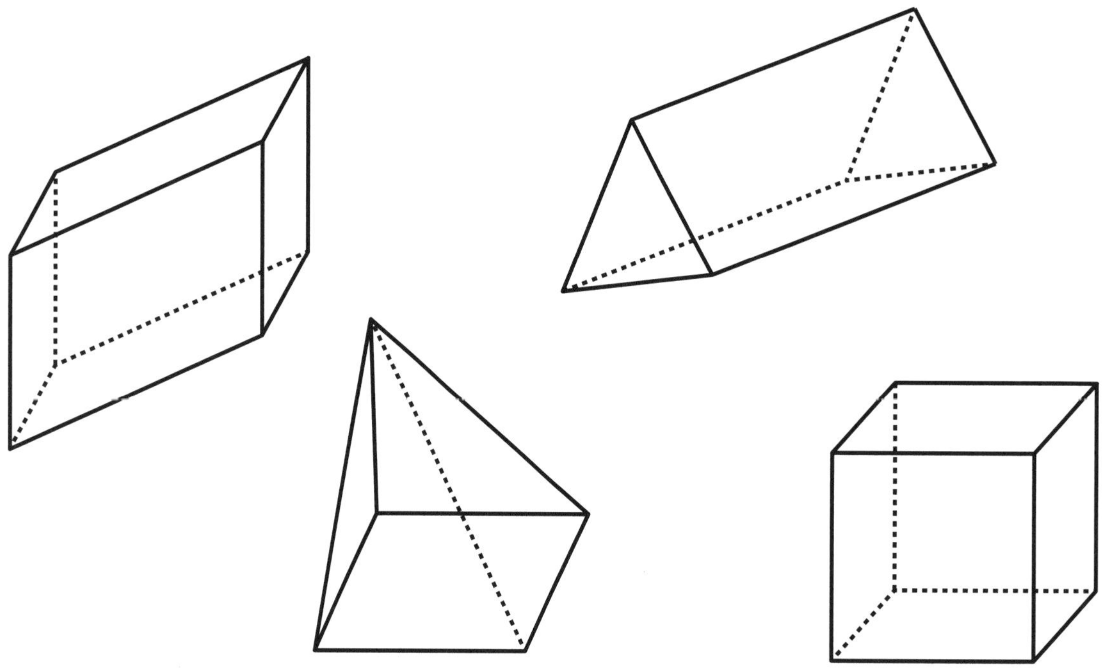

18

Observe les solides et complète le tableau.

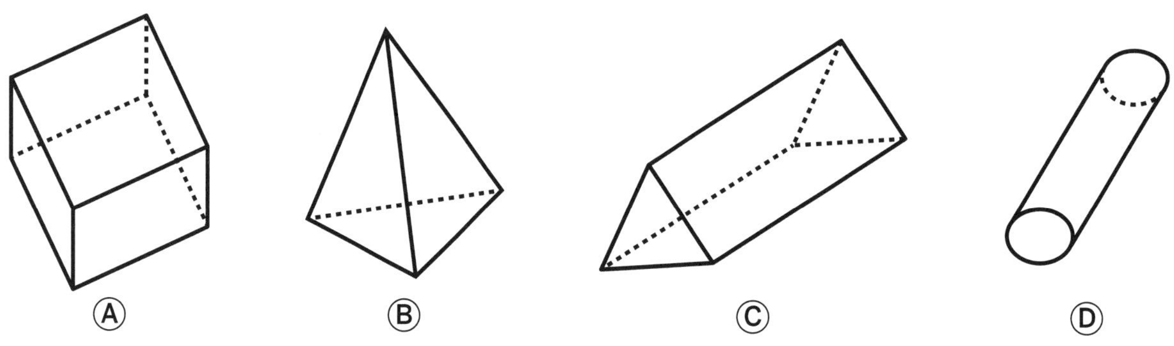

Solides	Ⓐ	Ⓑ	Ⓒ	Ⓓ
Nombre d'arêtes				
Nombre de sommets				
Nombre de faces				

19

Associe chaque solide à son patron.
Colorie les patrons et les solides associés de la même couleur.

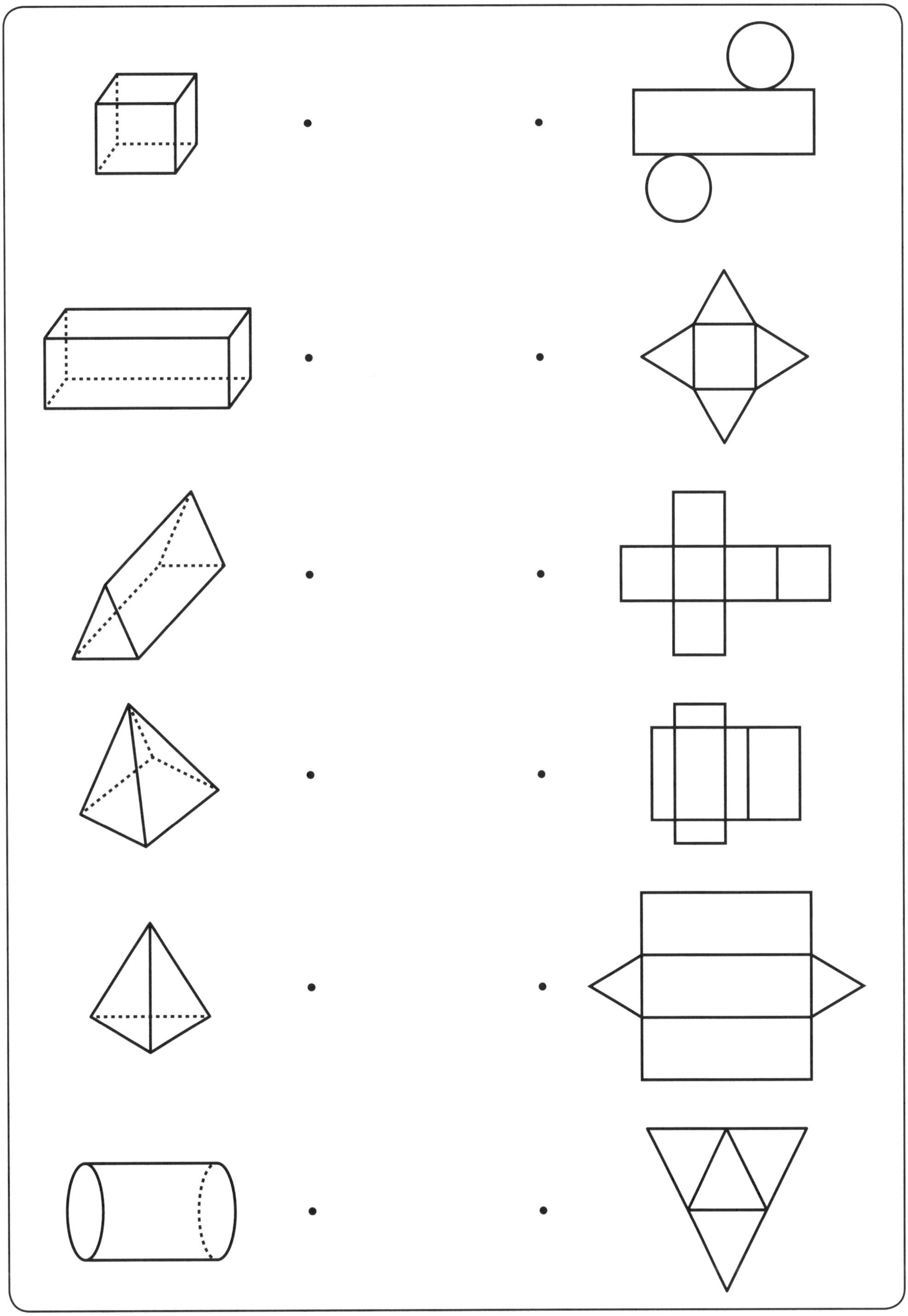

20

Parmi les droites suivantes, indique si elles sont sécantes, parallèles ou perpendiculaires.

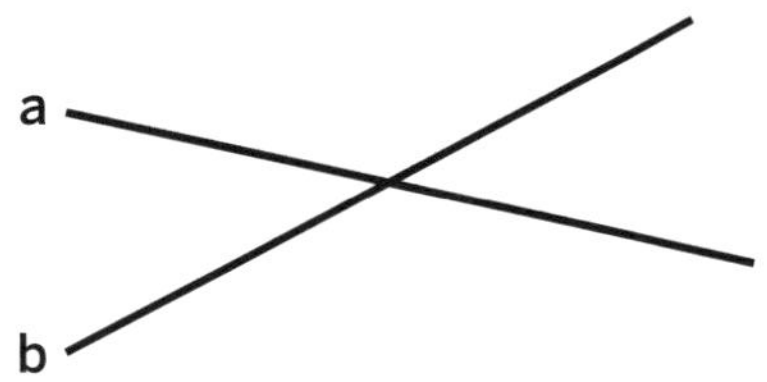

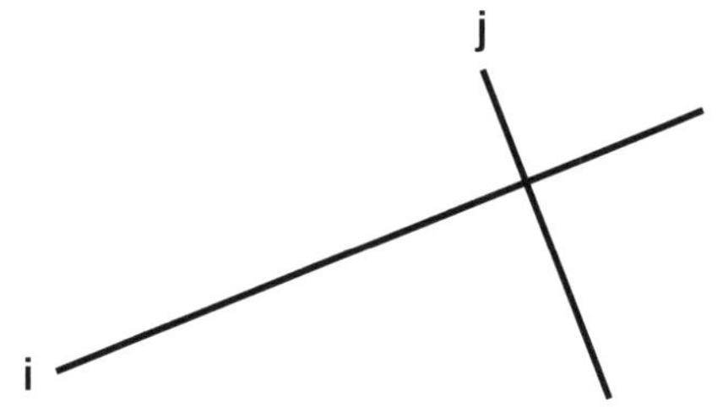

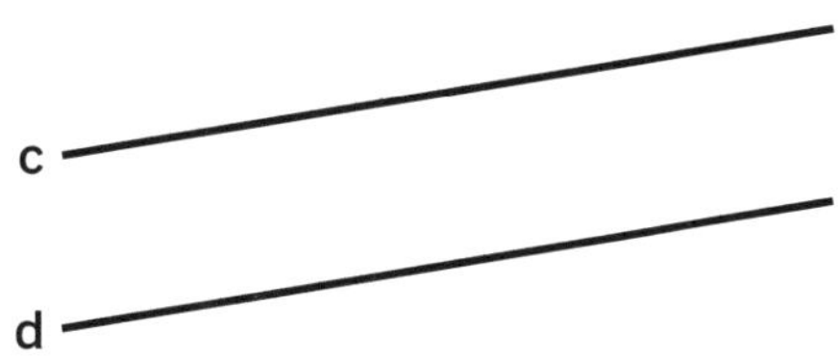

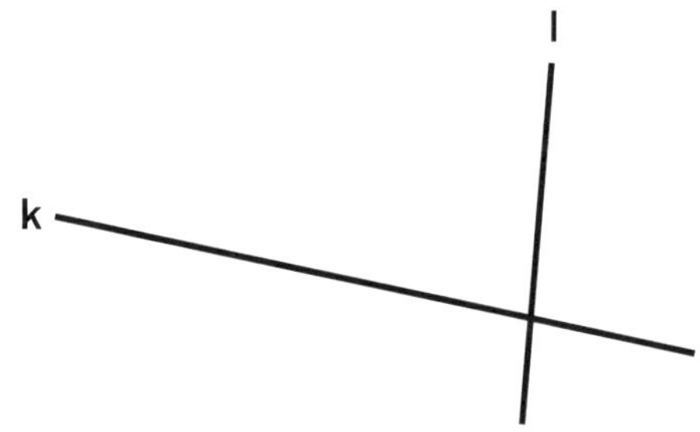

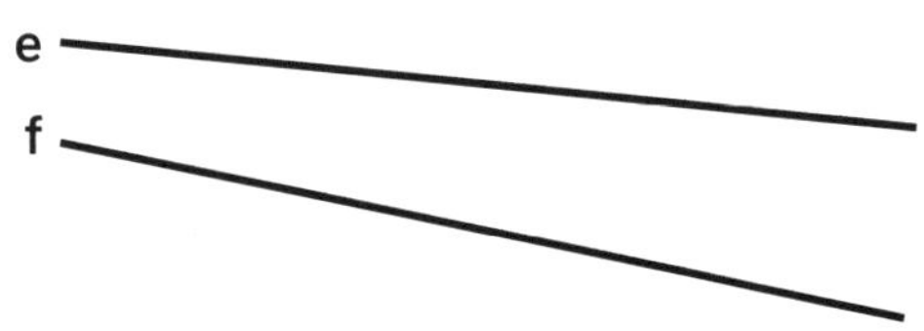

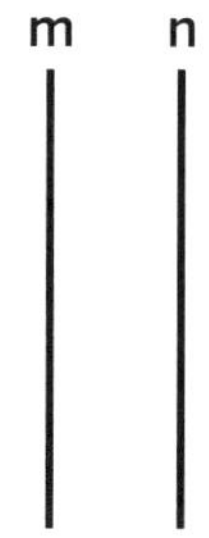

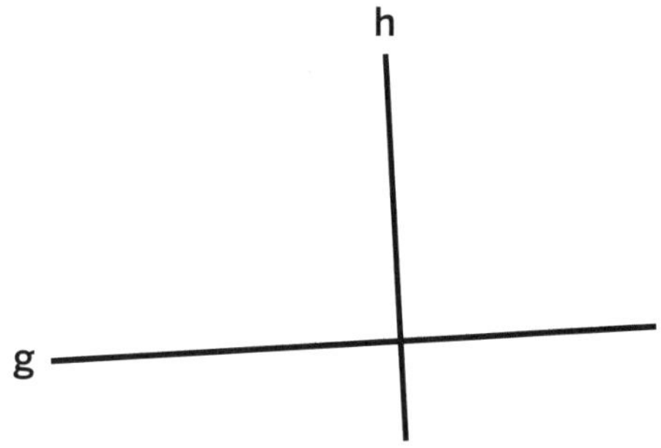

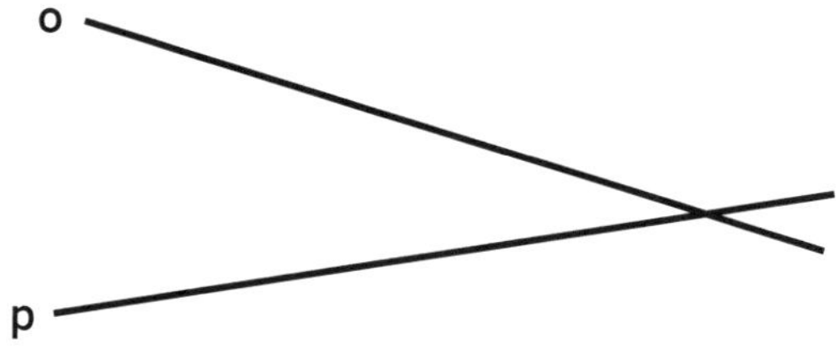

21

Avec ton matériel de géométrie, trace les droites perpendiculaires à la droite (d) passant par les points A, B et C.

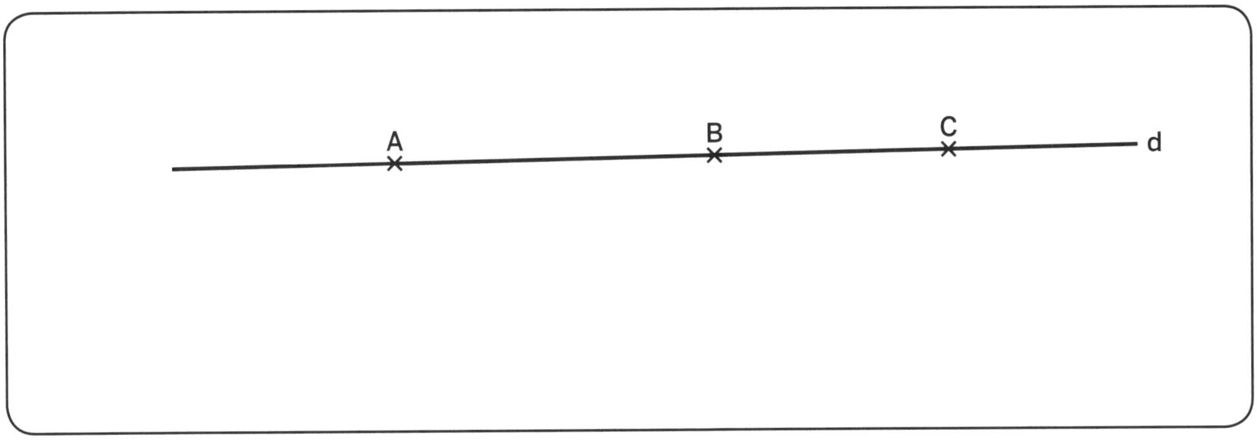

22

Avec ton matériel de géométrie, trace les droites parallèles à la droite (d) passant par les points A, B et C.

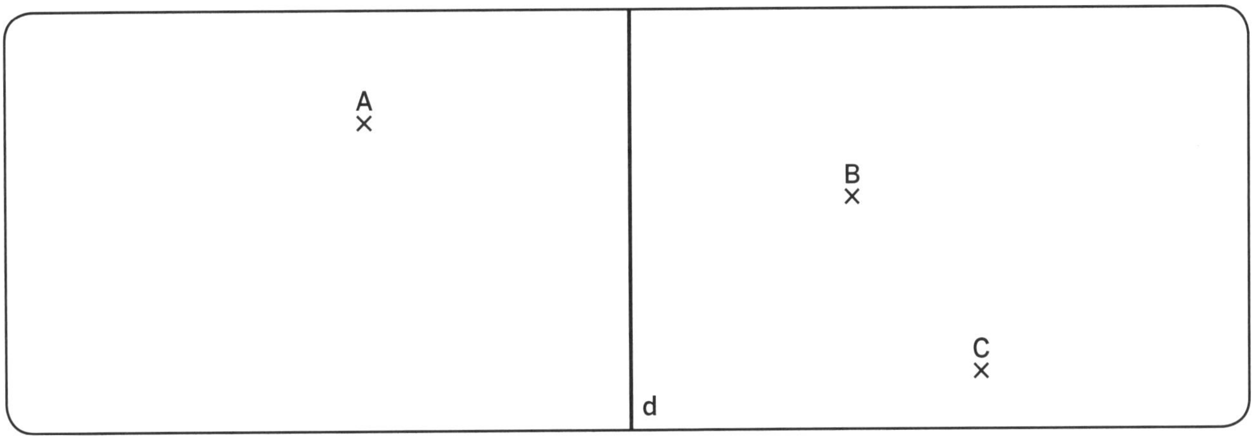

23

Avec ton matériel de géométrie, retrouve les droites perpendiculaires et marque les angles droits avec un carré rouge.

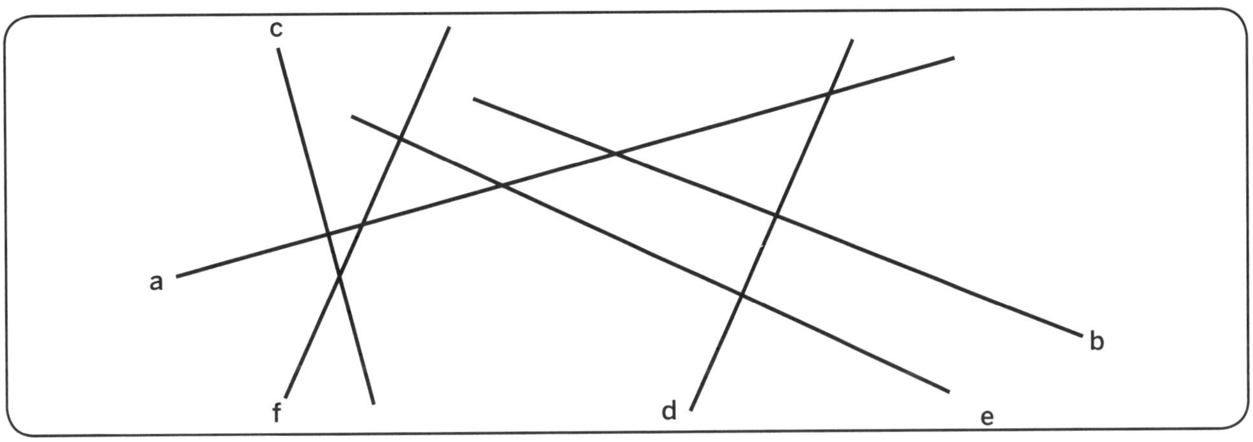

24

Place les points A′, B′, C′ et D′, symétriques des points A, B, C et D par rapport à l'axe donné.

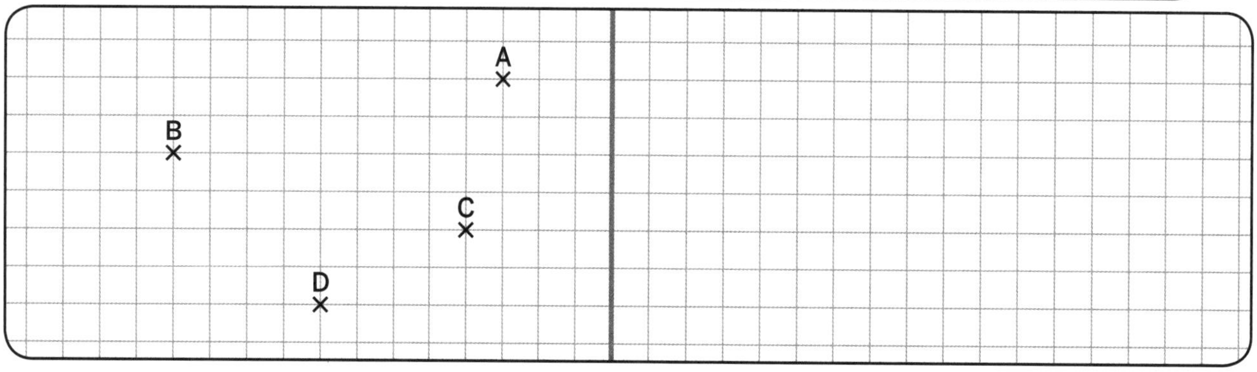

25

Avec ton matériel de géométrie, trace la ligne brisée symétrique par rapport à l'axe donné.

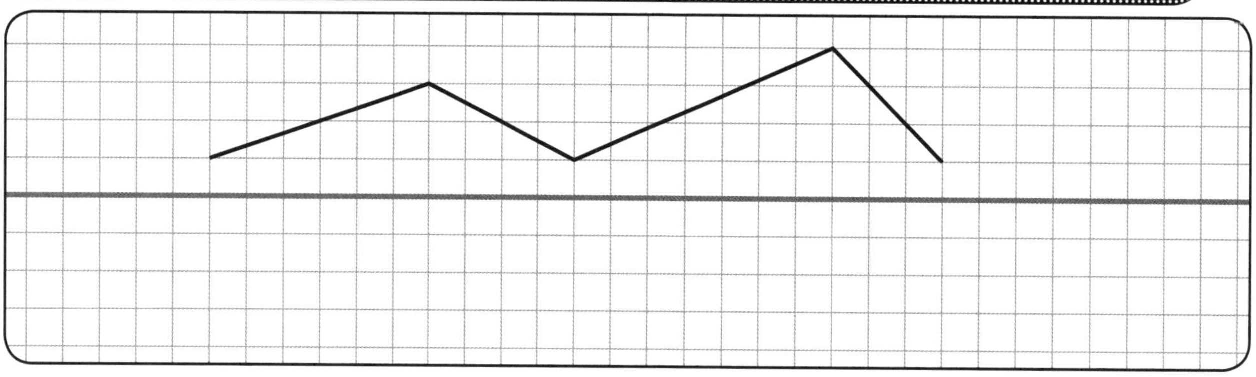

26

Avec ton matériel de géométrie, trace les axes de symétrie des figures suivantes.

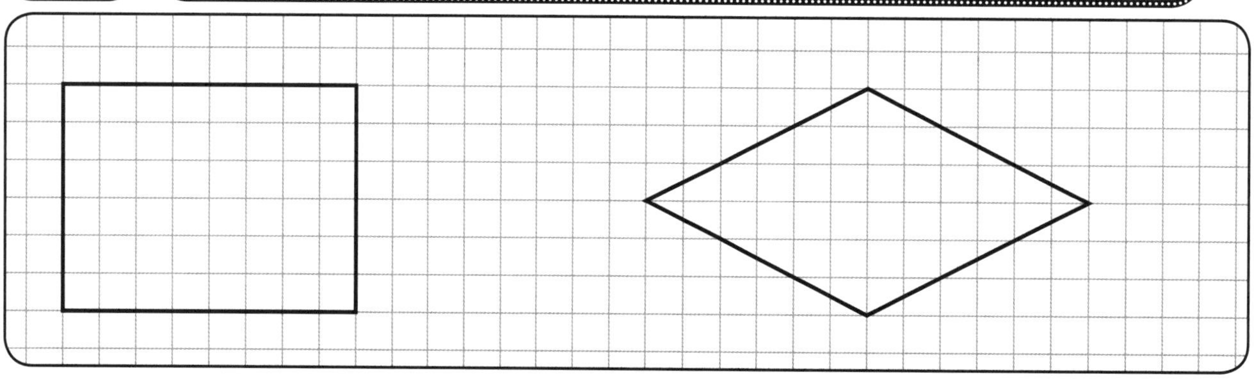

27

Avec ton matériel de géométrie, trace la figure symétrique par rapport à l'axe donné.

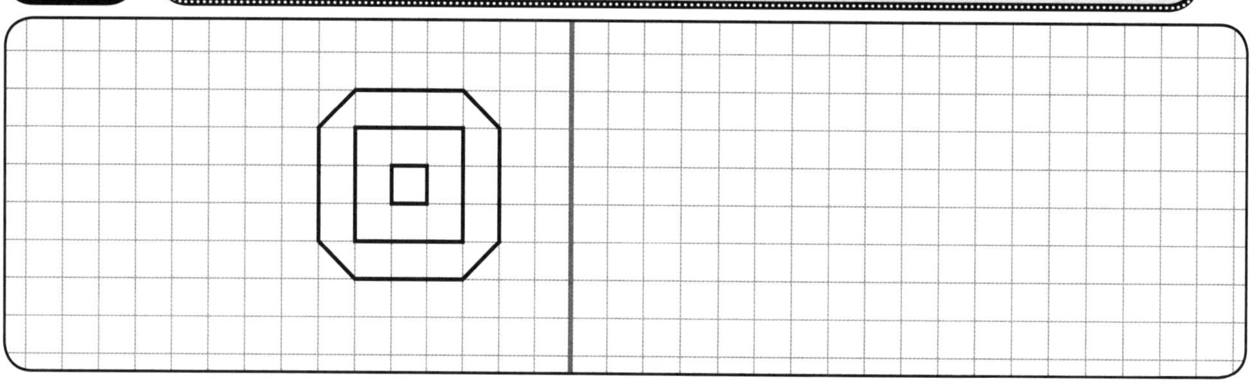

28

Avec ton matériel de géométrie, reproduis trois fois la figure par symétrie, par rapport aux axes donnés.

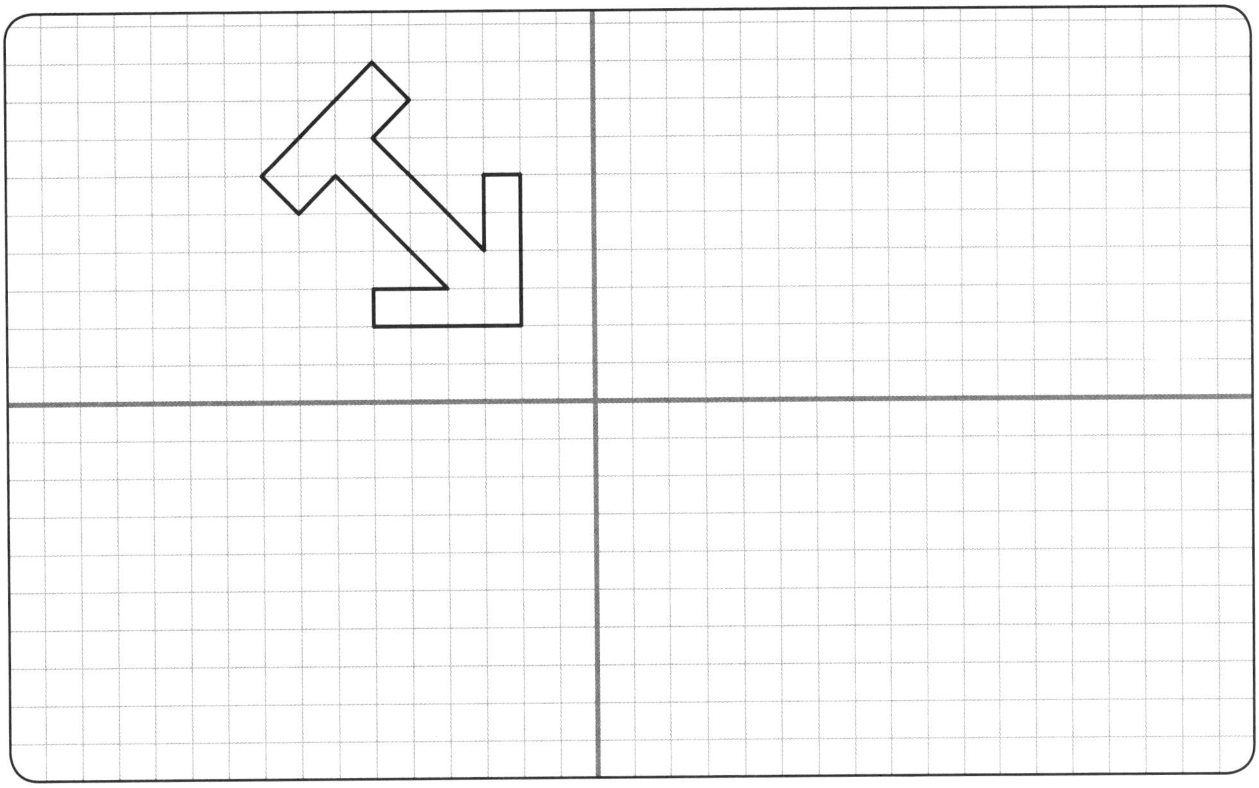

29

Avec ton matériel de géométrie, reproduis trois fois la figure par symétrie, par rapport aux axes donnés.

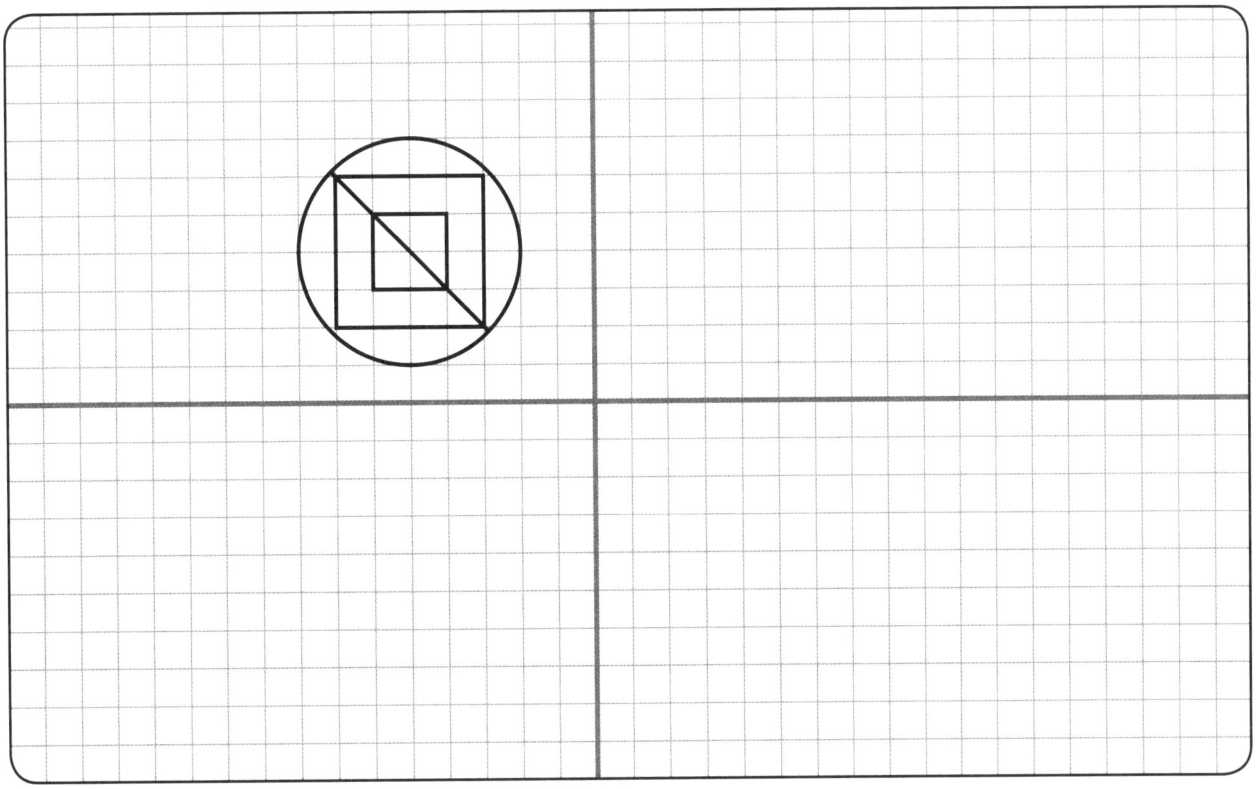

30

Dans la figure ci-dessous :

- Repasse en rouge le cercle.
- Nomme ABCDEF un hexagone.
- Colorie en bleu un triangle isocèle.
- Colorie en vert un triangle rectangle.
- Repasse en rouge les côtés d'un triangle équilatéral.

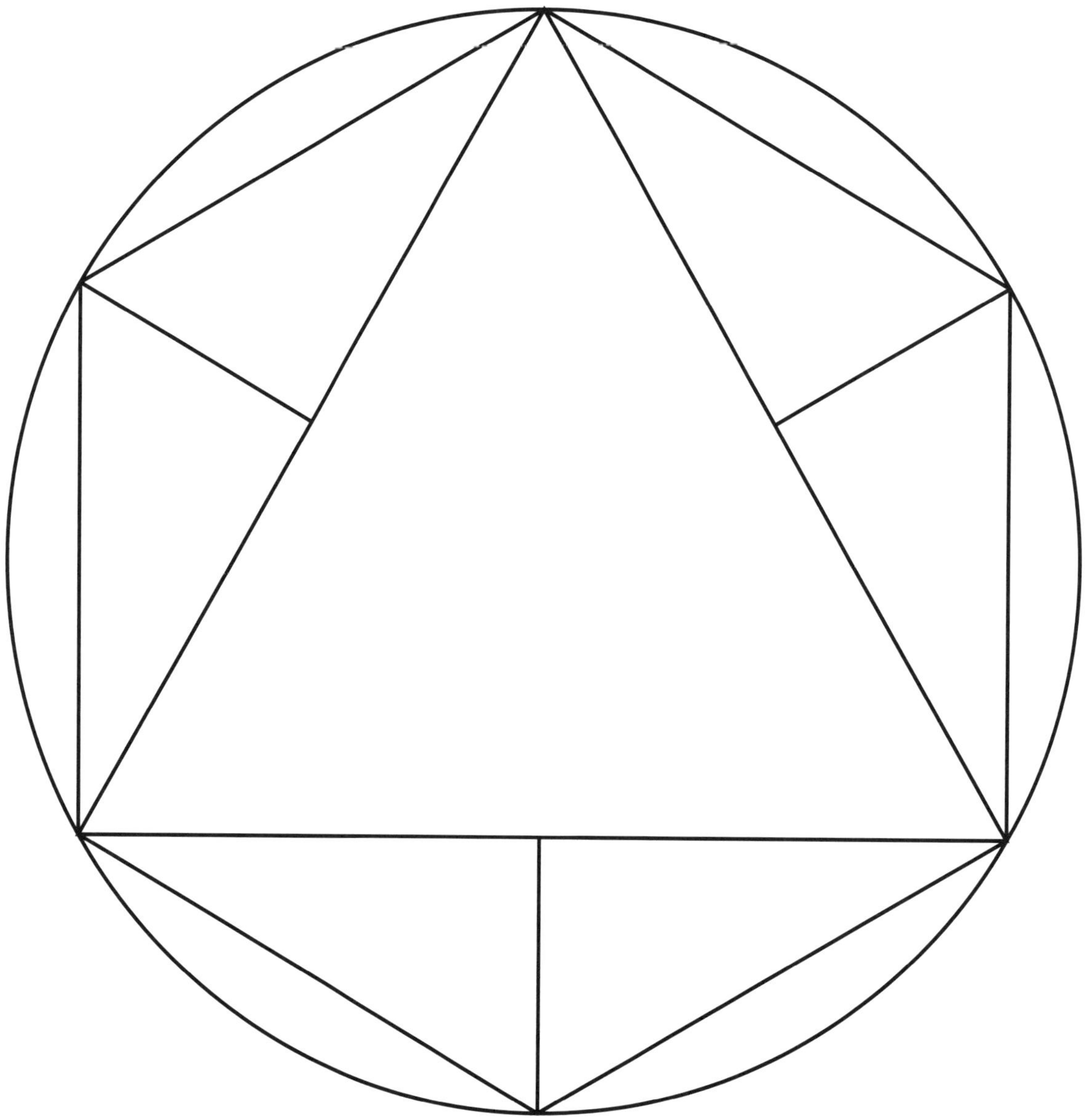

31

Avec ton matériel de géométrie, suis le programme de construction :

- Trace un cercle 𝒞 de diamètre 12 cm et de centre O.
- Trace le diamètre [AB] du cercle 𝒞.
- Trace [CD], perpendiculaire à [AB] en O.
- Place le point E, milieu de [AO].
- Place le point F, milieu de [OB].
- Trace le quadrilatère CFDE.
- Trace les segments [AC] et [DB].
- Colorie le losange présent dans la figure.

CHAPITRE 2

Activités de géométrie

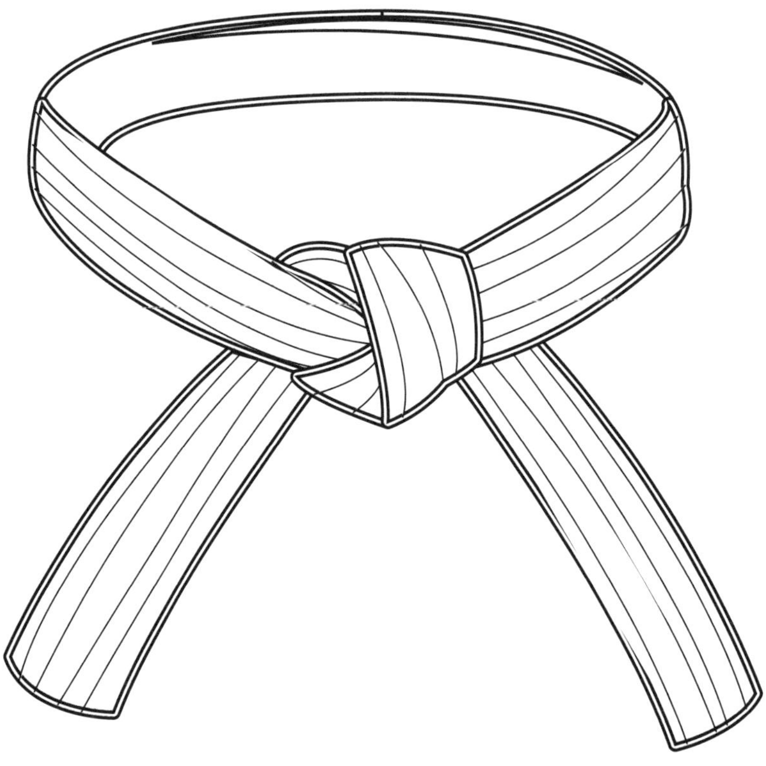

1

Avec ton matériel de géométrie, reproduis les polygones comme sur les modèles.

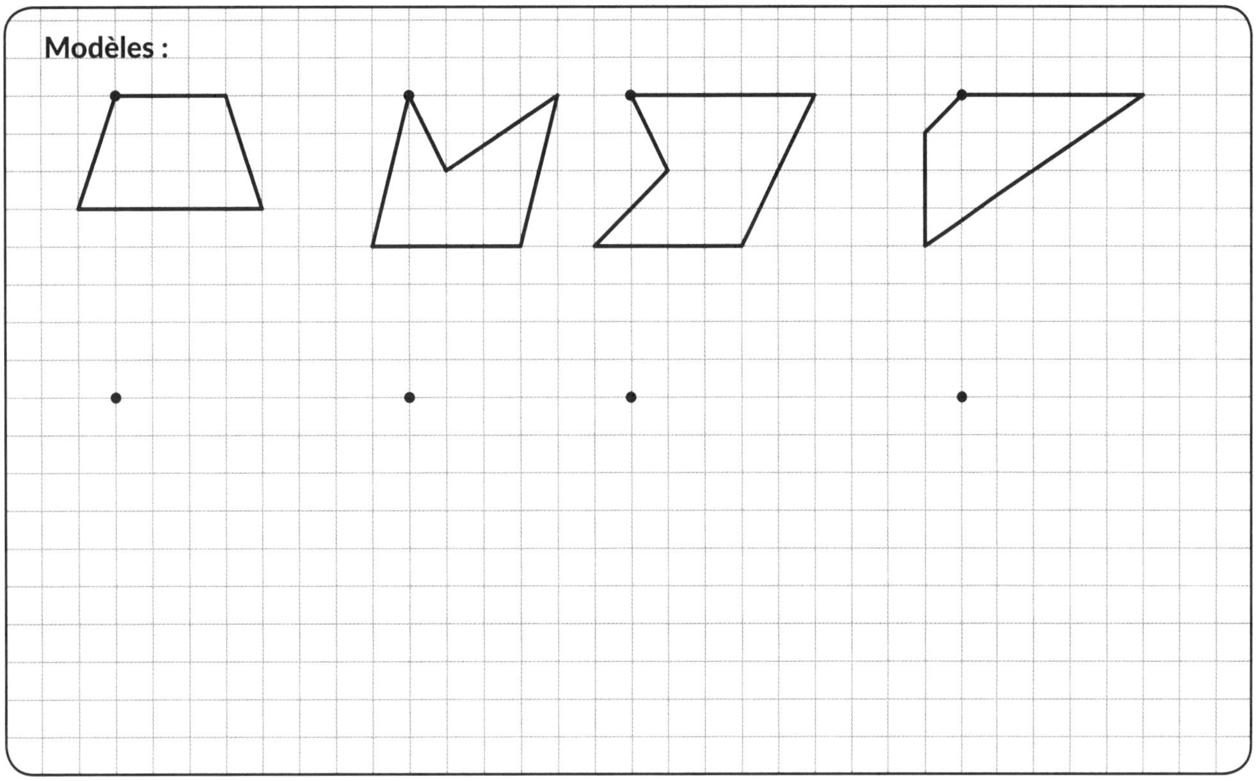

2

Colorie les figures suivantes :

- les triangles : en jaune ;
- les pentagones : en bleu ;
- les hexagones : en rouge ;
- les octogones : en vert.

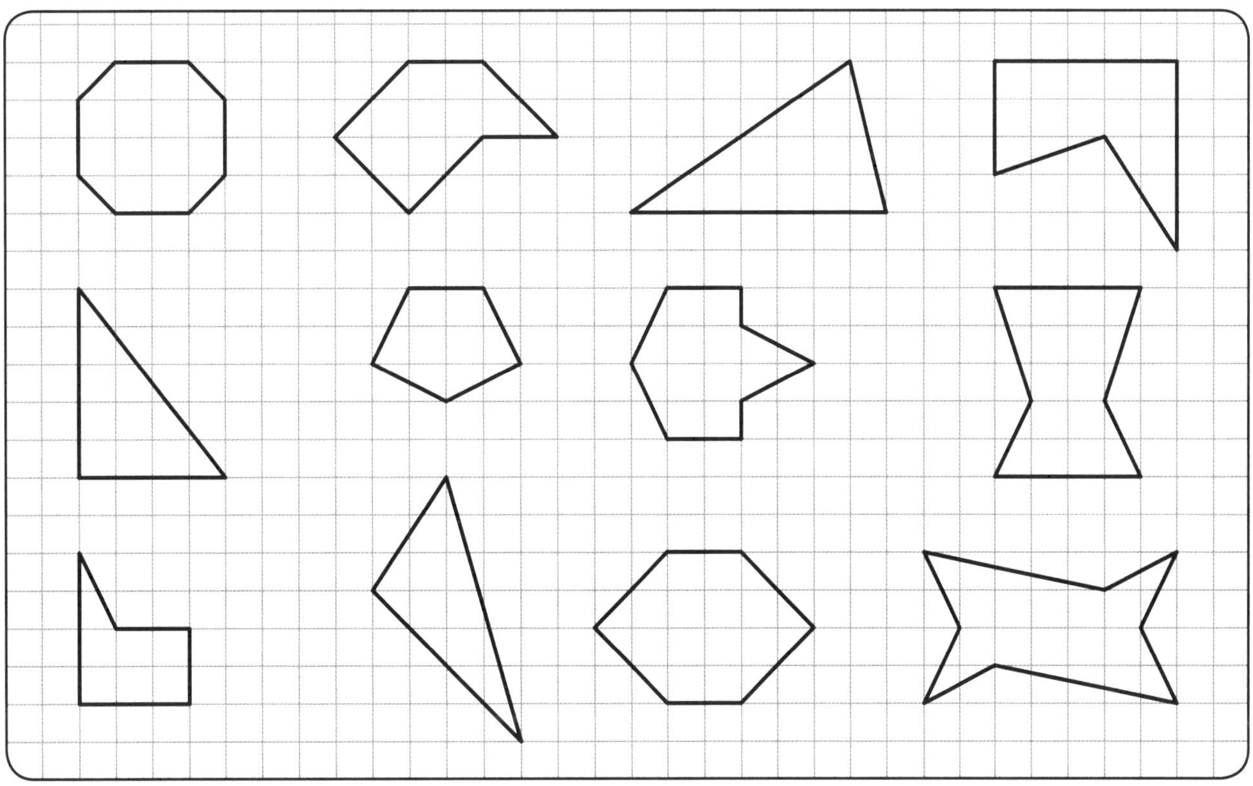

3

Avec ton matériel de géométrie, reproduis les figures comme sur les modèles.

Modèles :

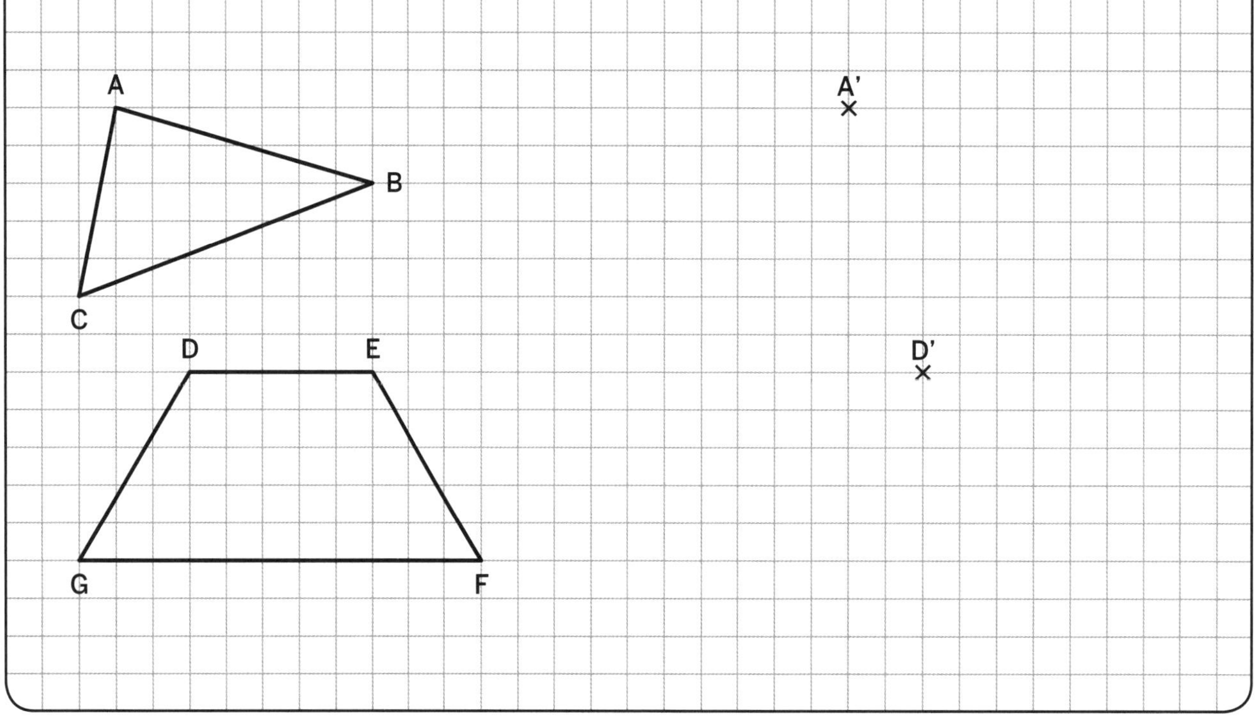

4

Avec ton matériel de géométrie, reproduis les figures comme sur les modèles.

Modèles :

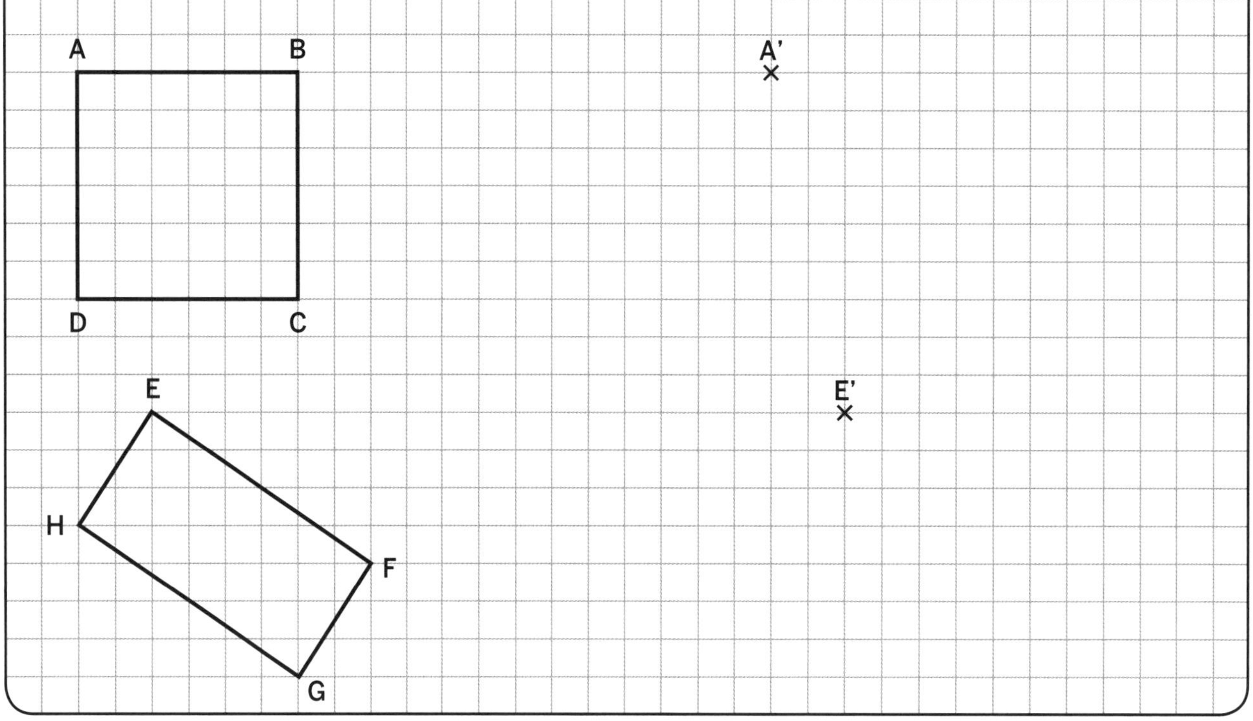

5

Avec ton matériel de géométrie, reproduis le triangle rectangle ABC aux dimensions indiquées.

▢

Modèle réduit :

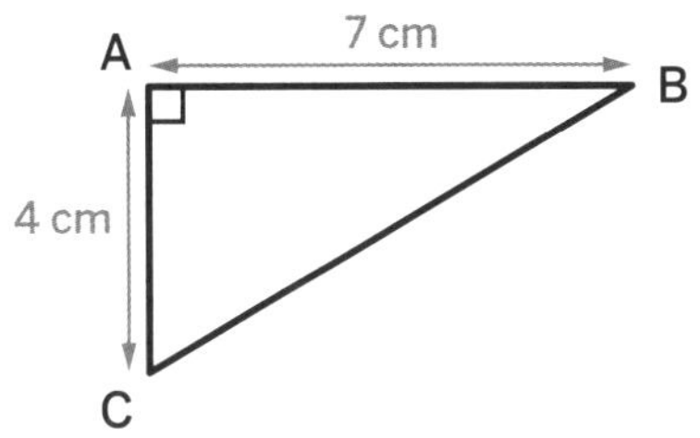

6

Avec ton matériel de géométrie, termine la construction du triangle équilatéral DEF.

▢

7

Avec ton matériel de géométrie, reproduis le triangle ABC aux dimensions indiquées.

Modèle réduit :

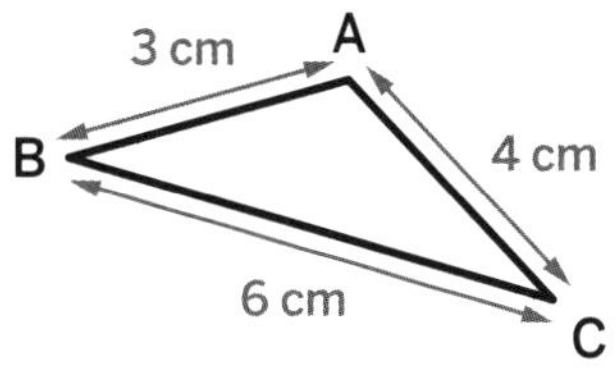

8

Avec ton matériel de géométrie, termine la construction du triangle isocèle DEF dont les côtés égaux mesurent 5 cm.

9

Avec ton matériel de géométrie, reproduis le carré ABCD aux dimensions indiquées sur le modèle.

☐

Modèle réduit :

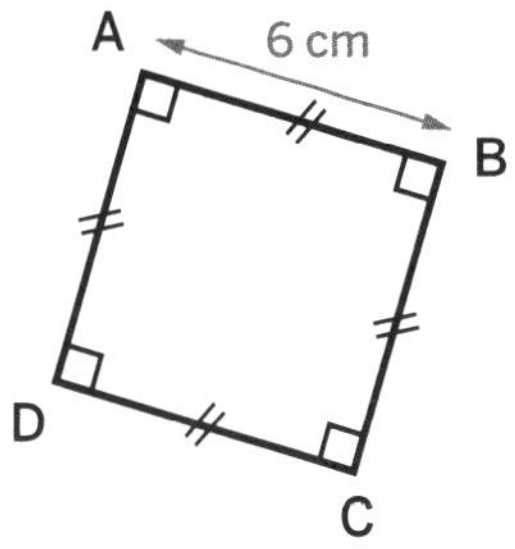

10

Avec ton matériel de géométrie, trace un losange EFGH avec [EF] = 5 cm.

☐

11

Avec ton matériel de géométrie, reproduis le rectangle ABCD aux dimensions indiquées.

Modèle réduit :

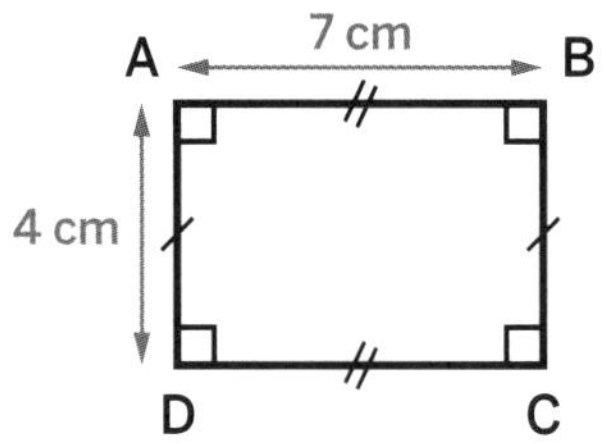

12

Avec ton matériel de géométrie, trace un carré EFGH de 5,5 cm de côté.

13

[OA] est un rayon du cercle $\mathscr{C}$.
Avec ton matériel de géométrie, trace le cercle $\mathscr{C}$ de centre O.

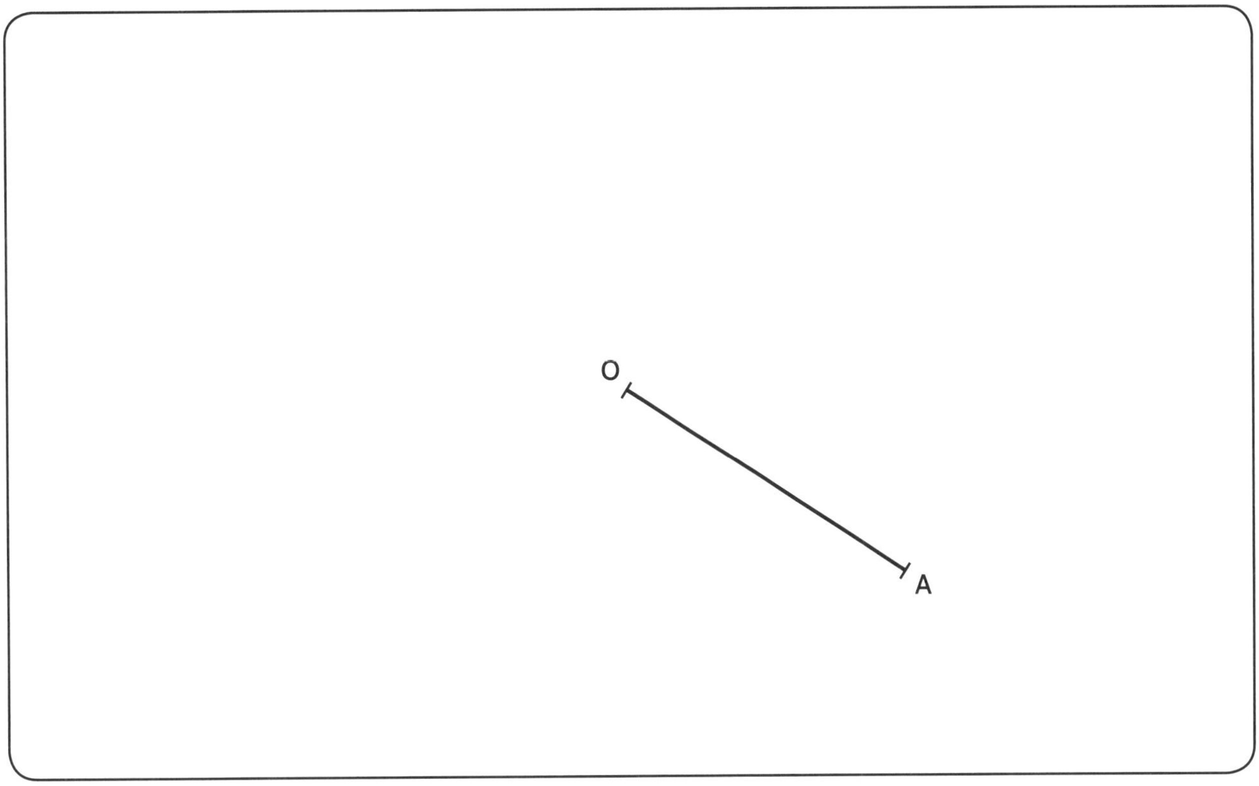

14

[AB] et [CD] sont les diamètres des cercles $\mathscr{C}_1$ et $\mathscr{C}_2$.
Avec ton matériel de géométrie, trace les cercles $\mathscr{C}_1$ et $\mathscr{C}_2$.

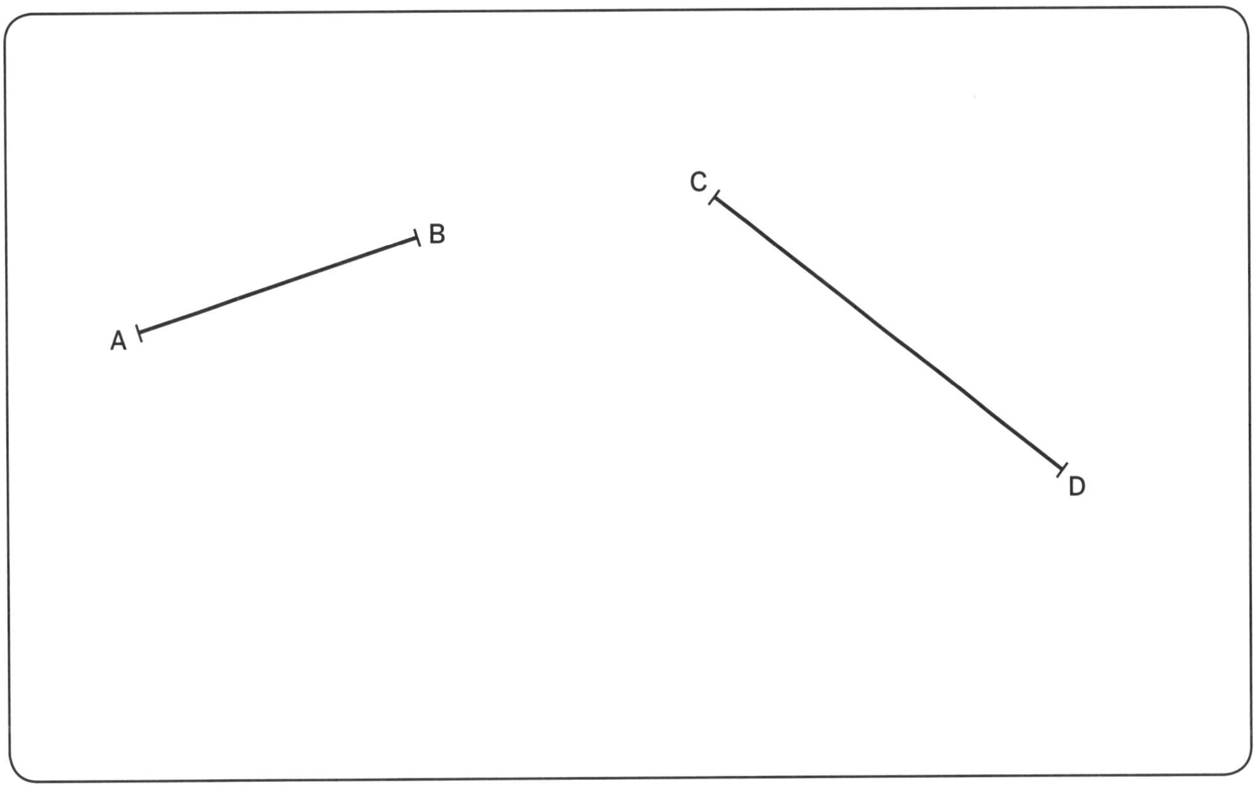

15

Avec ton matériel de géométrie, reproduis la figure aux dimensions indiquées.

Modèle réduit :

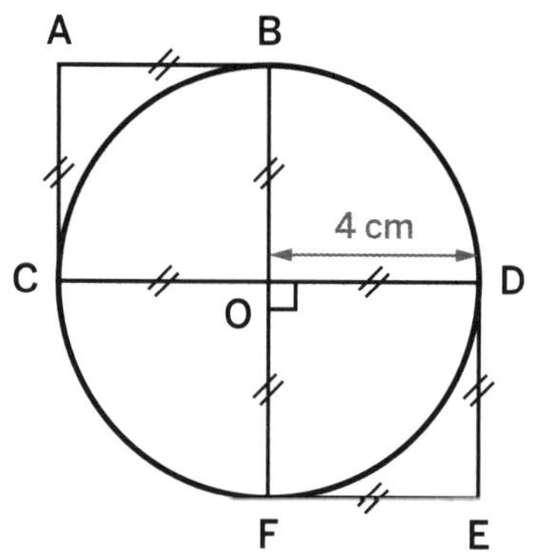

16

Colorie en bleu les faces, repasse en vert les arêtes
et marque en rouge les sommets.

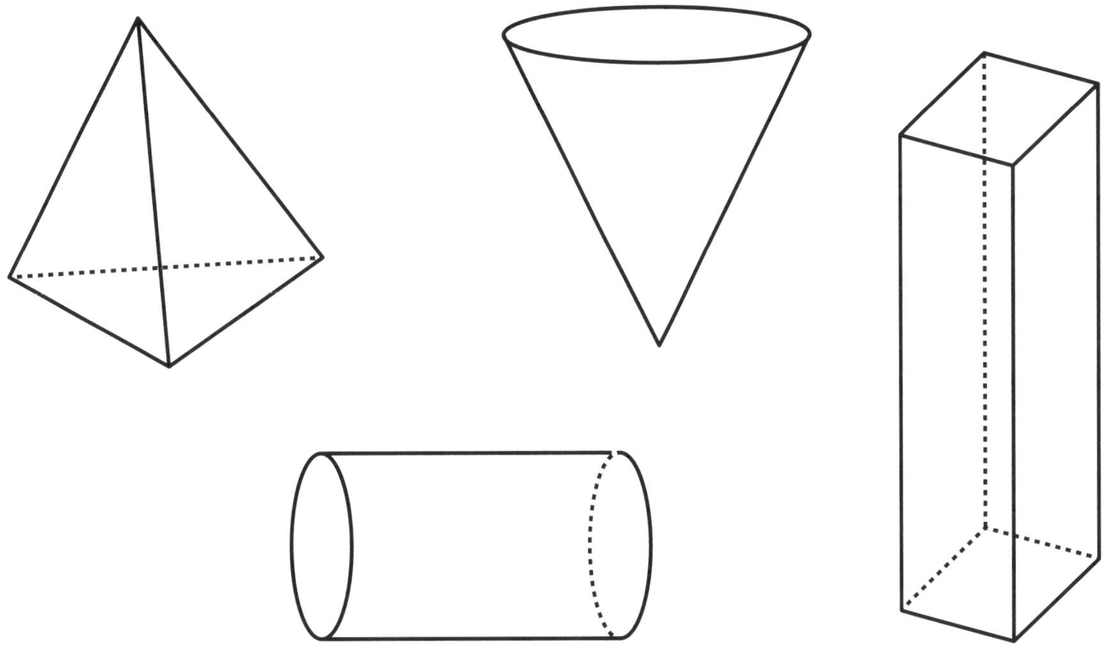

17

Observe les solides et complète le tableau.

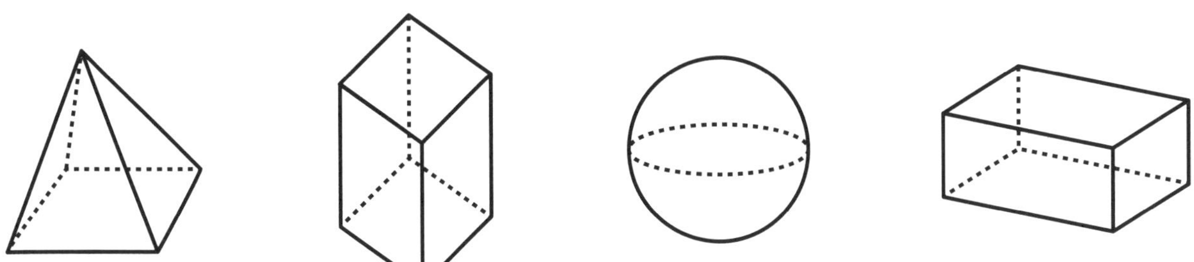

Ⓐ Ⓑ Ⓒ Ⓓ

Solides	Ⓐ	Ⓑ	Ⓒ	Ⓓ
Nombre d'arêtes				
Nombre de sommets				
Nombre de faces				

18

Avec ton matériel de géométrie, construis un patron du cube en respectant les mesures indiquées sur le modèle.

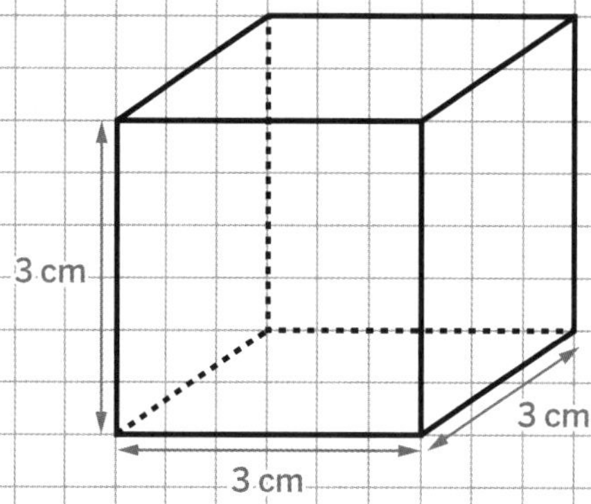

19

Observe les droites puis, avec l'aide de ton matériel de géométrie, écris le symbole qui convient.

// = parallèle ⊥ = perpendiculaire

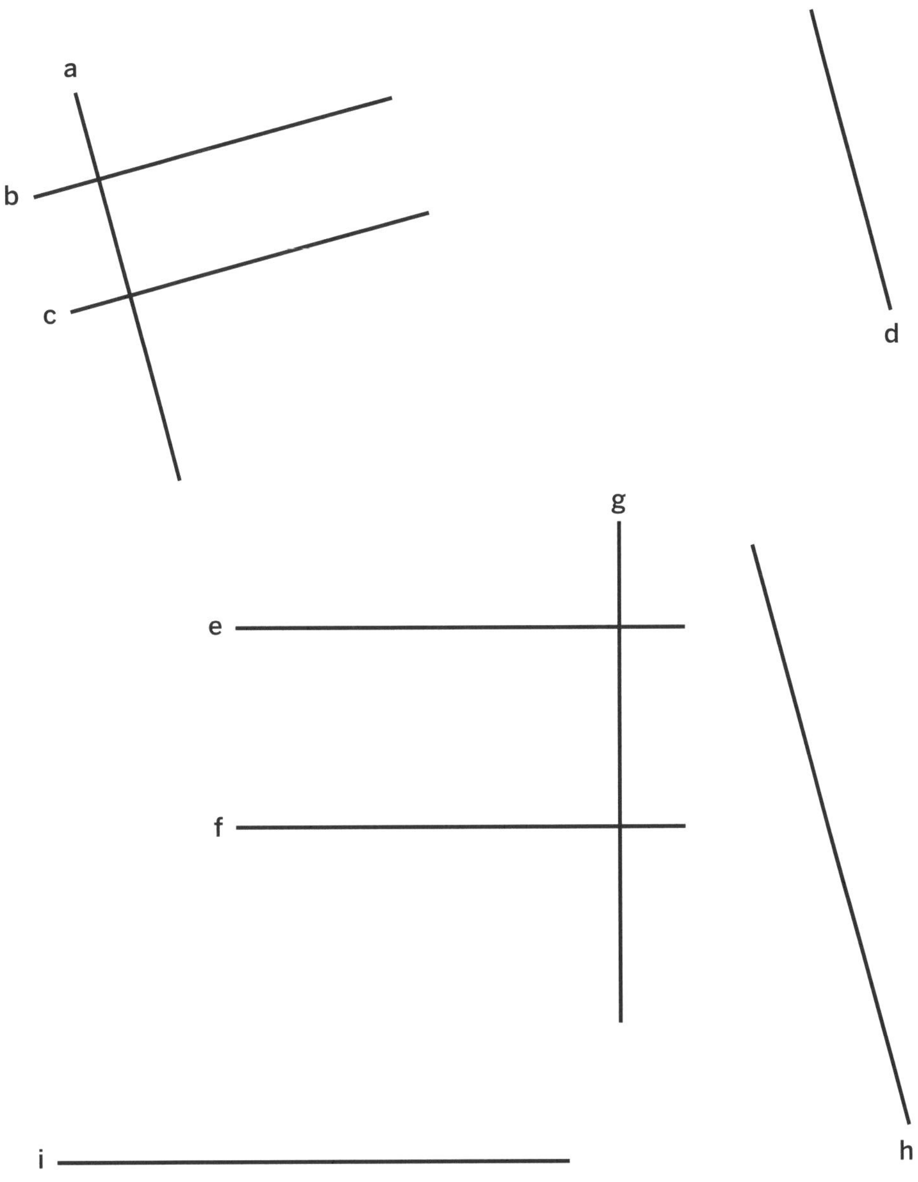

a .... b	a .... h	b .... a	f .... g
a .... d	d .... h	g .... f	e .... f
g .... e	i .... e	e i	a c
e .... f	g .... f	c .... a	i .... f

20

Avec ton matériel de géométrie, trace les droites perpendiculaires à la droite (d) passant les points A, B et C.

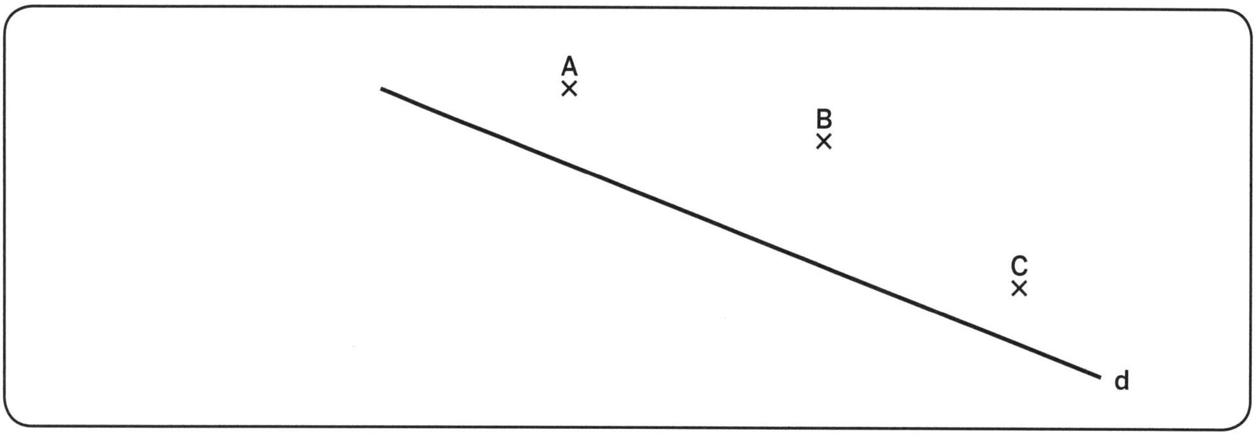

21

Avec ton matériel de géométrie, trace les droites parallèles à la droite (d) passant par les points A, B et C.

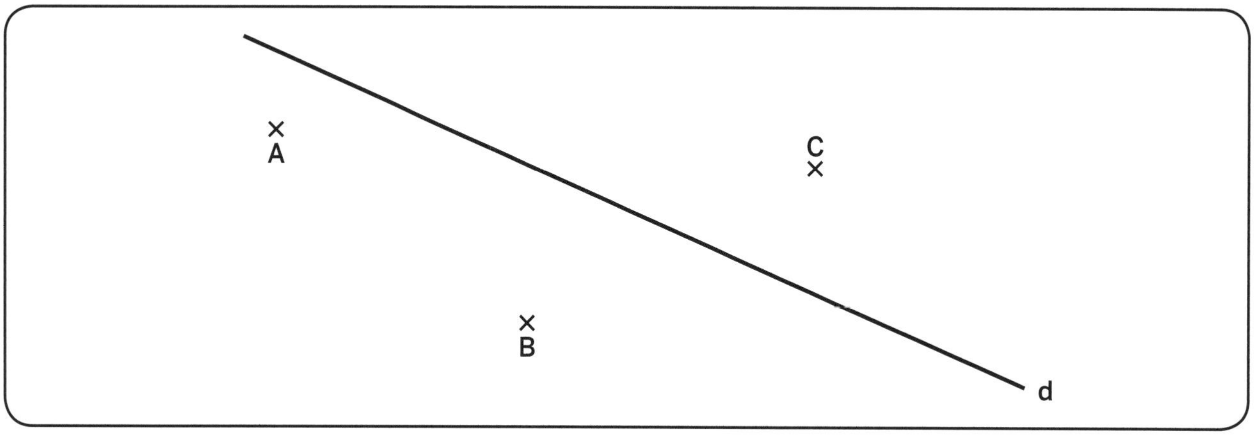

22

Repasse de la même couleur les droites parallèles entre elles.

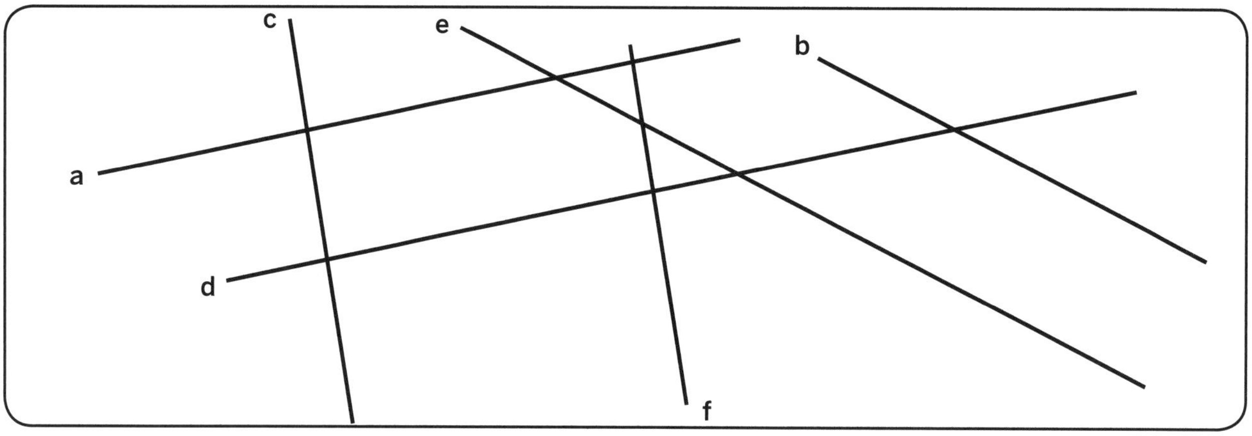

23

Avec ton matériel de géométrie, trace la figure symétrique par rapport à l'axe donné.

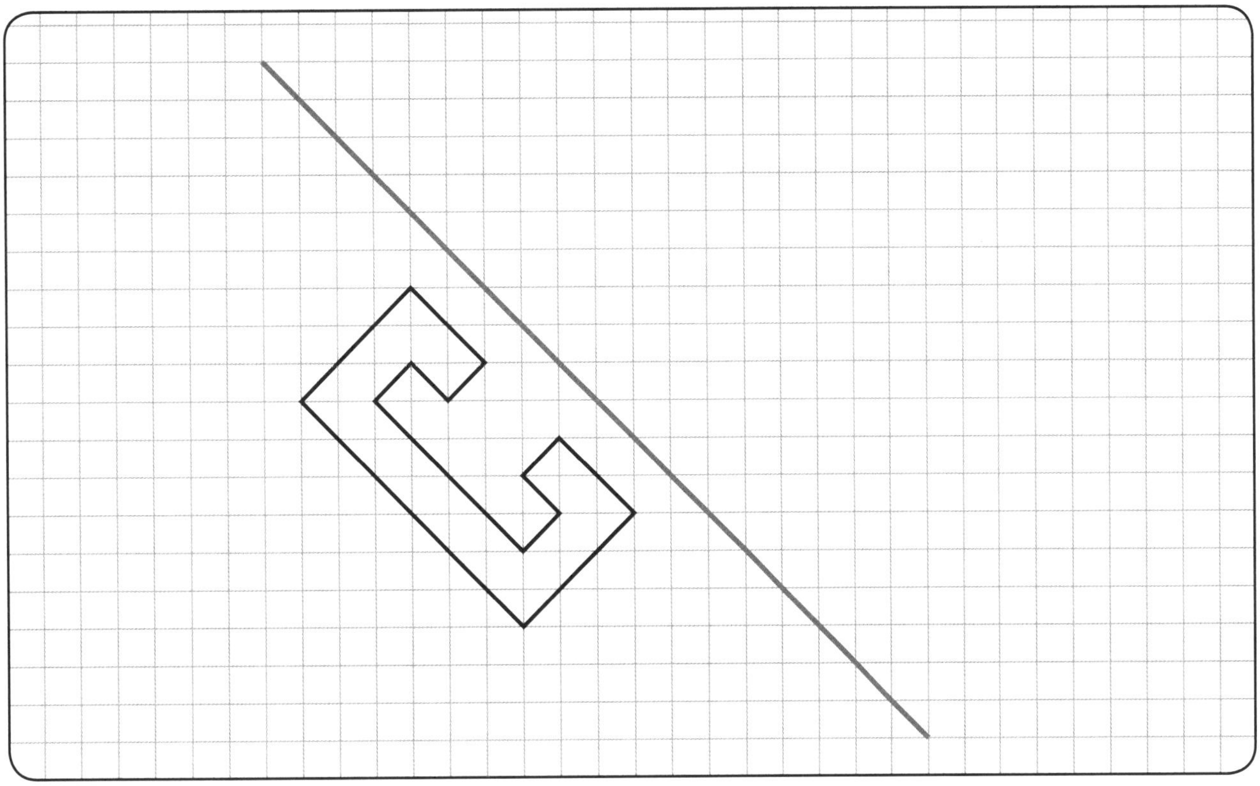

24

Avec ton matériel de géométrie, trace la figure symétrique par rapport à l'axe donné.

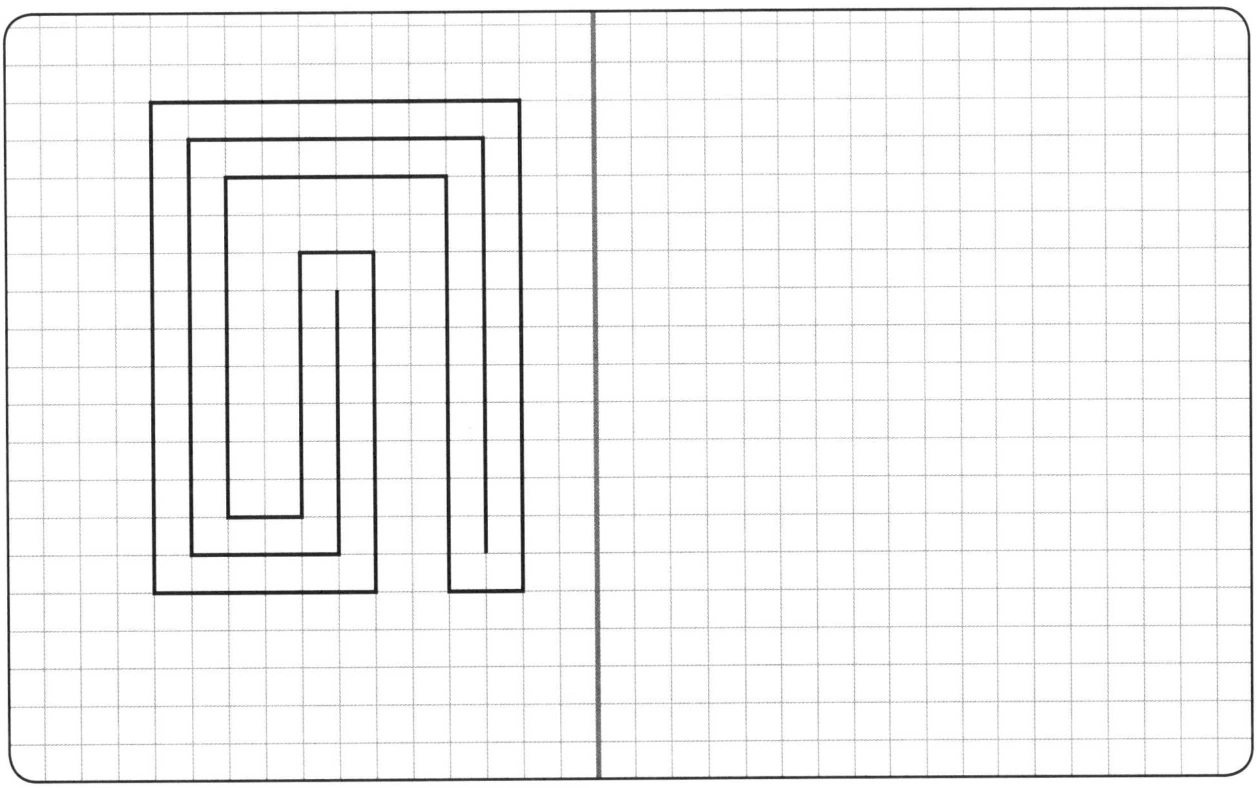

25

Avec ton matériel de géométrie, place les points A′ et B′, symétriques des points A et B par rapport à l'axe donné.

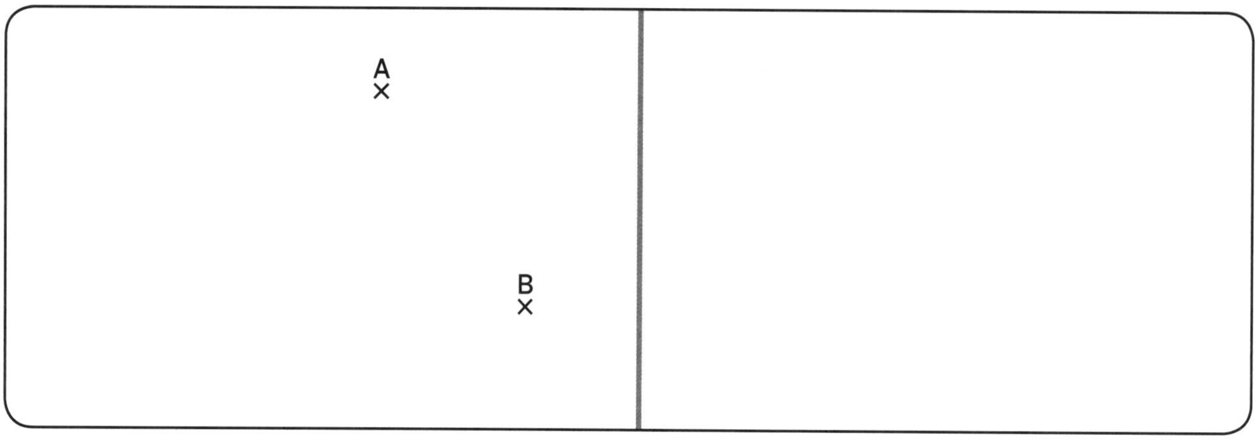

26

Avec ton matériel de géométrie, place les points A′ et B′ symétriques des points A et B par rapport à l'axe donné.

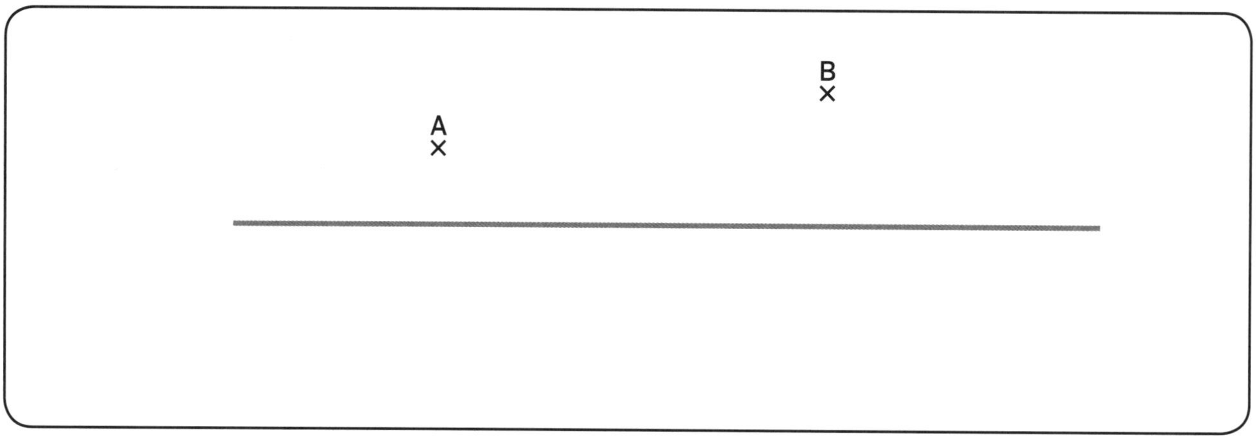

27

Avec ton matériel de géométrie, trace le segment [A′B′], symétrique du segment [AB] par rapport à l'axe donné.

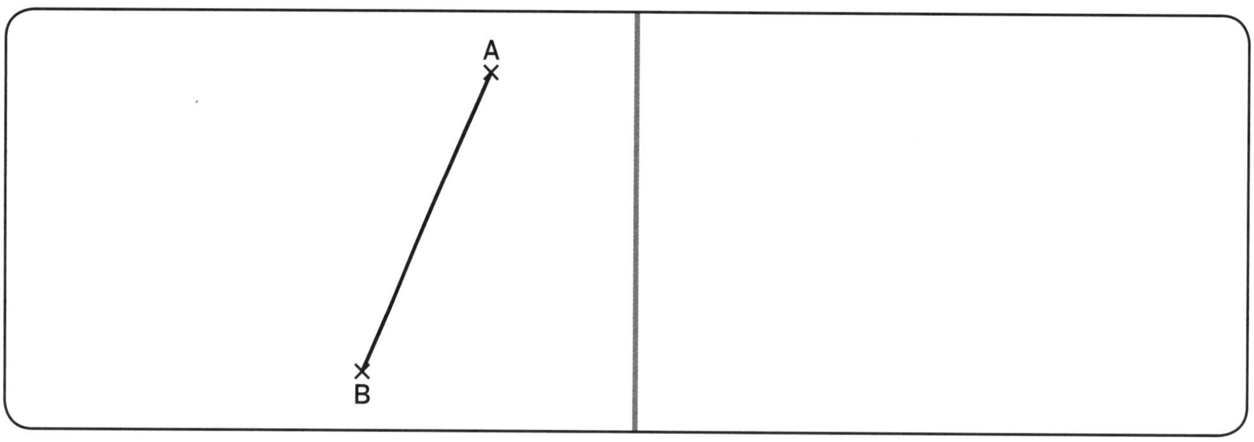

28

Dans la figure ci-dessous :

- Nomme ABC et DEF deux triangles équilatéraux.
- Repasse en rouge les côtés d'un losange.
- Colorie en bleu un triangle rectangle.
- Colorie en vert un triangle isocèle.

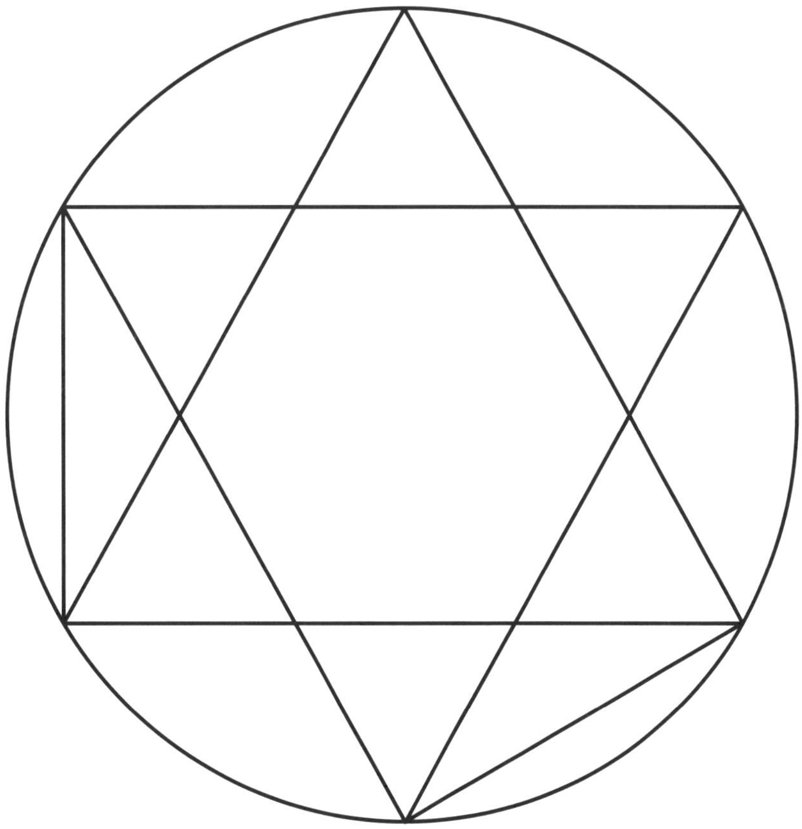

29

Avec ton matériel de géométrie, suis le programme de construction :

- Trace le triangle rectangle ABC, rectangle en A, tel que AB = AC = 10 cm.
- Place les points I milieu de [AB], J milieu de [BC] et K milieu de [AC].
- Trace le carré AIJK.
- Trace les diagonales du carré AIJK.
- Place O à l'intersection des diagonales du carré AIJK.
- Trace le cercle de centre O et de rayon [OI].

CHAPITRE 3

Activités de géometrie

1

Avec ton matériel de géométrie, reproduis les polygones comme sur les modèles.

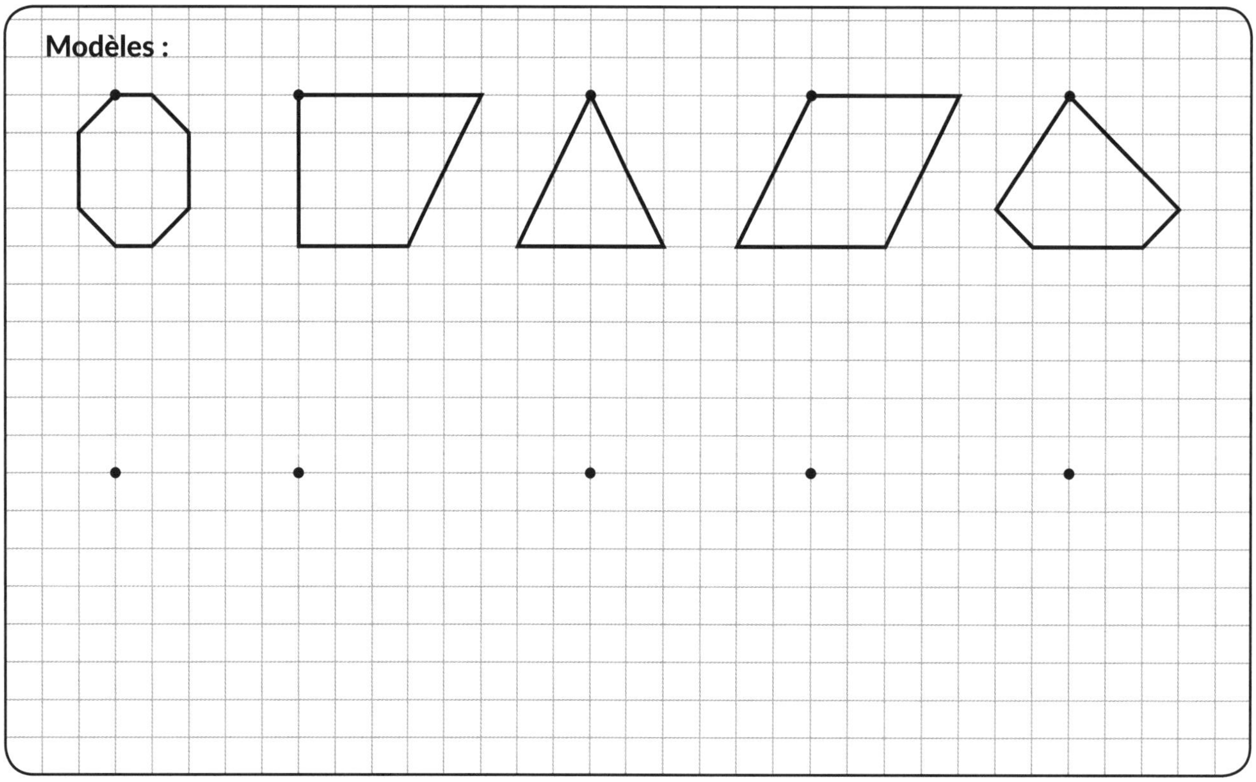

2

Colorie les figures suivantes :
- les triangles en jaune ;
- les quadrilatères en vert ;
- les pentagones en bleu ;
- les hexagones en rouge.

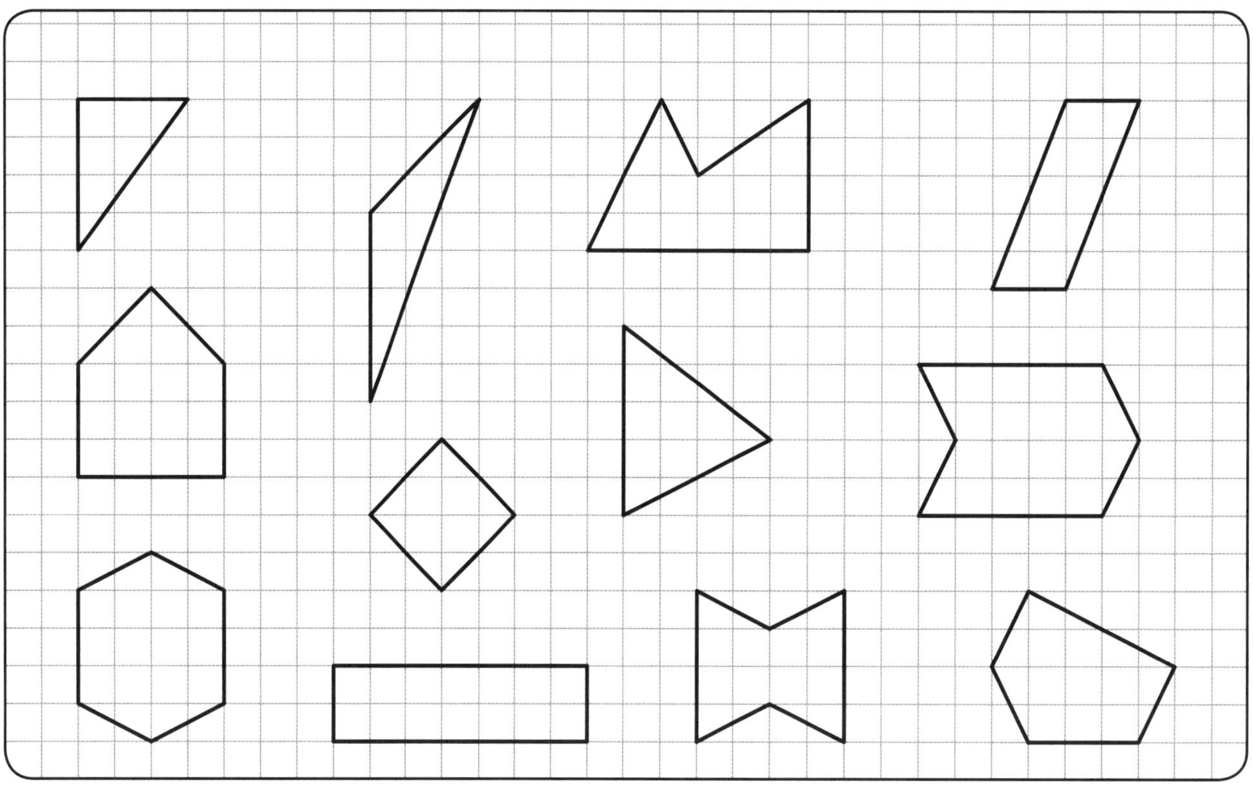

3

Avec ton matériel de géométrie, reproduis les figures comme sur les modèles.

Modèles :

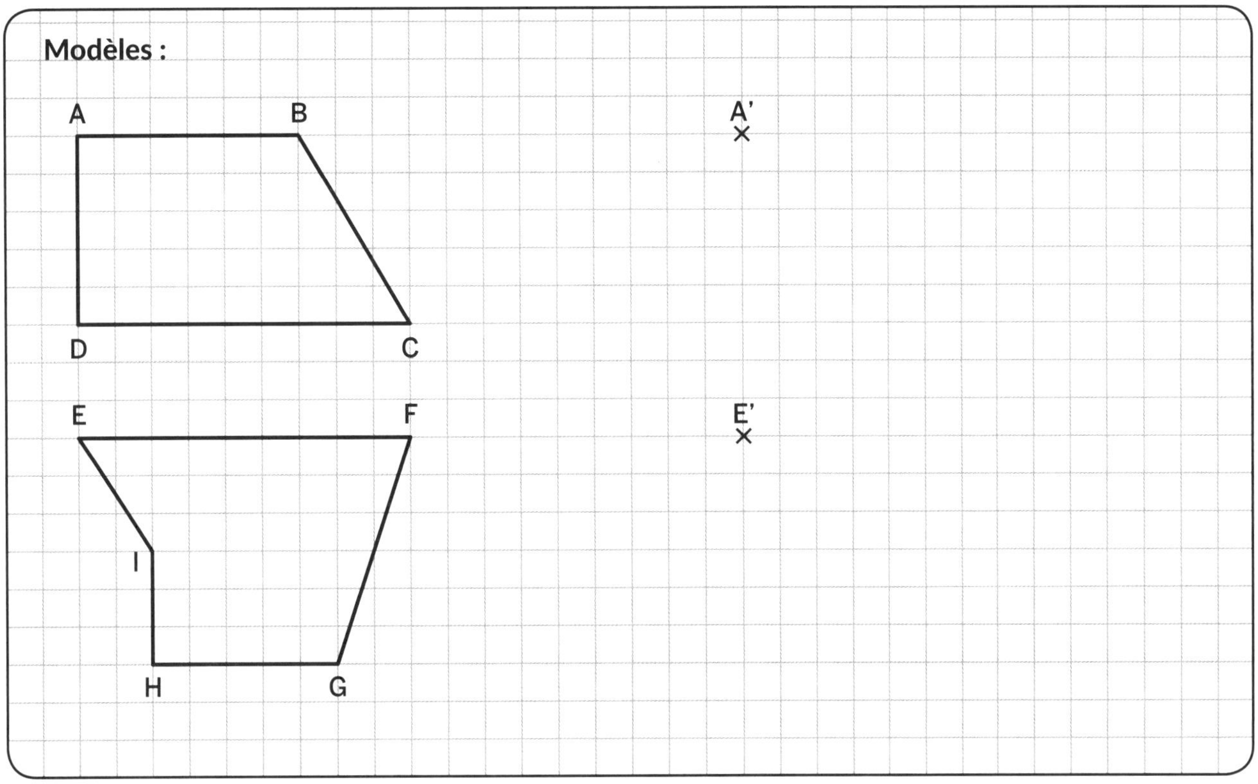

4

Avec ton matériel de géométrie, reproduis les figures comme sur les modèles.

Modèles :

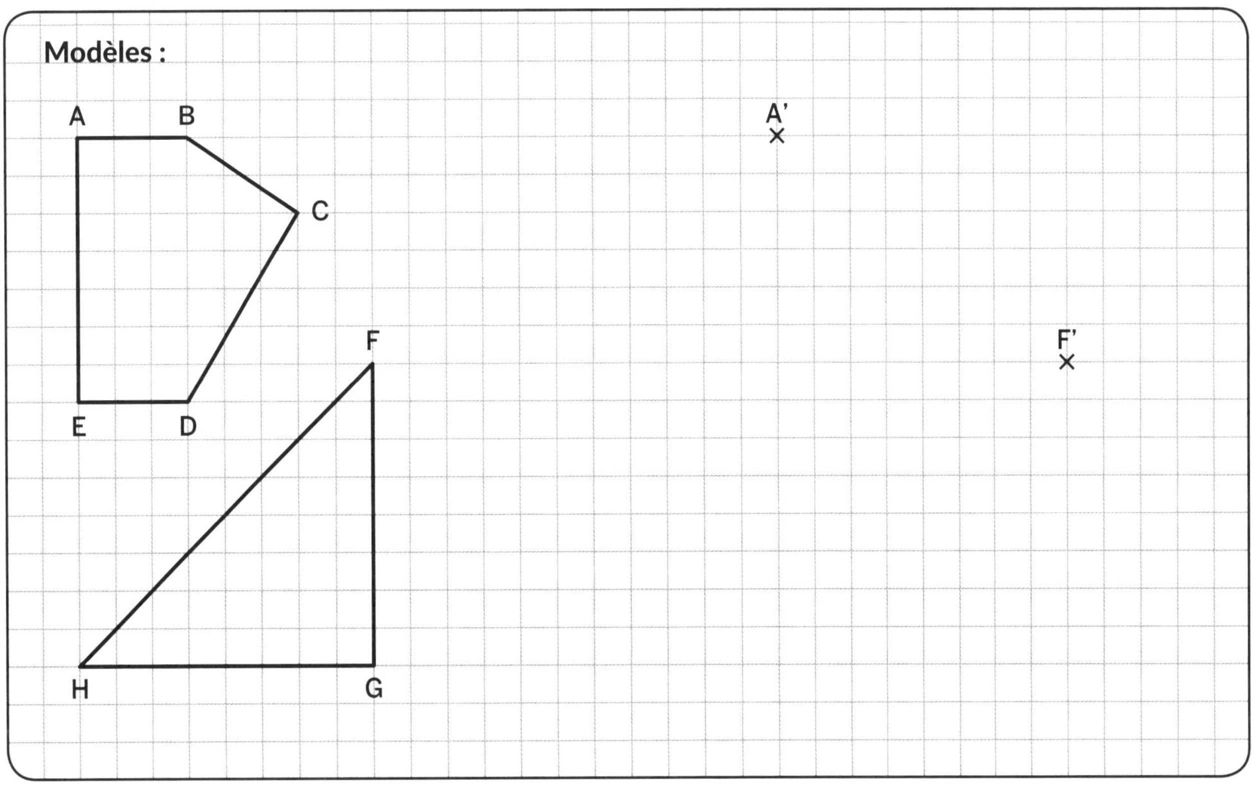

5

Avec ton matériel de géométrie, reproduis le triangle ABC isocèle et rectangle en A aux dimensions indiquées.

Modèle réduit :

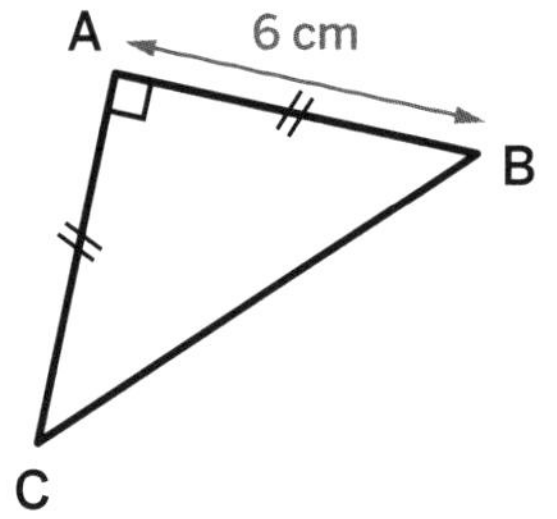

6

Avec ton matériel de géométrie, termine la construction du triangle équilatéral GHI.

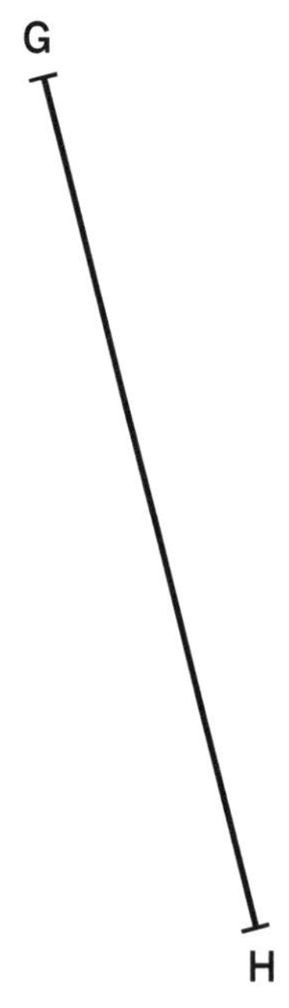

7

Avec ton matériel de géométrie, reproduis le carré ABCD aux dimensions indiquées.

Modèle réduit :

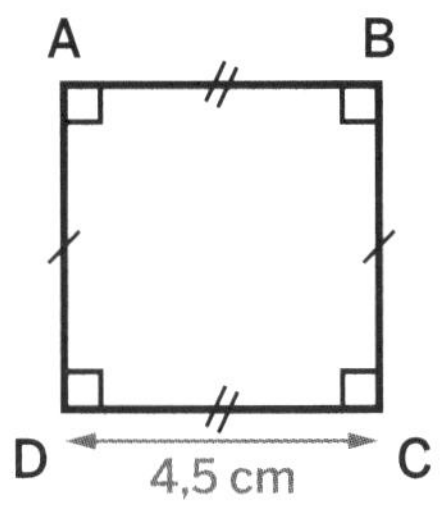

8

Avec ton matériel de géométrie, trace un losange EFGH avec [EF] = 6 cm.

9

Avec ton matériel de géométrie, trace trois cercles de centre O.
Les rayons sont de 2,5 cm, 3,5 cm et 4,5 cm.

10

[OA] est un rayon de cercle 𝒞.
Avec ton matériel de géométrie :

- Trace le cercle de centre O et rayon [OA].
- Trace un diamètre perpendiculaire à [OA].

11

Avec ton matériel de géométrie, reproduis la figure aux dimensions indiquées.

Modèle réduit :

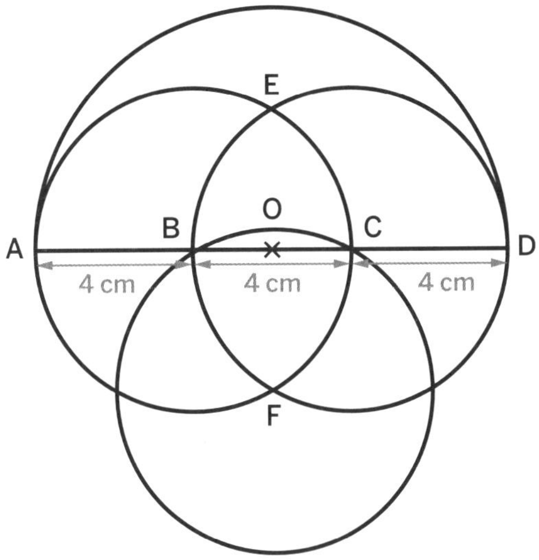

12

Avec ton matériel de géométrie, reproduis le solide comme sur le modèle.

☐

Modèle :

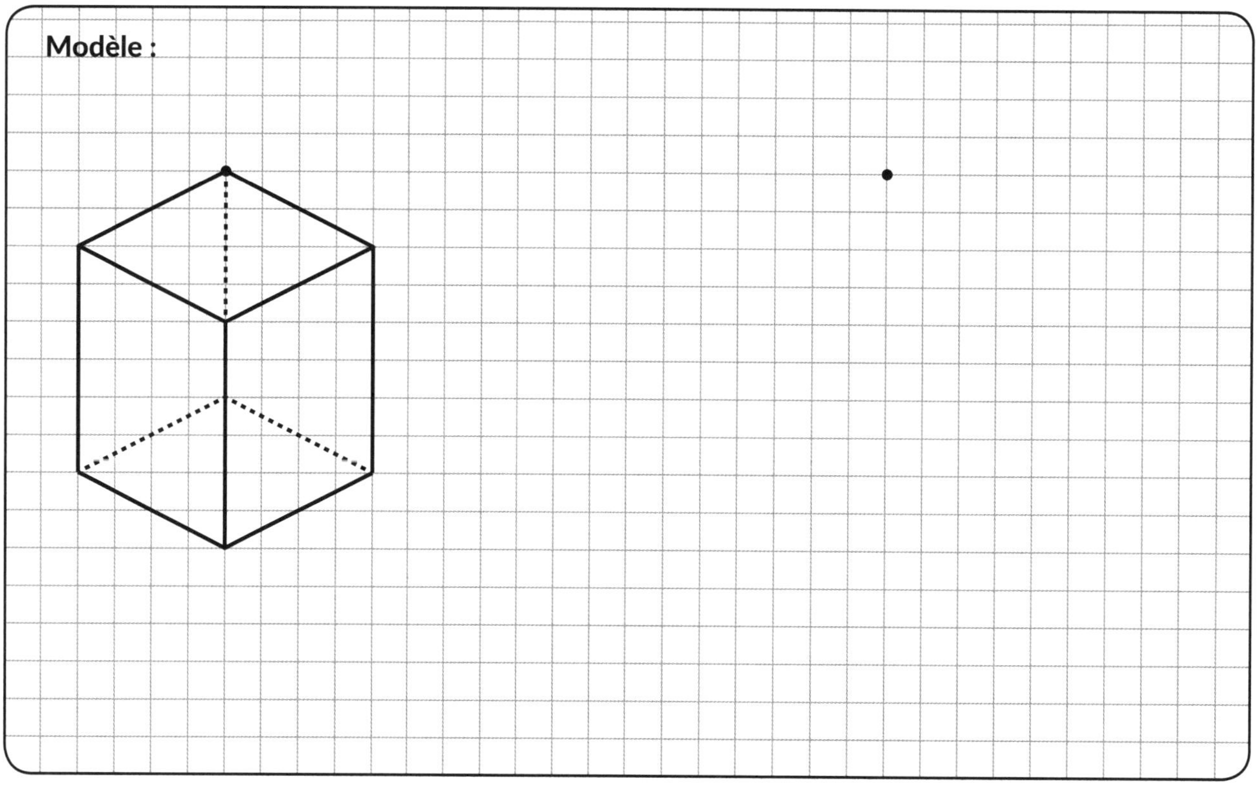

13

Avec ton matériel de géométrie, reproduis le solide comme sur le modèle.

☐

Modèle :

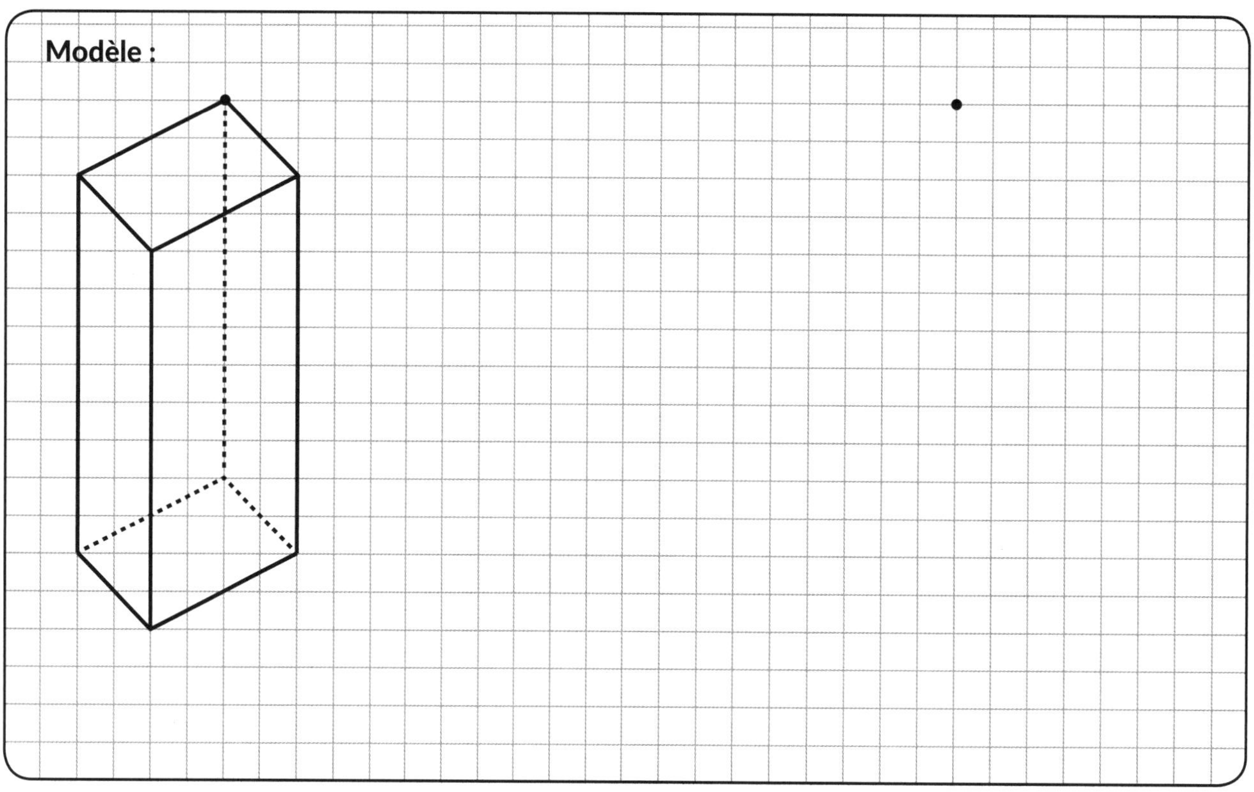

14

Avec ton matériel de géométrie, trace un patron du pavé droit en respectant les mesures indiquées sur le modèle.

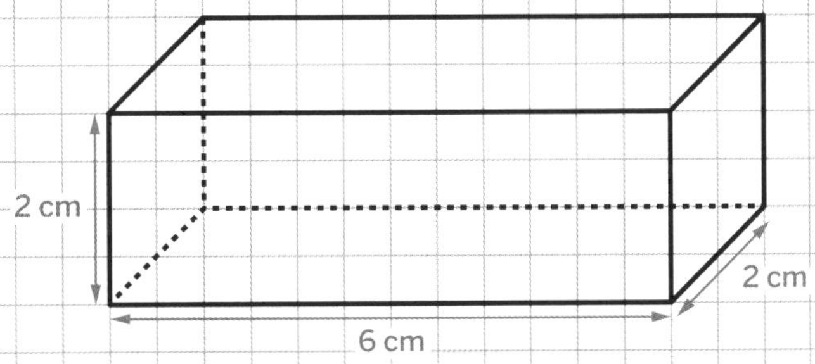

15

Avec ton matériel de géométrie, termine la frise composée de droites parallèles.

16

Avec ton matériel de géométrie, termine la frise composée de droites parallèles.

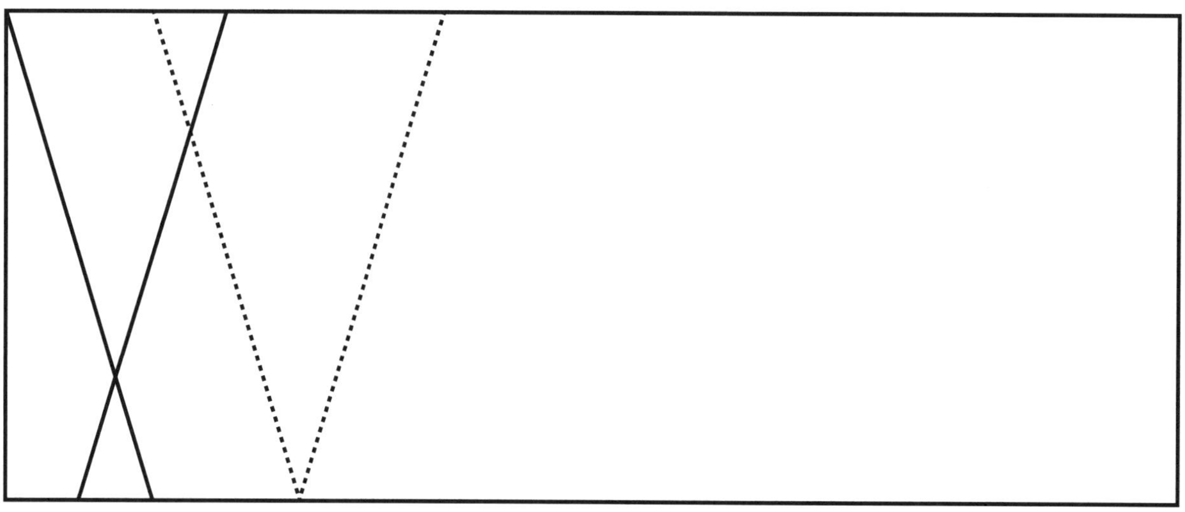

17

Avec ton matériel de géométrie, trace une droite perpendiculaire à (d) passant par le point A. Puis trace une droite parallèle à (d′) passant par le point B.

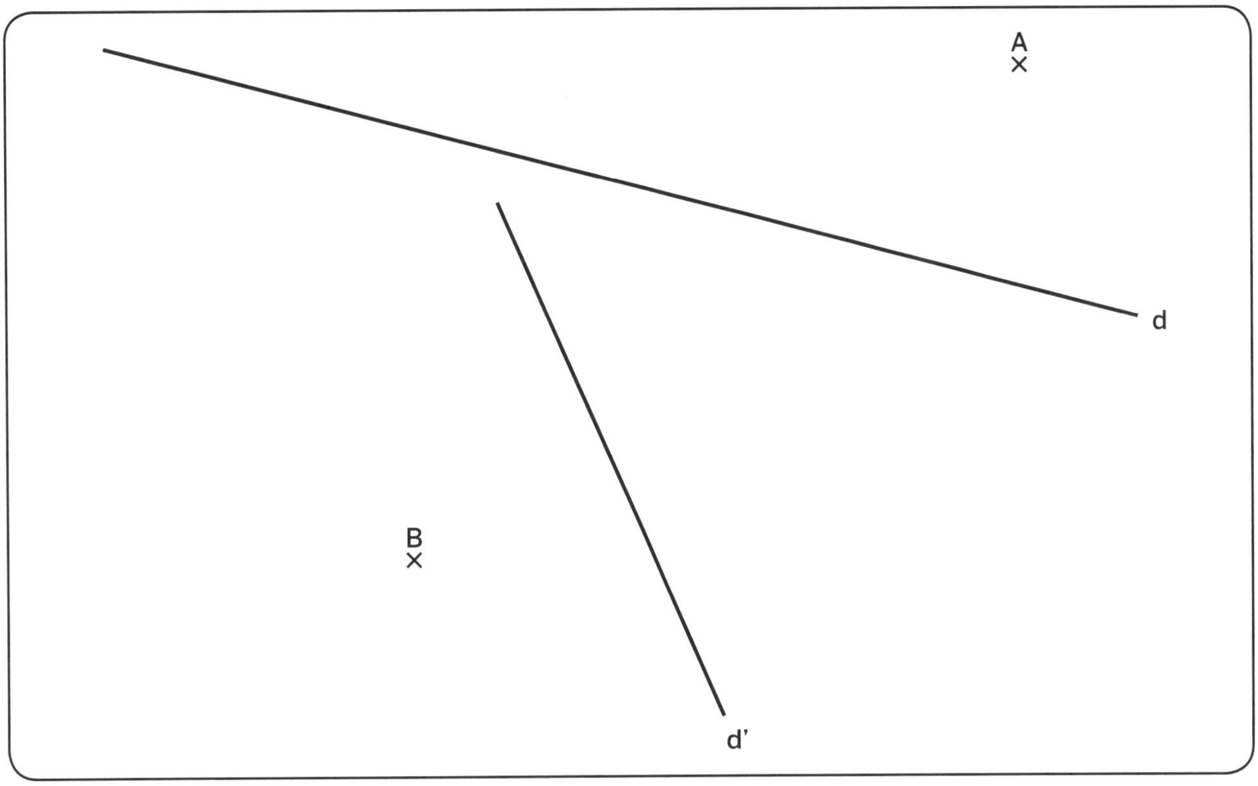

18

Avec ton matériel de géométrie, trace une droite parallèle et une droite perpendiculaire à la droite (d).
Elles passent par le point C.

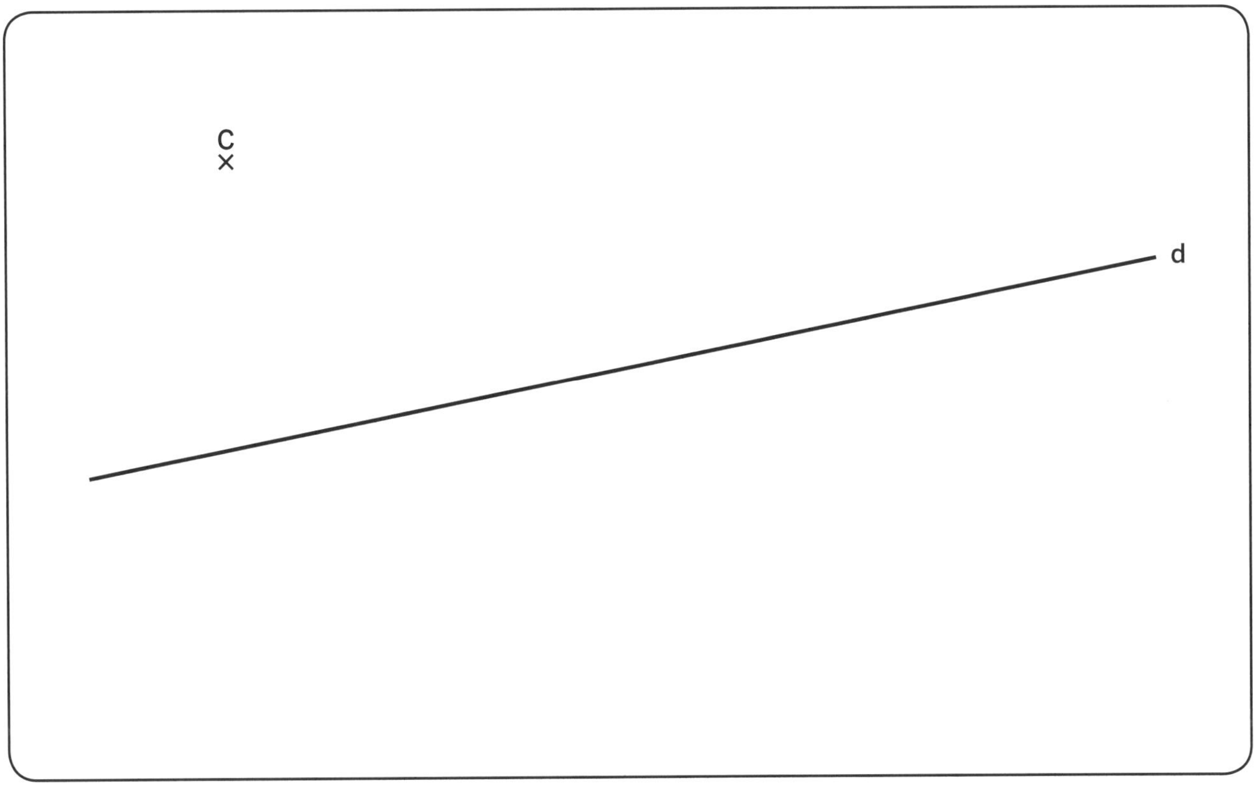

19

Place les points A′, B′, C′ et D′, symétriques des points A, B, C et D par rapport à l'axe donné.

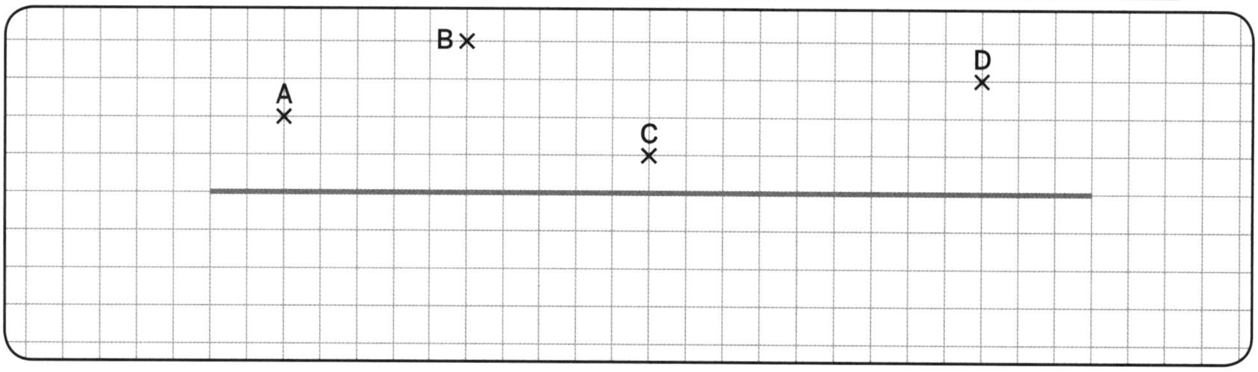

20

Avec ton matériel de géométrie, trace la ligne brisée symétrique par rapport à l'axe donné.

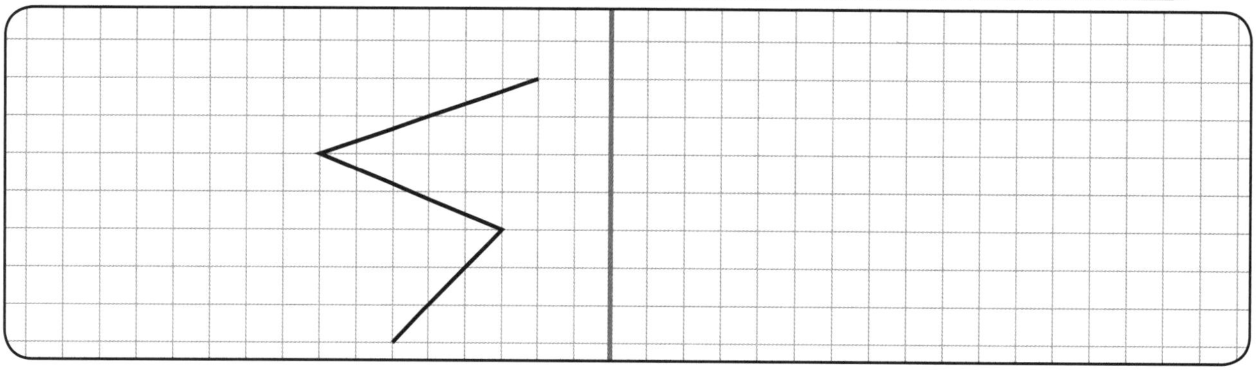

21

Avec ton matériel de géométrie, trace les axes de symétrie des figures suivantes.

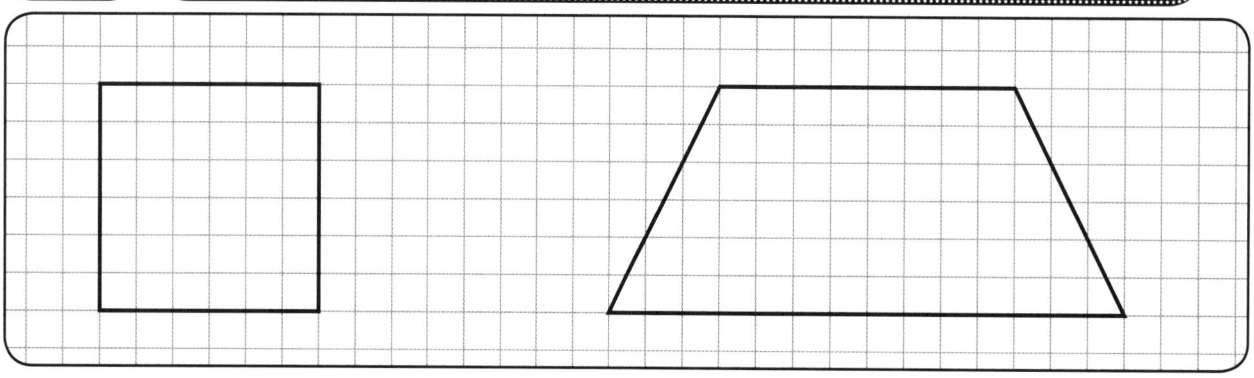

22

Avec ton matériel de géométrie, trace la figure symétrique par rapport à l'axe donné.

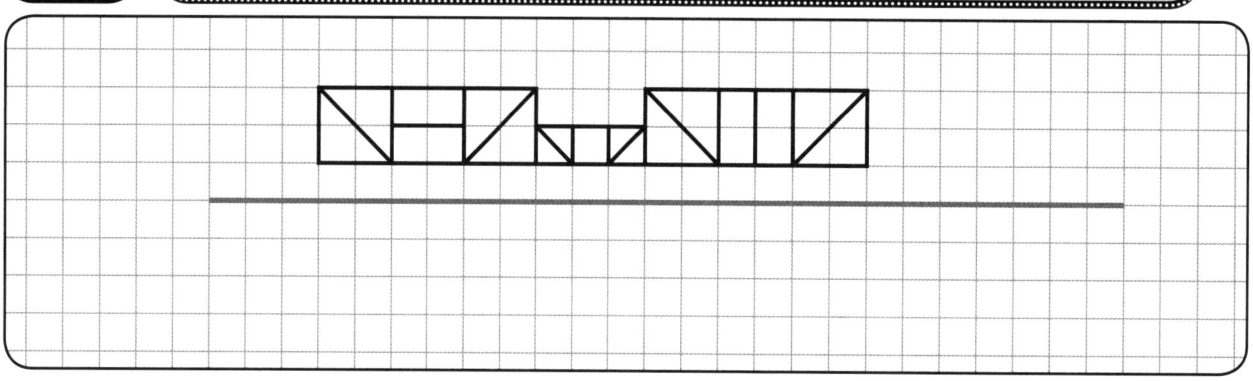

23

Avec ton matériel de géométrie, place les points A′, B′ et C′ symétriques des points A, B et C.
Relie les points pour construire le triangle A′B′C′.

☐

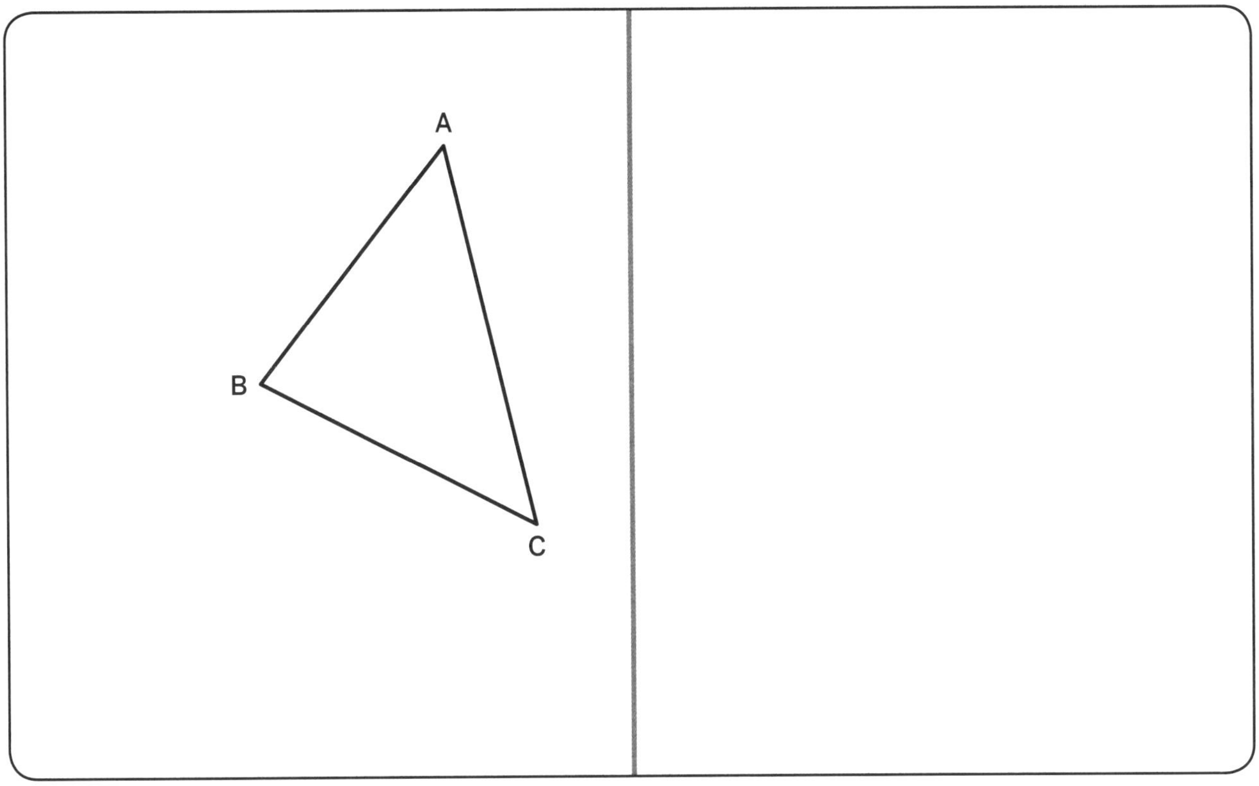

24

Avec ton matériel de géométrie, place les points A′, B′, C′ et D′, symétriques des points A, B, C et D.
Relie les points pour construire le quadrilatère A′B′C′D′.

☐

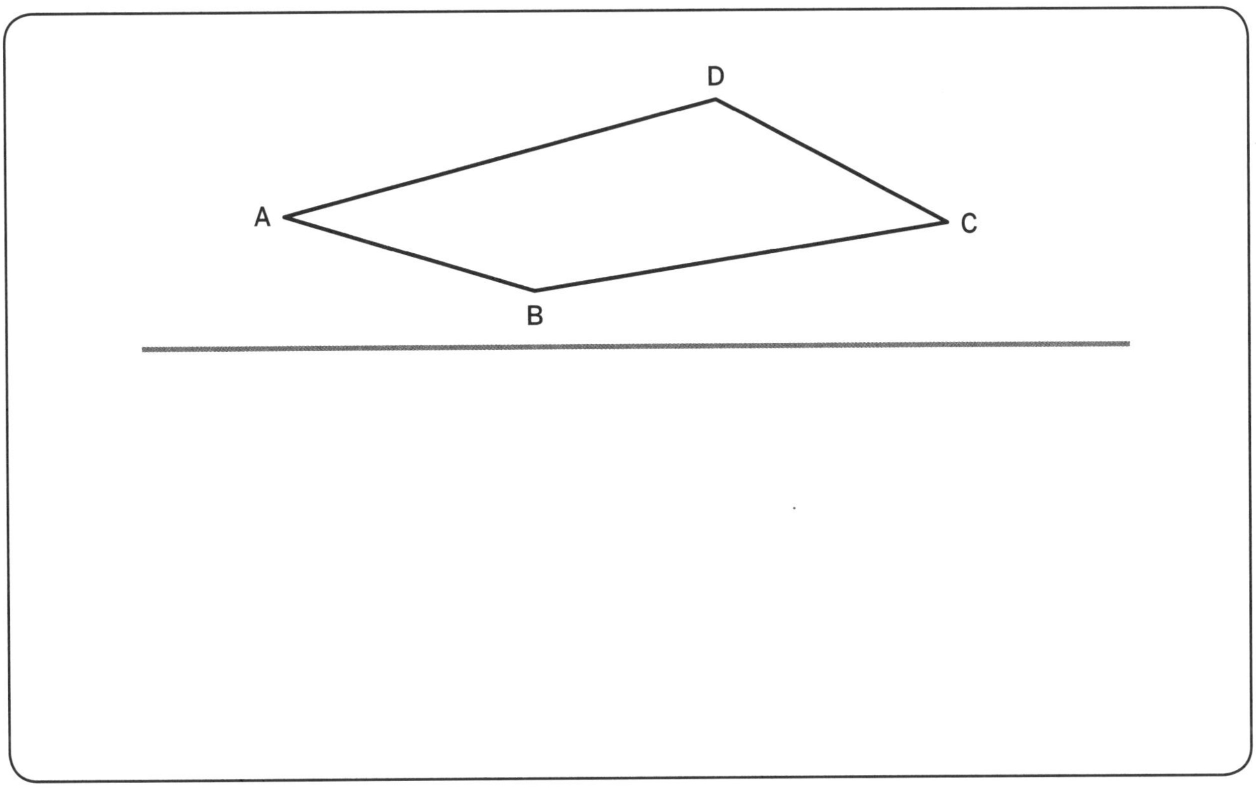

25

Dans la figure ci-dessous :
- Nomme ABC et CDE deux triangles équilatéraux.
- Colorie en jaune un losange.
- Repasse en bleu les côtés d'un rectangle.
- Colorie en rouge un triangle rectangle.

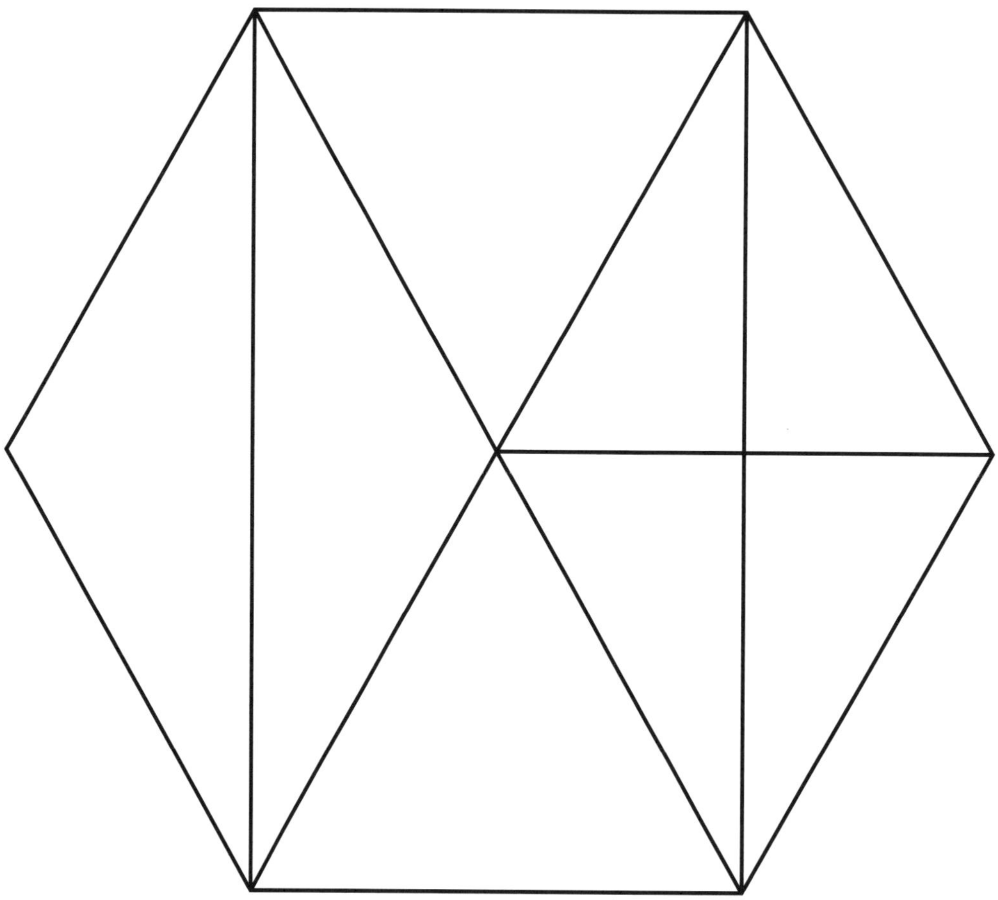

26

Avec ton matériel de géométrie, construis un nouveau carré en multipliant par 2 les dimensions du carré modèle.

☐

Modèle :

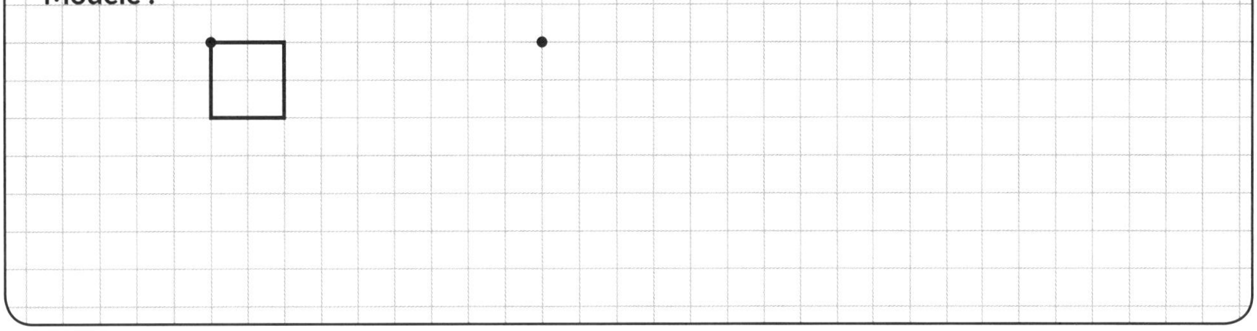

27

Avec ton matériel de géométrie, construis un nouveau carré en divisant par 2 les dimensions du carré modèle.

☐

Modèle :

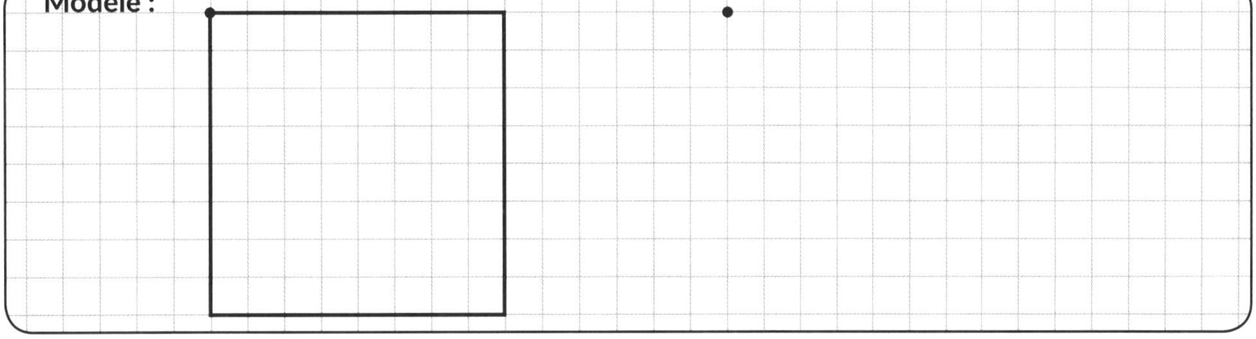

28

Avec ton matériel de géométrie, construis un nouveau triangle en multipliant par 2 les dimensions du triangle modèle.

☐

Modèle :

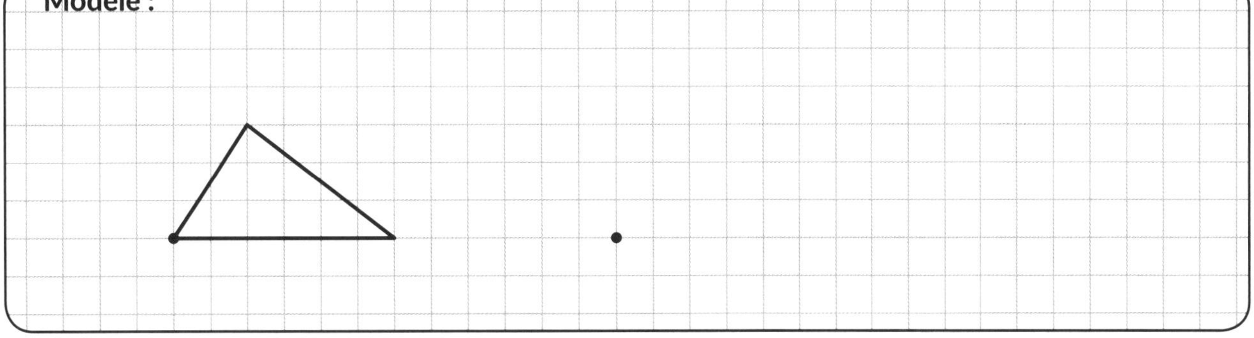

29

Avec ton matériel de géométrie, construis un nouveau triangle en divisant par 2 les dimensions du triangle modèle.

☐

Modèle :

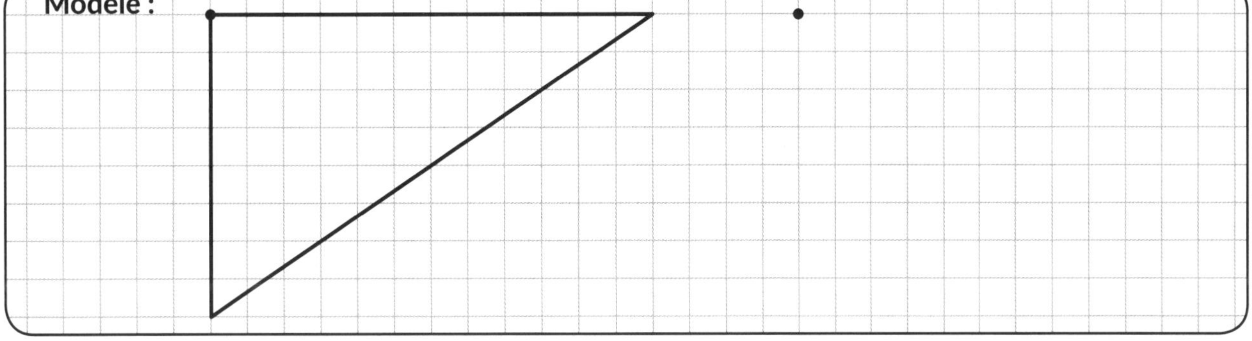

30

Avec ton matériel de géométrie, suis le programme de construction :

- Le segment [AB] de longueur 8 cm est déjà tracé. Trace le segment [BC] de longueur 6 cm, perpendiculaire à [AB].
- Termine la construction du triangle rectangle ABC. Colorie-le en bleu.
- Place le point D milieu du côté [AC] puis trace l'arc de cercle AC. Colorie la portion du disque en orange.
- Place le point E milieu du côté [BC] puis trace l'arc de cercle BC. Colorie la portion de disque en rouge.
- Place le point F milieu du côté [AB] puis trace l'arc de cercle AB. Colorie la portion de disque en jaune.

Attention ! les arcs de cercle ne doivent pas se chevaucher.

CHAPITRE 4

Activités de géométrie

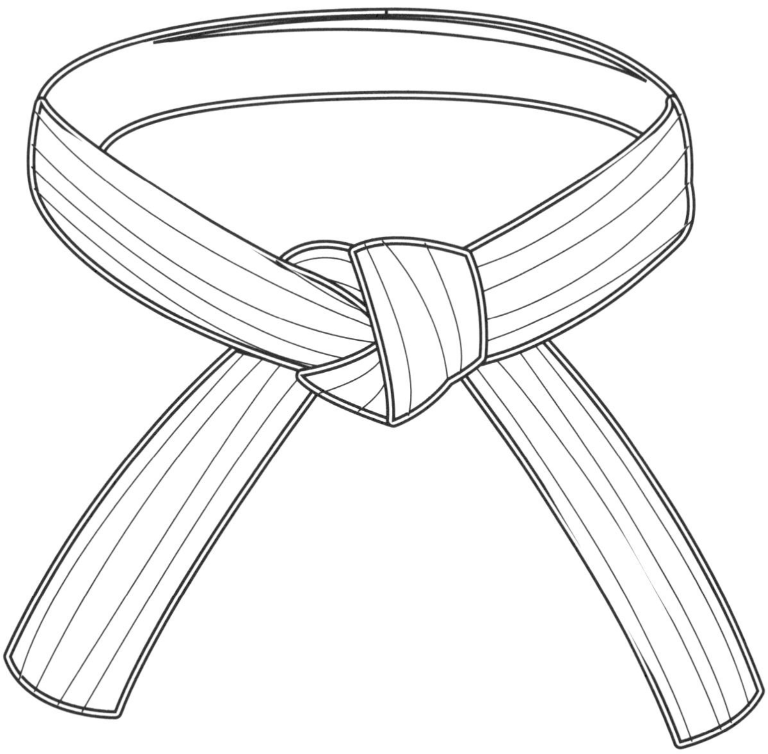

1

Avec ton matériel de géométrie, reproduis les polygones comme sur les modèles.

Modèles :

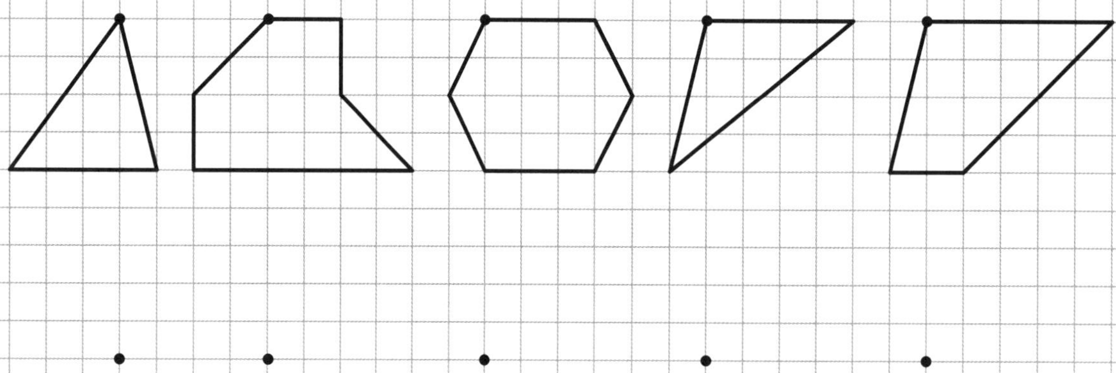

2

Pour chaque polygone, indique le nombre de sommets et le nombre de côtés.

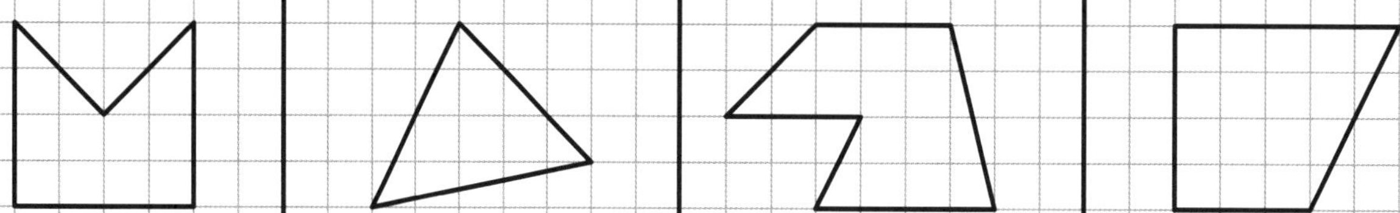

Sommets : …	**Sommets : …**	**Sommets : …**	**Sommets : …**
Côtés : …	**Côtés : …**	**Côtés : …**	**Côtés : …**

3

Avec ton matériel de géométrie, reproduis les figures comme sur les modèles.

Modèles :

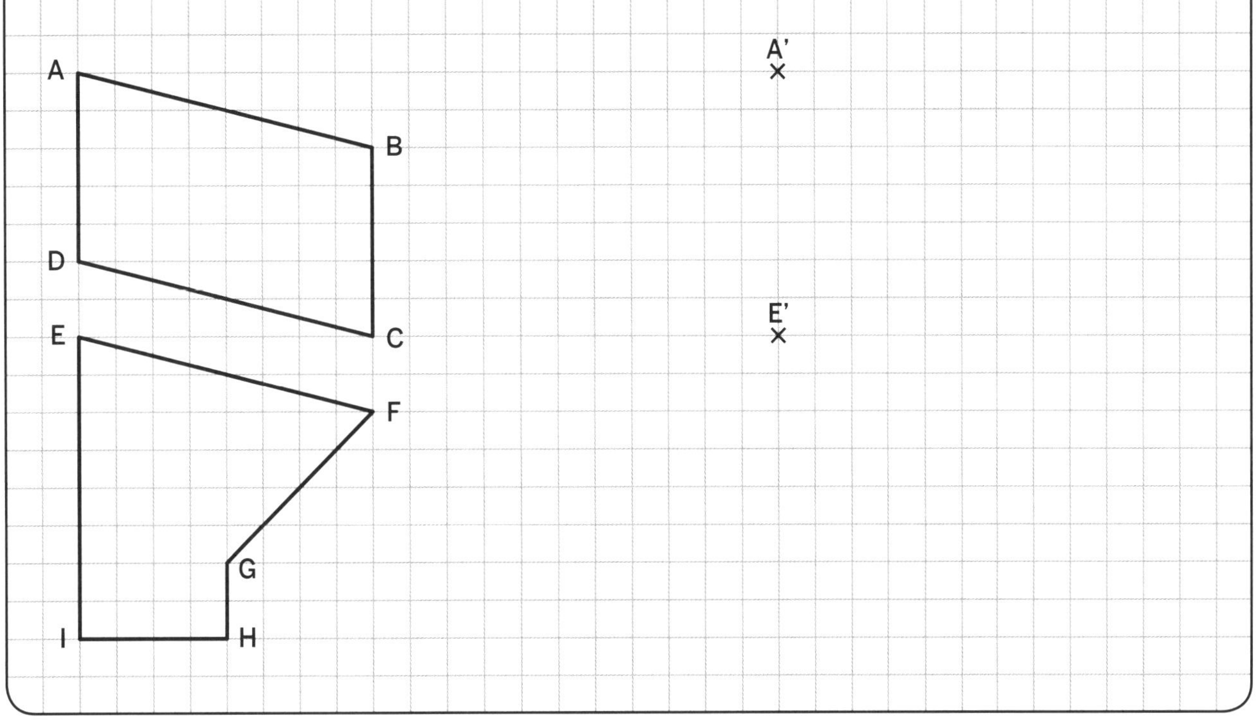

4

Avec ton matériel de géométrie, reproduis les figures comme sur les modèles.

Modèles :

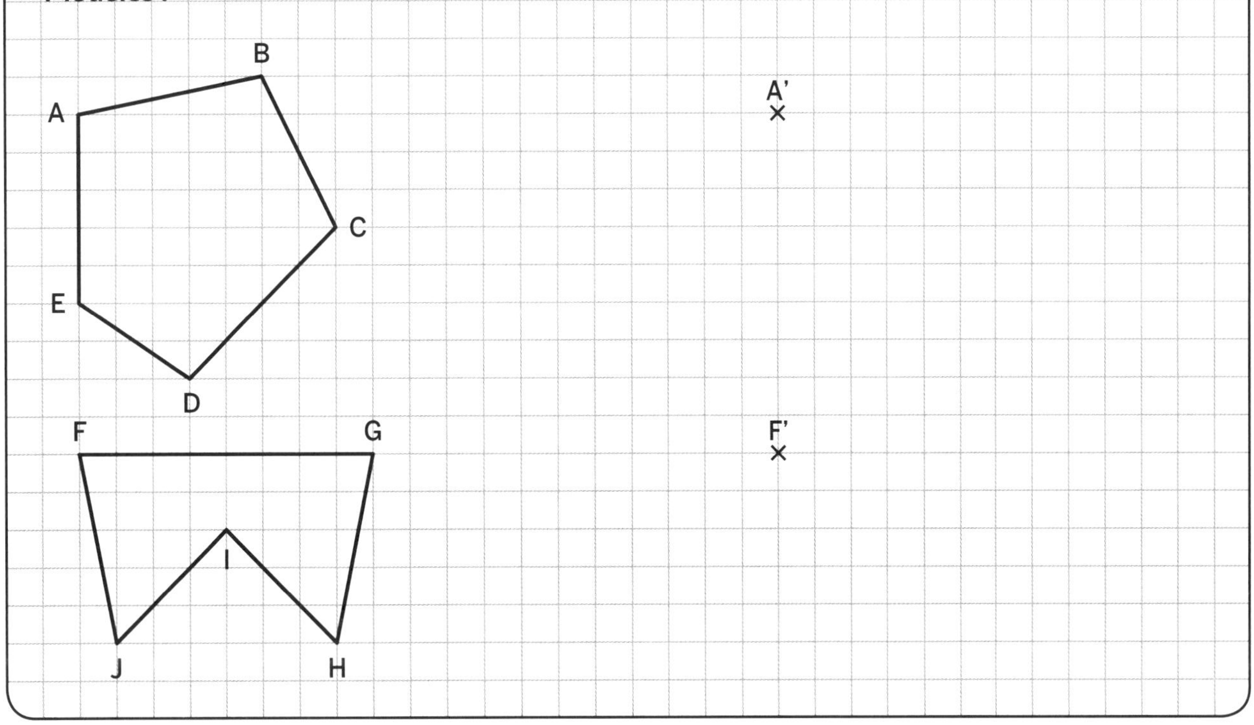

5

Avec ton matériel de géométrie, reproduis le triangle rectangle ABC aux dimensions indiquées.

☐

Modèle réduit :

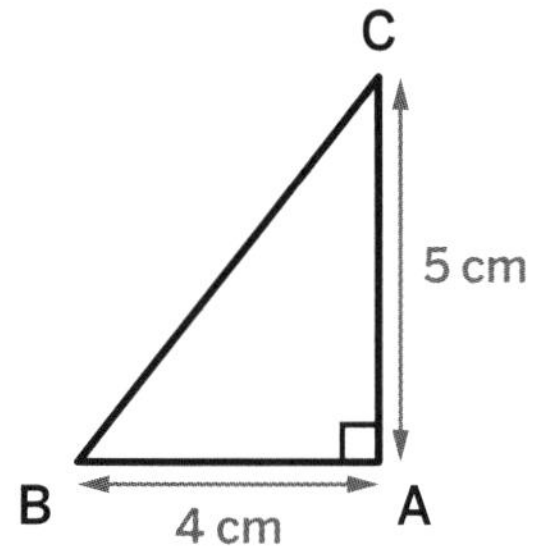

6

Avec ton matériel de géométrie, reproduis le triangle équilatéral ABC aux dimensions indiquées.

☐

Modèle réduit :

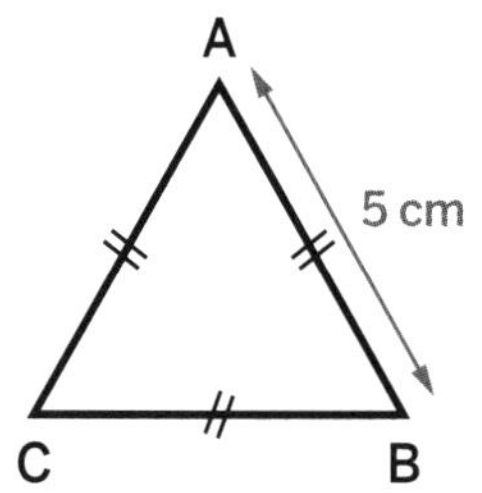

7

Avec ton matériel de géométrie, reproduis le losange ABCD aux dimensions indiquées.
[AC] = 4 cm et [BD] = 8 cm.

☐

Modèle réduit :

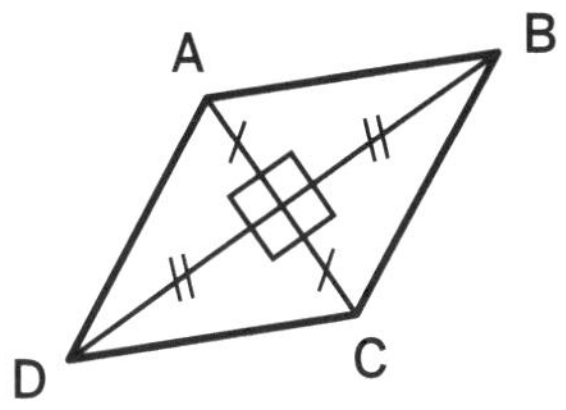

8

Avec ton matériel de géométrie, trace un carré EFGH dont le périmètre est de 16 cm.

☐

9

Avec ton matériel de géométrie, trace deux cercles de centre A.
Les rayons sont de 2 cm et 3 cm.
Trace deux cercles de centre B. Les rayons sont de 3 cm et 4 cm.

10

Avec ton matériel de géométrie, trace le cercle $\mathscr{C}$ de diamètre [AB].
Avec l'équerre, trace un rayon perpendiculaire à [AB].

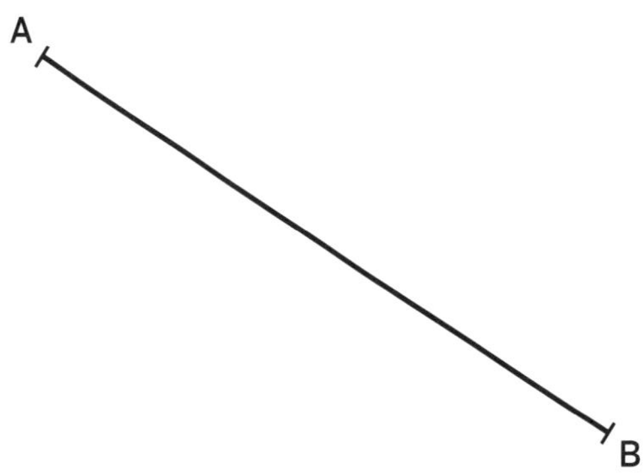

11

Avec ton matériel de géométrie, reproduis la figure
comme sur le modèle après avoir placé les points A, B et O.

Modèle réduit :

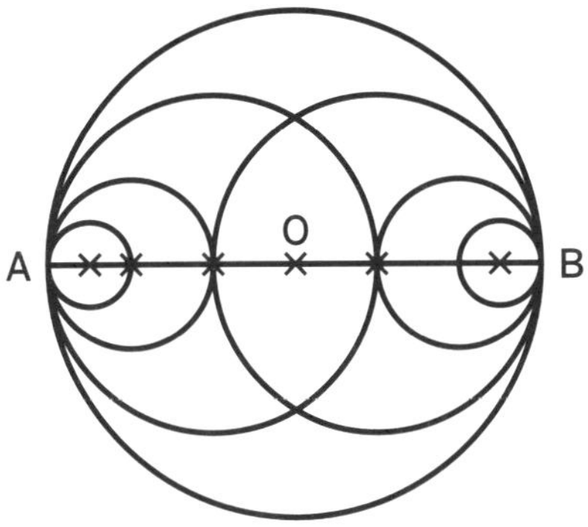

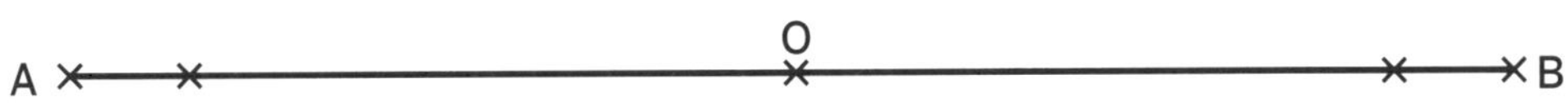

12

Avec ton matériel de géométrie, reproduis le solide comme sur le modèle.

☐

Modèle :

13

Avec ton matériel de géométrie, reproduis le solide comme sur le modèle.

☐

Modèle :

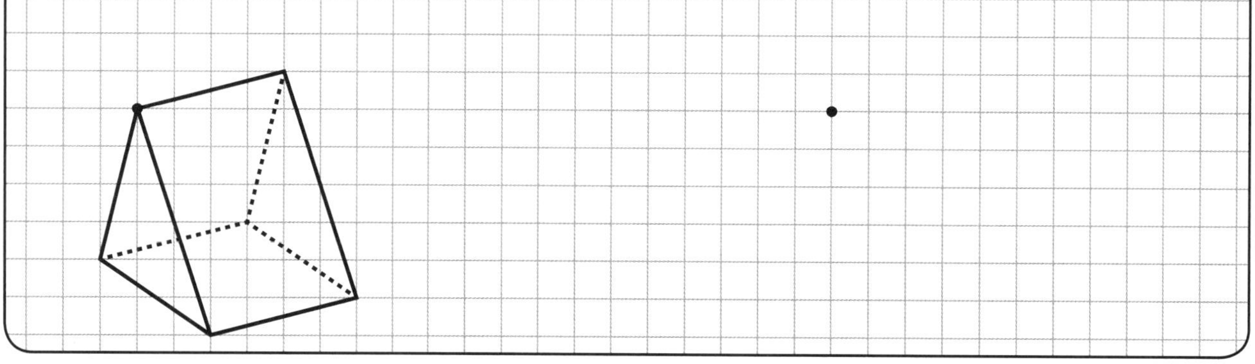

14

Avec ton matériel de géométrie, reproduis le solide comme sur le modèle.

☐

Modèle :

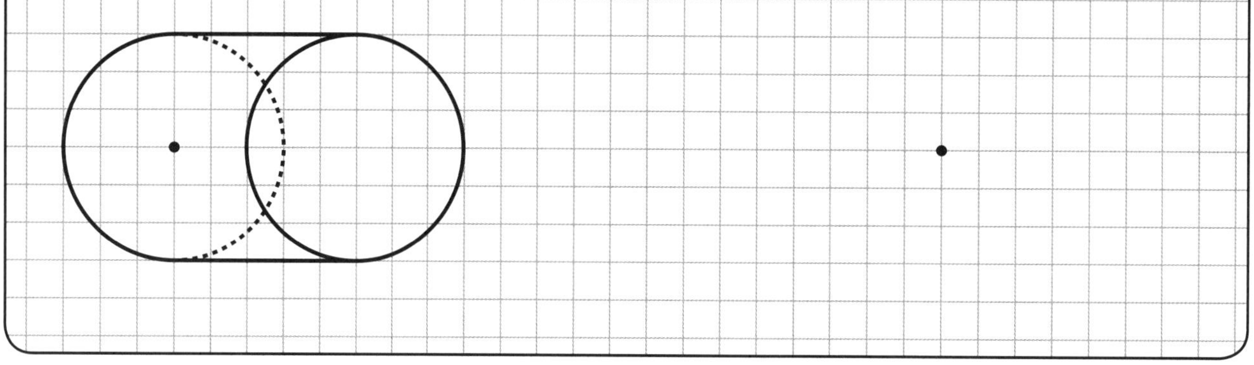

15

Observe le solide et ses mesures, puis trace son patron.

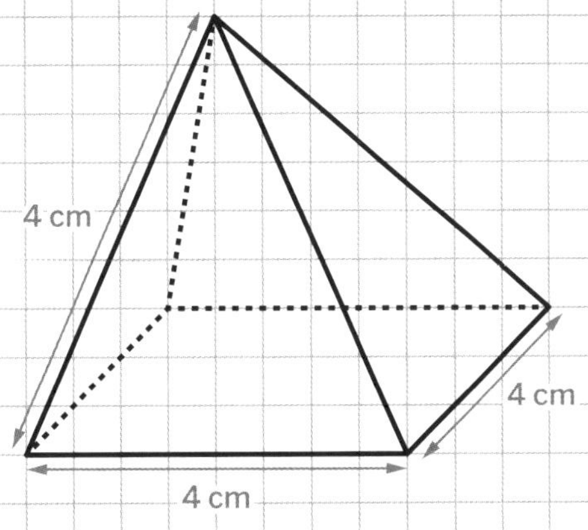

16

Avec ton matériel de géométrie, trace les segments parallèles au côté [AB]. Ils passent par les points D, E, F et G.

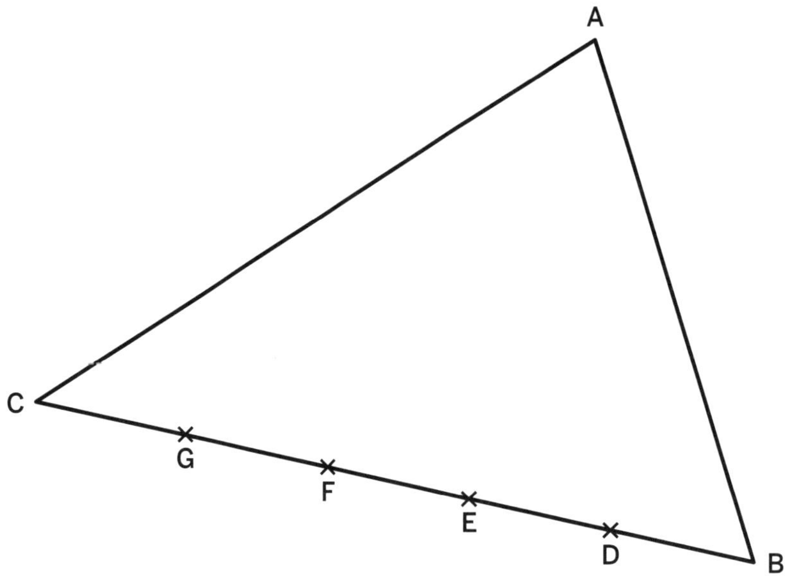

17

Avec ton matériel de géométrie, trace une droite parallèle et une droite perpendiculaire à la droite (d). Elles passent par le point C.

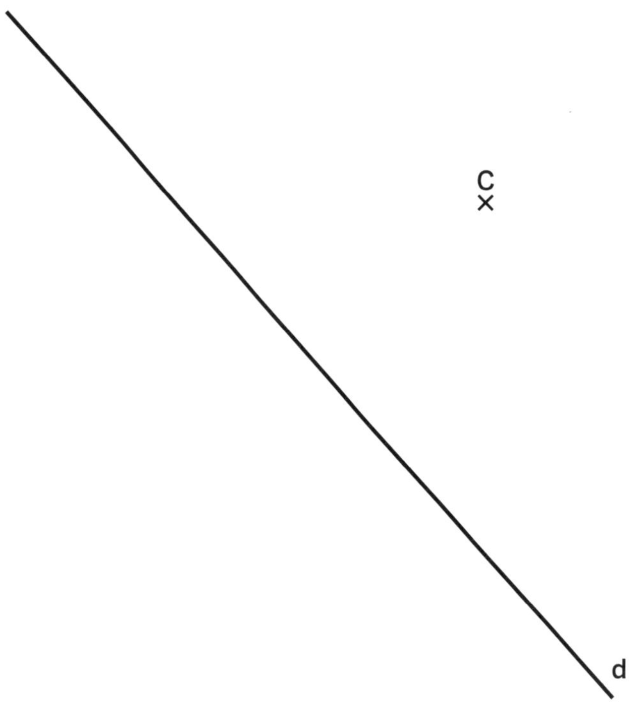

18

Avec ton matériel de géométrie, reproduis la figure par symétrie, par rapport à l'axe donné.

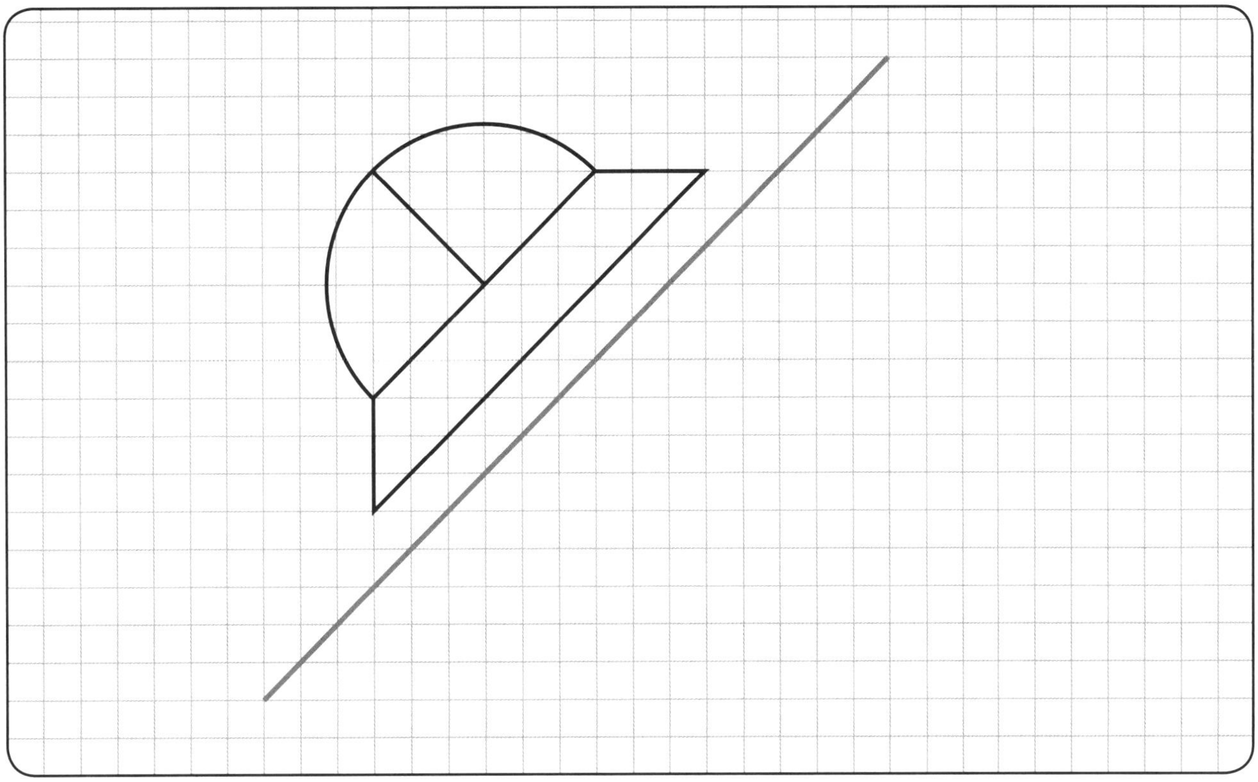

19

Avec ton matériel de géométrie, termine la figure par symétrie, par rapport à l'axe donné.

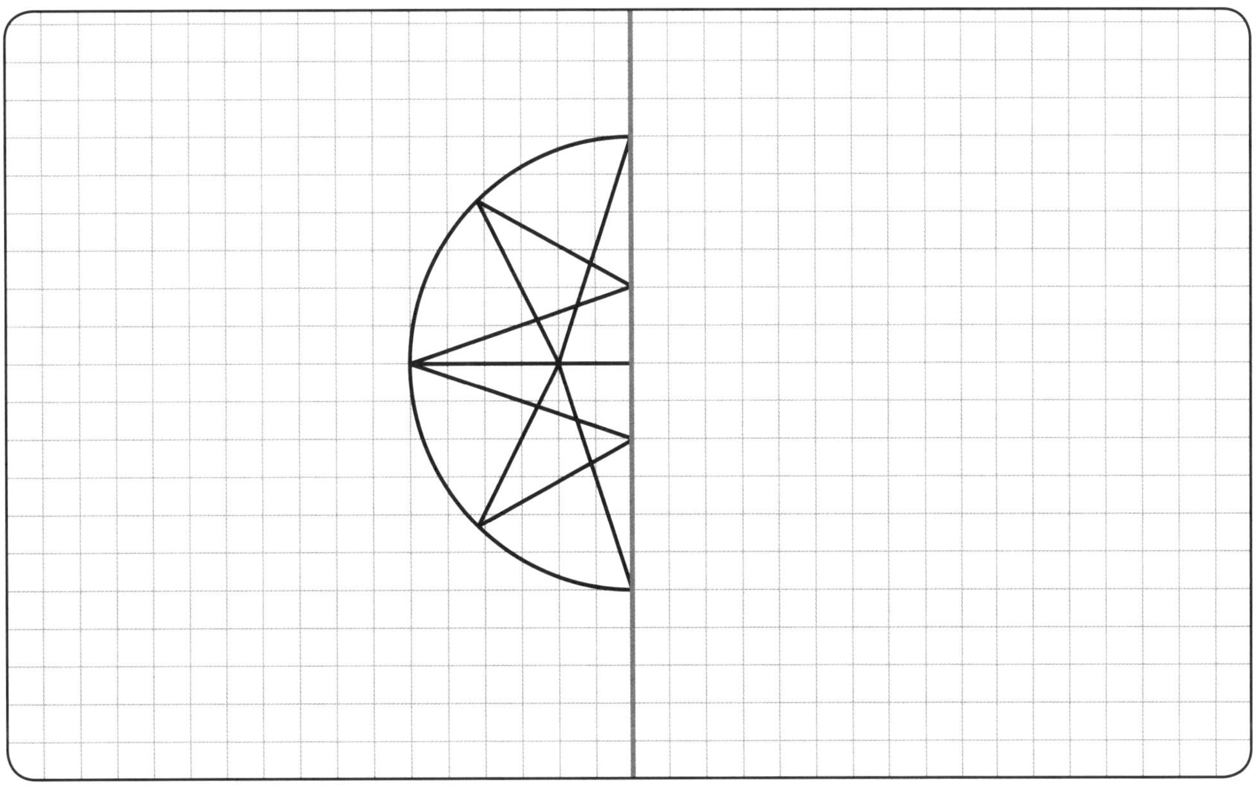

20

Avec ton matériel de géométrie, place les points A′, B′, C′ et D′ symétriques des points A, B, C et D par rapport à l'axe donné. Relie les points pour tracer le quadrilatère A′B′C′D′.

☐

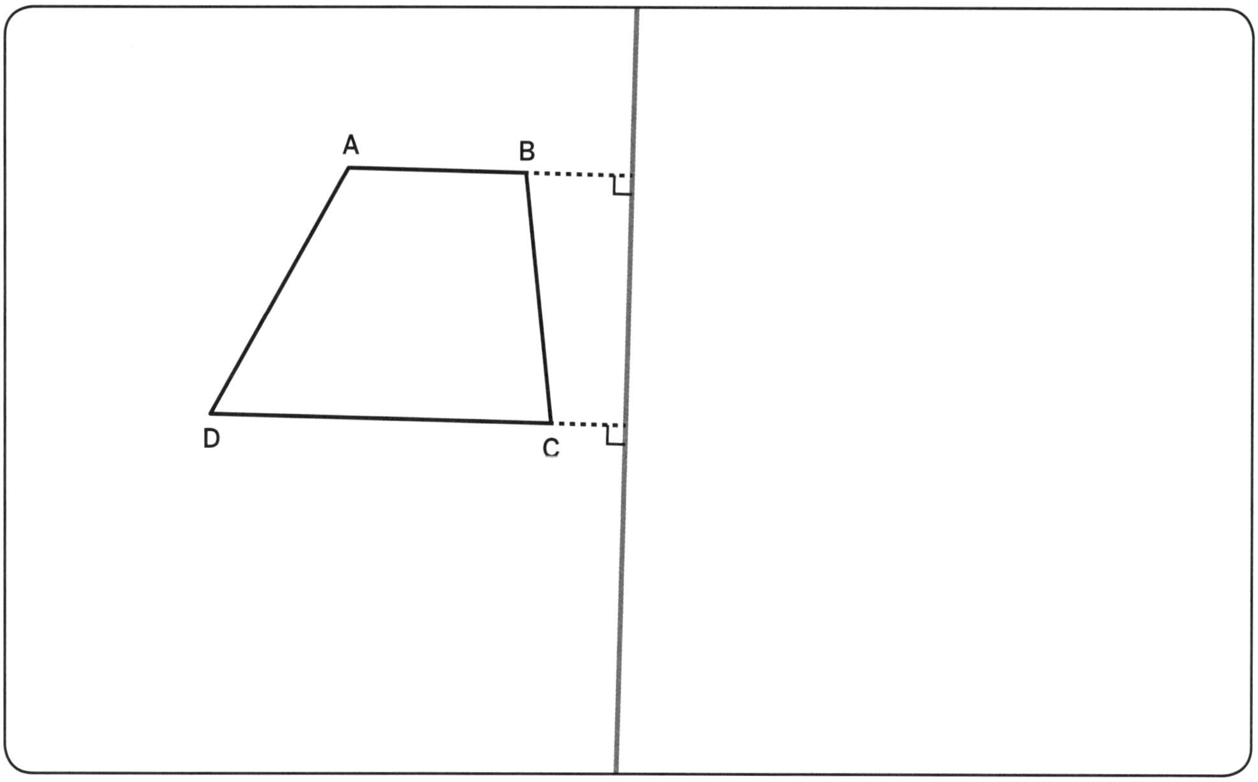

21

Avec ton matériel de géométrie, place les points A′, B′, C′, D′, E′ et F′, symétriques des points A, B, C, D, E et F par rapport à l'axe donné. Relie les points pour construire le polygone A′B′C′D′E′F′.

☐

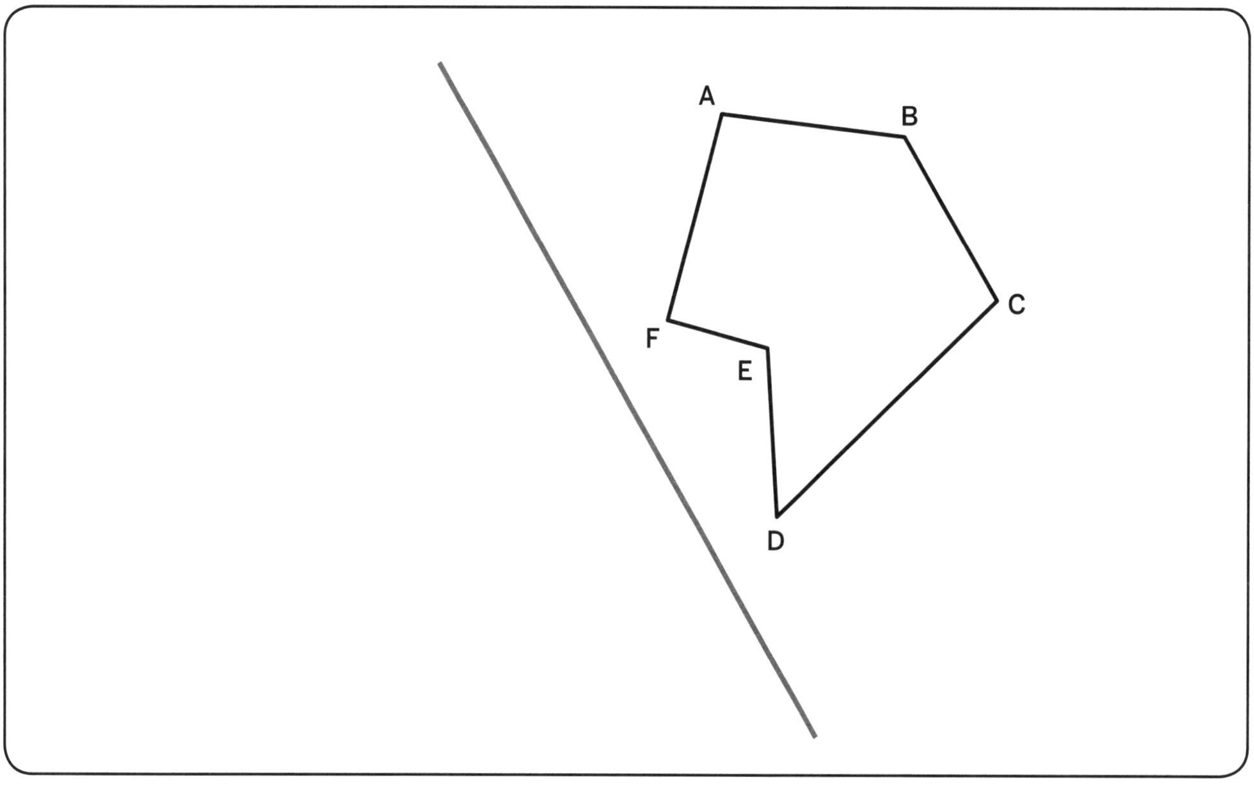

22

Dans la figure ci-dessous :
- Repasse en rouge le cercle.
- Colorie en vert un carré.
- Nomme ABC un triangle rectangle.
- Colorie en jaune un triangle isocèle.

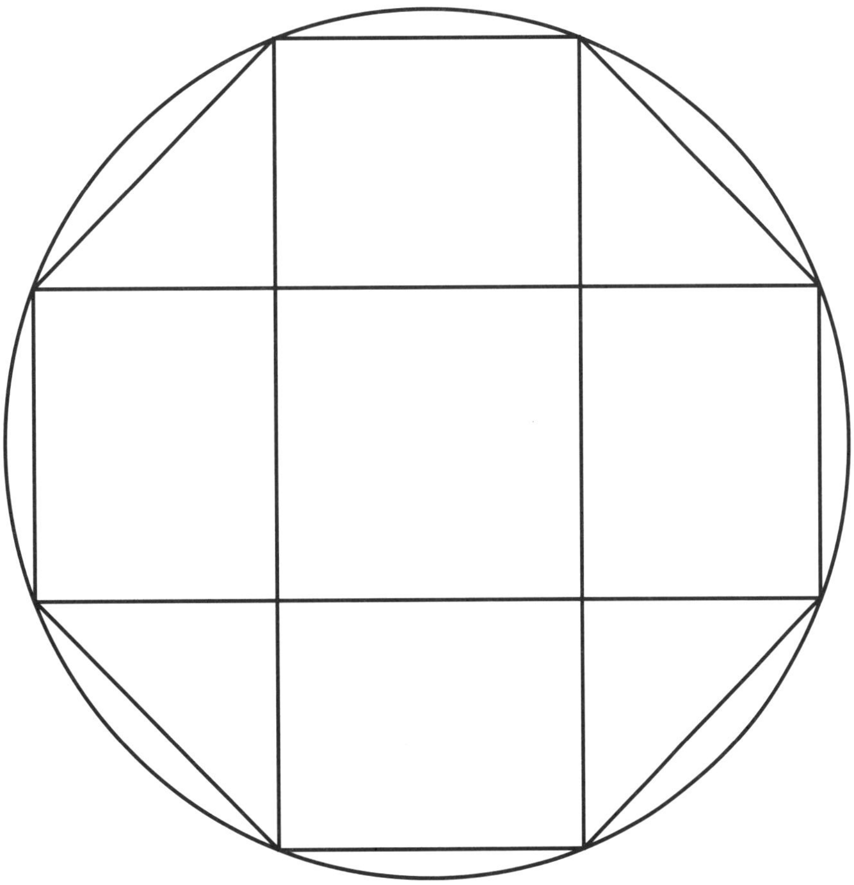

23

Avec ton matériel de géométrie, construis un nouveau rectangle en multipliant par 4 les dimensions du rectangle modèle.

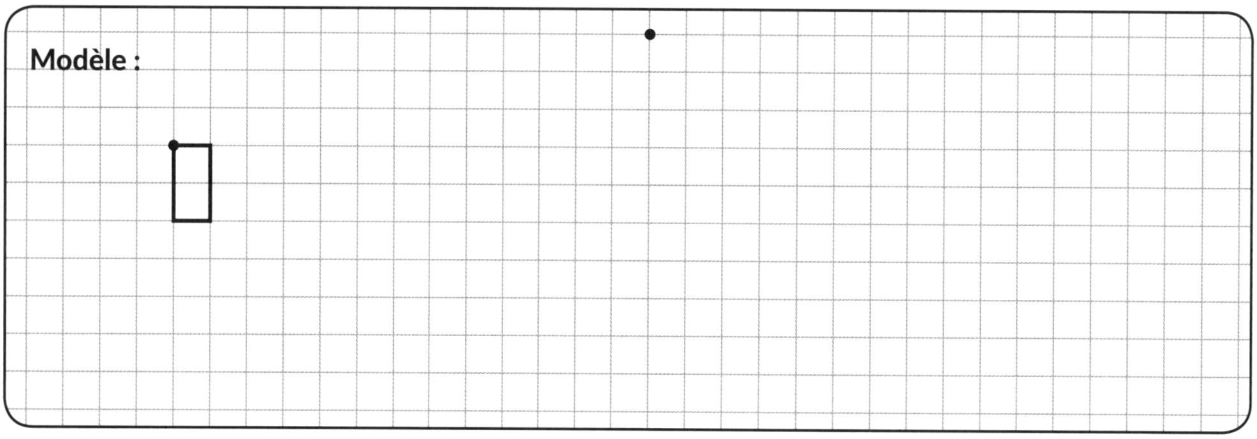

24

Avec ton matériel de géométrie, construis un nouveau rectangle en divisant par 3 les dimensions du rectangle modèle.

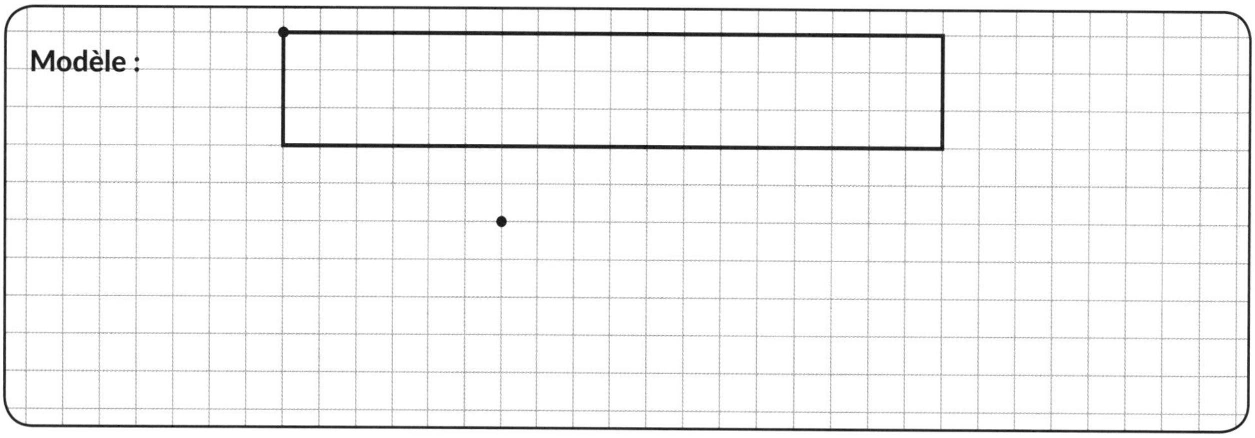

25

Avec ton matériel de géométrie, construis un nouveau cercle en multipliant par 2 les dimensions du cercle modèle.

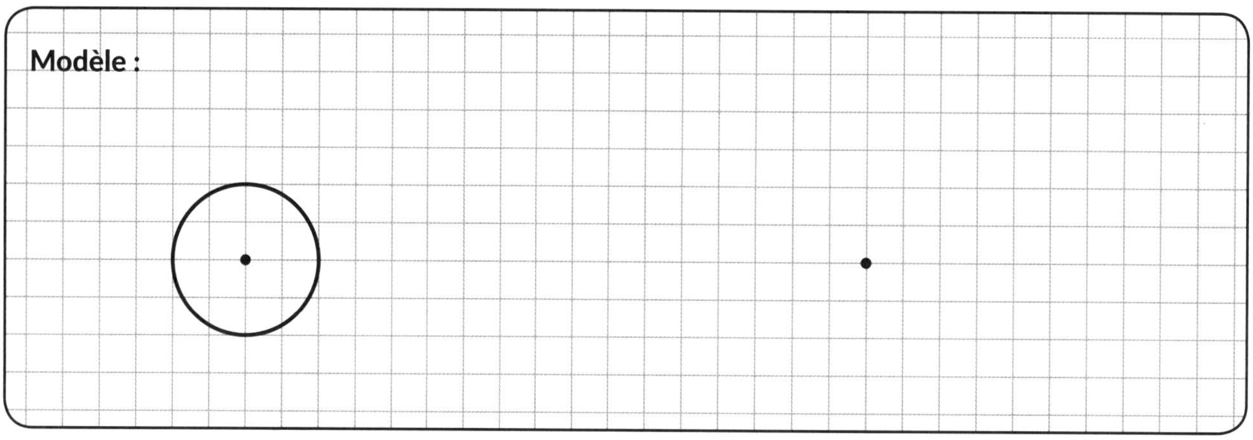

26

Avec ton matériel de géométrie, trace deux cercles de centre O à partir du cercle $\mathcal{C}$:
- Le cercle $\mathcal{C}_1$ dont la longueur du rayon est divisée par 2. ▢
- Le cercle $\mathcal{C}_2$ dont la longueur du rayon est multipliée par 2. ▢

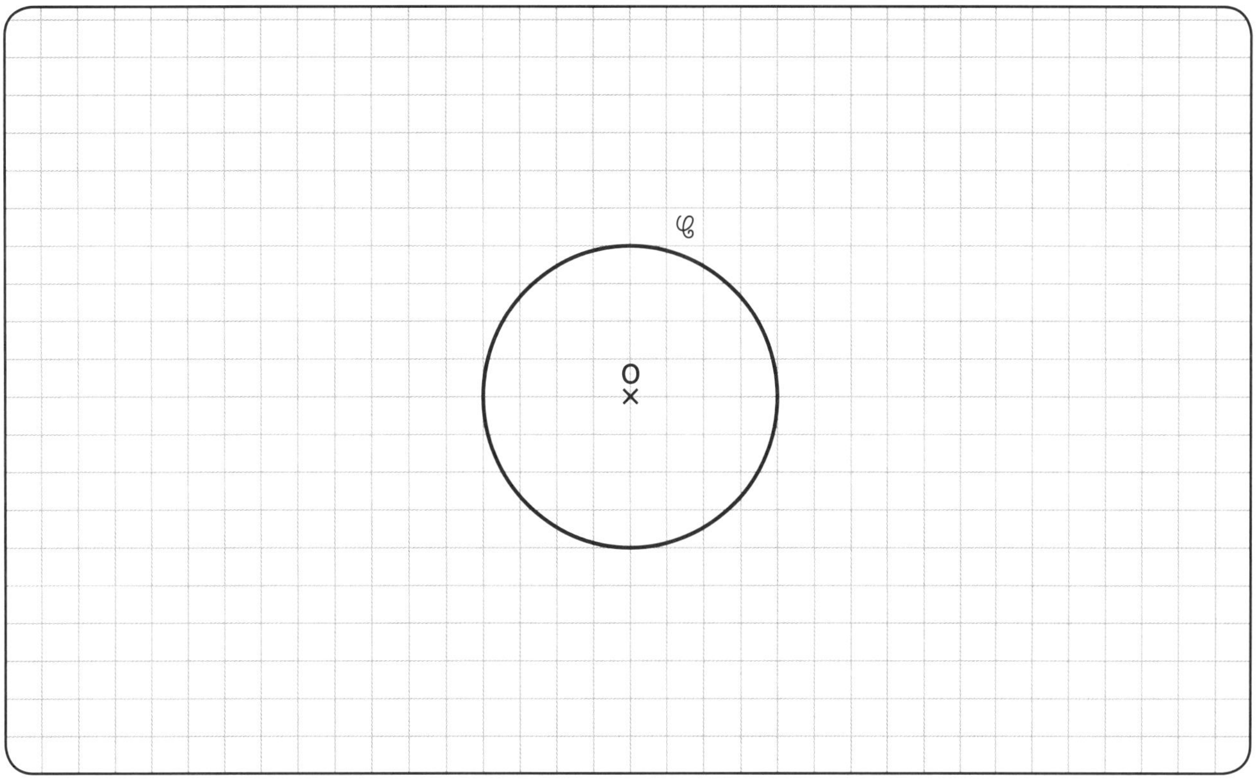

27

Avec ton matériel de géométrie, trace deux losanges autour du losange ABCD :
- EFGH dont les dimensions sont multipliées par 2. ▢
- IJKL dont les dimensions sont multipliées par 3. ▢

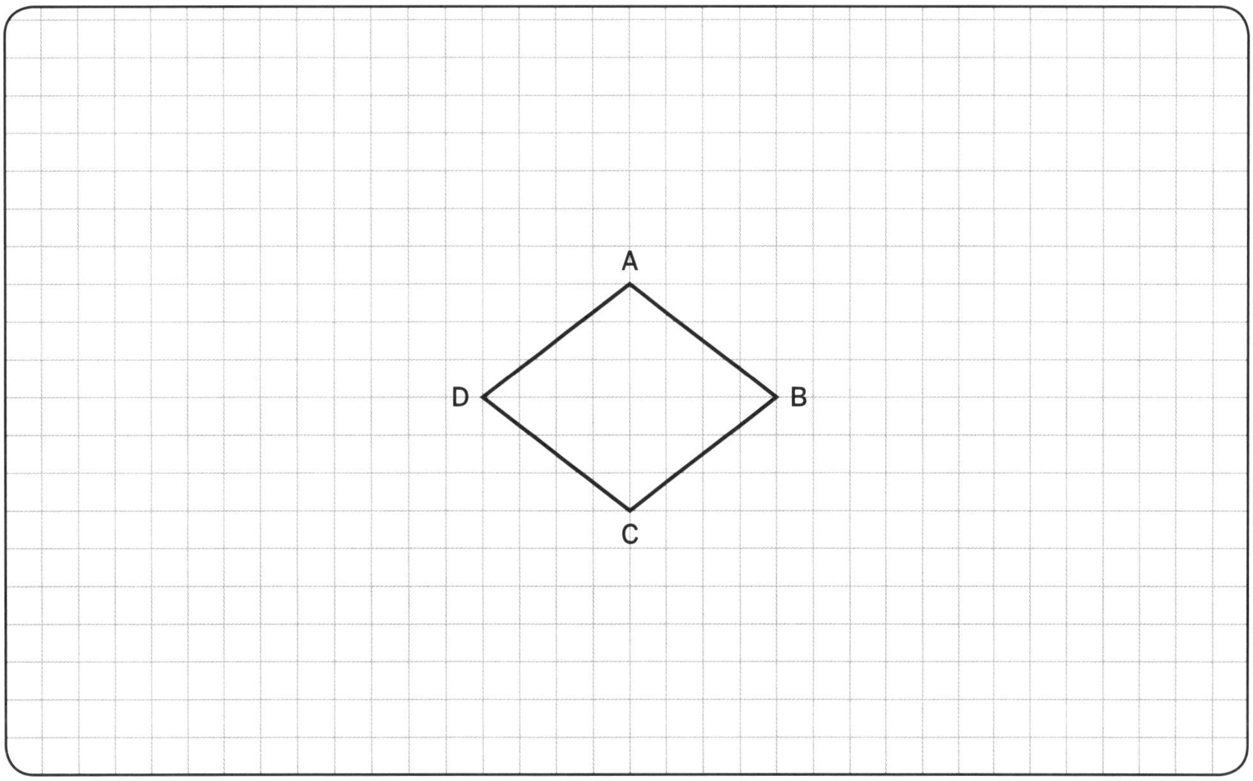

28

Avec ton matériel de géométrie, suis le programme de construction :

- Trace un cercle $\mathscr{C}$ de diamètre 14 cm et de centre O.
- Place un point A sur ce cercle.
- À partir du point A, reporte la longueur du rayon sur le cercle pour placer le point B. Place progressivement les points C, D, E et F de cette manière.
- Trace les triangles AFB, EFD et CBD.
- Place les points G milieu de [FD], H milieu de [FB], et I milieu de [BD].
- Trace les segments [AH], [IC] et [GE].
- Trace le triangle HGI.

CHAPITRE 5

Activités de géométrie

1

Avec ton matériel de géométrie, reproduis les polygones comme sur les modèles.

Modèles :

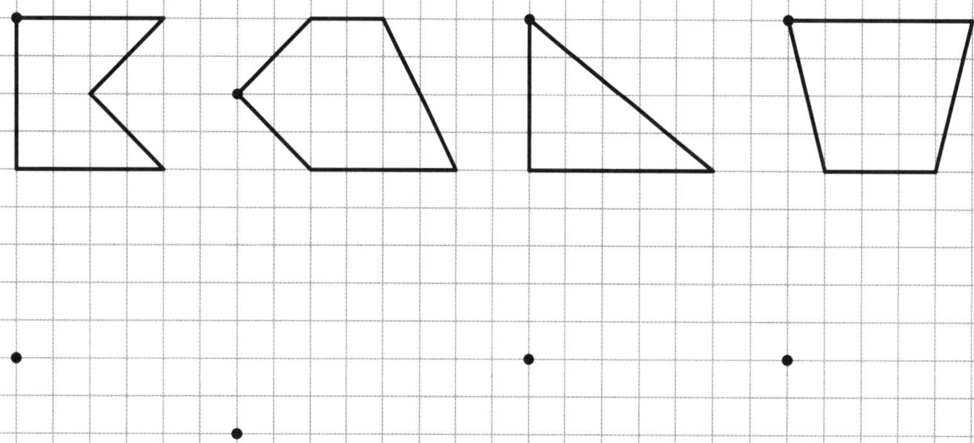

2

Pour chaque polygone, indique le nombre de sommets et le nombre de côtés.

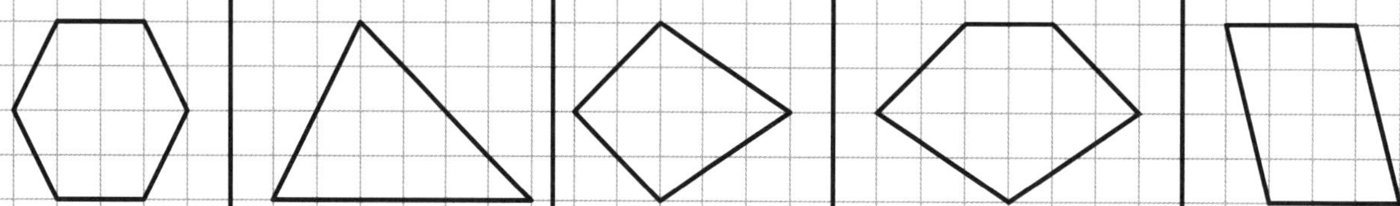

Sommets : ...	Sommets : ...	Sommets : ...	Sommets : ...	Sommets : ...
Côtés : ...	Côtés : ...	Côtés : ...	Côtés : ...	Côtés : ...

3

Avec ton matériel de géométrie, reproduis les figures comme sur les modèles.

Modèles :

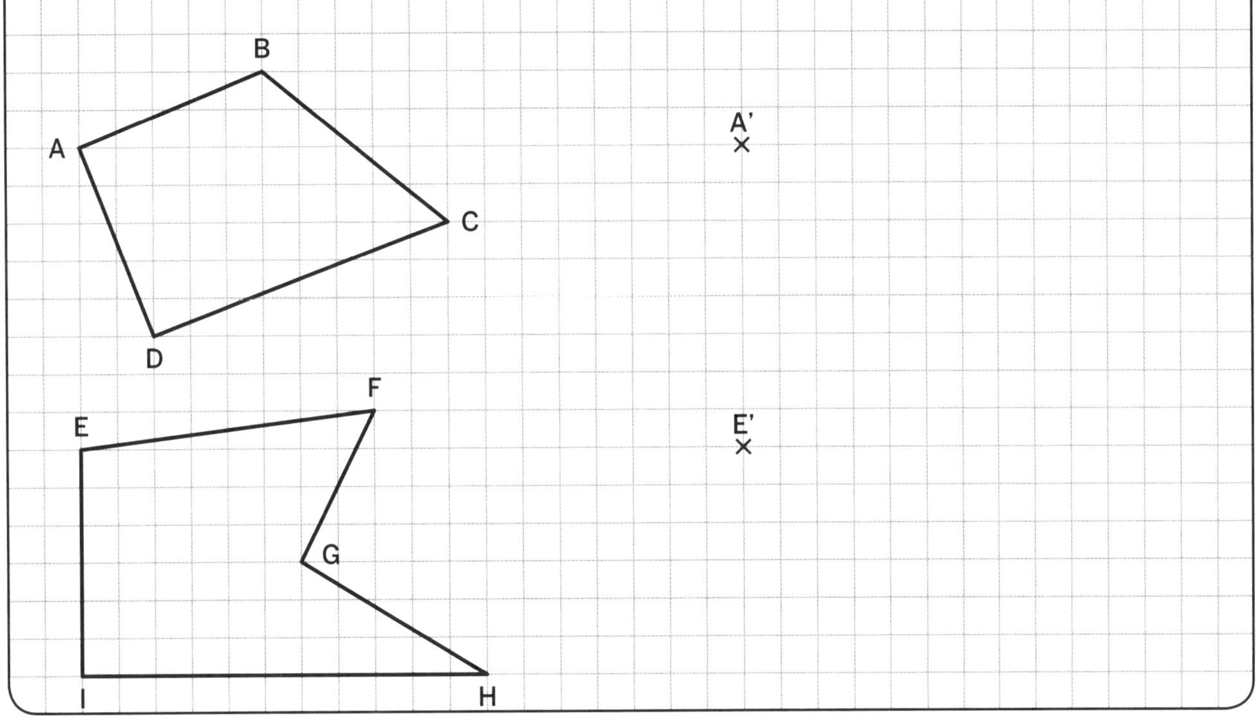

4

Avec ton matériel de géométrie, reproduis les figures comme sur les modèles.

Modèles :

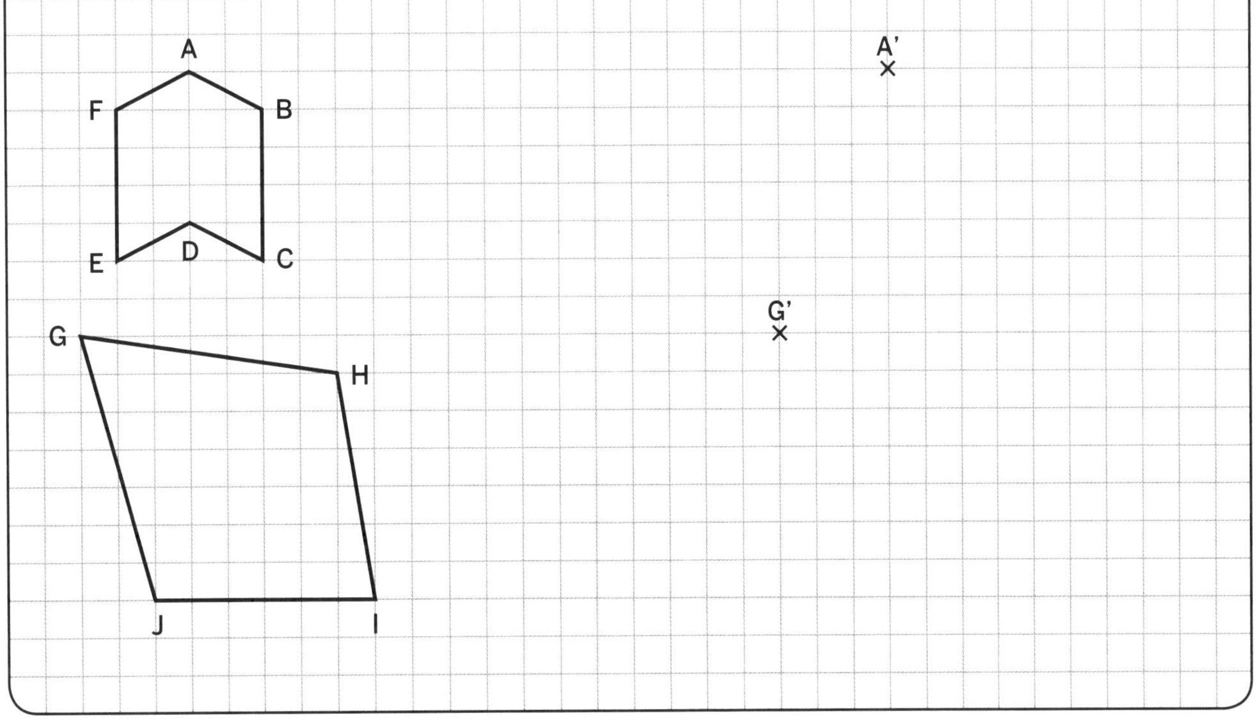

5

Avec ton matériel de géométrie, reproduis le triangle rectangle ABC aux dimensions indiquées.

Modèle réduit :

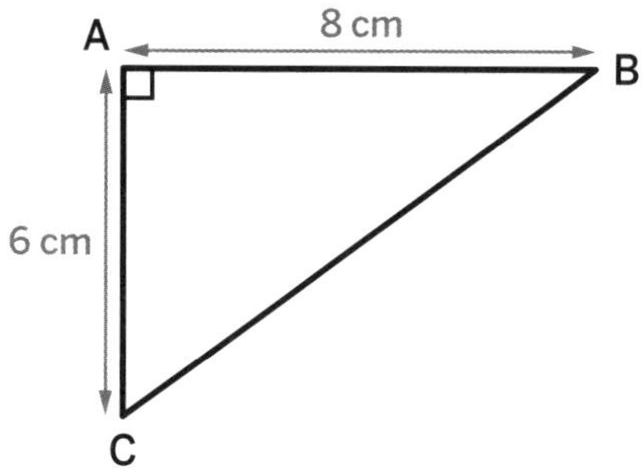

6

Avec ton matériel de géométrie, reproduis le triangle équilatéral DEF aux dimensions indiquées.

Modèle réduit :

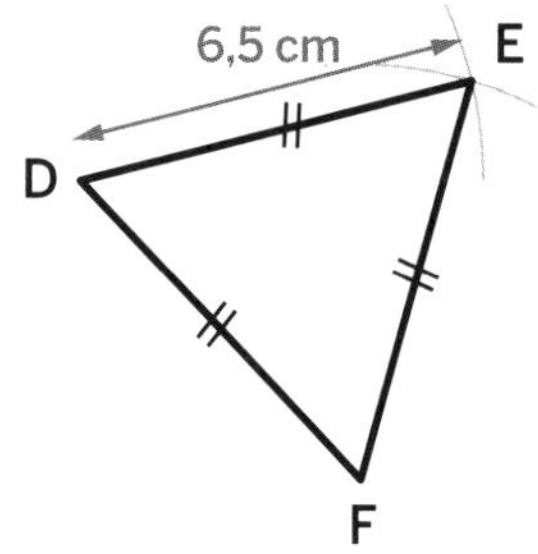

7

Avec ton matériel de géométrie, reproduis le carré ABCD aux dimensions indiquées.

Modèle réduit :

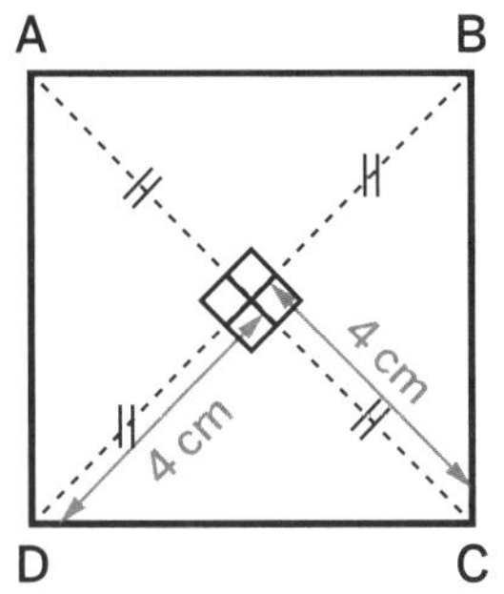

8

Avec ton matériel de géométrie, trace un rectangle EFGH dont les diagonales mesurent 12 cm.

9

Avec ton matériel de géométrie, trace les diagonales des quadrilatères suivants :
- carrés ;
- losanges ;
- rectangles.

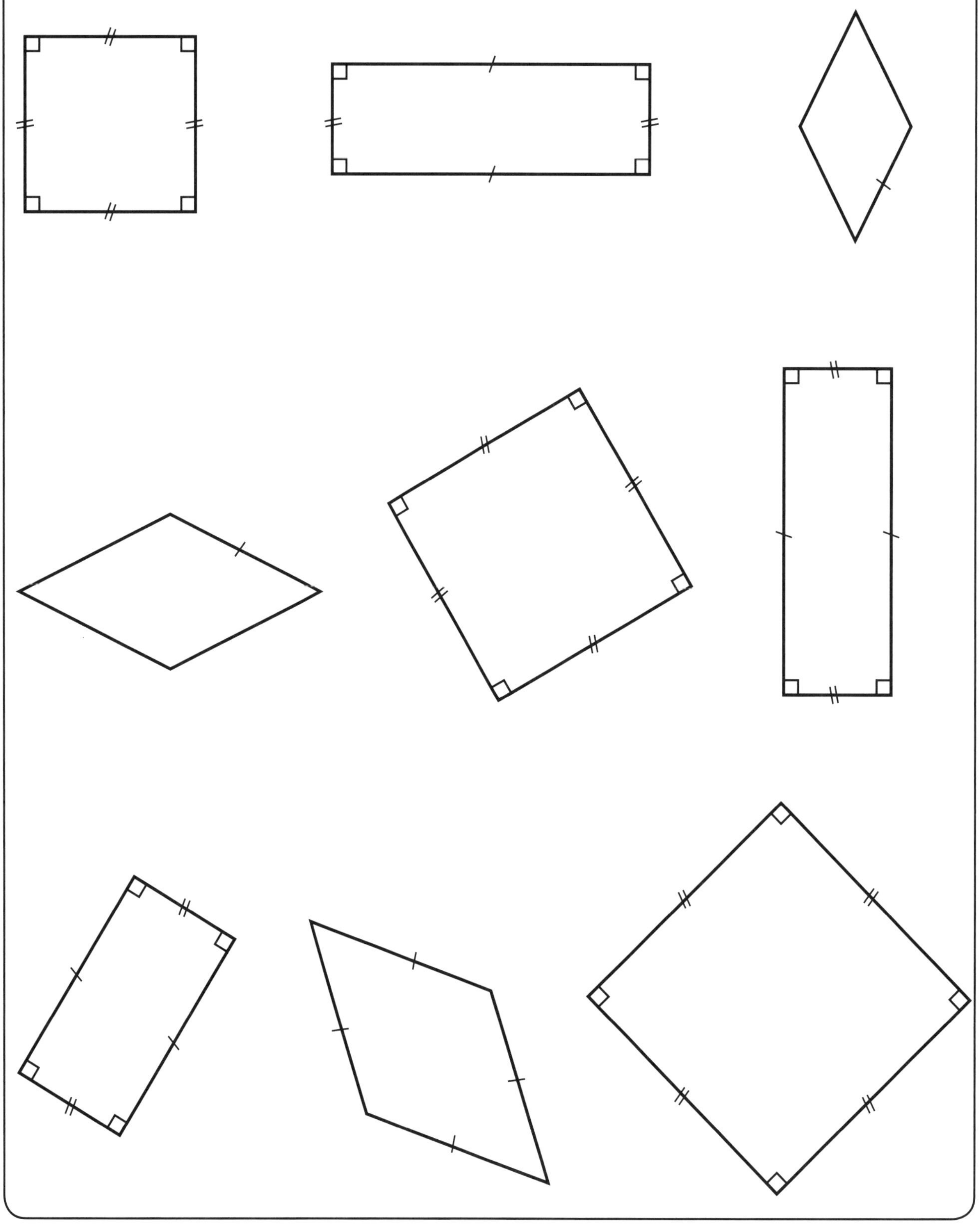

10

Avec ton matériel de géométrie, suis le programme de construction :

- Sur le segment [AB], place le point O tel que [AO] = 3 cm et [OB] = 4 cm.
- Trace le cercle de centre A et de rayon [AO].
- Trace le cercle de centre B et de rayon [OB].

11

Les points A, B, C, D, E et F sont sur [AF].
Avec ton matériel de géométrie, suis le programme de construction :

- Trace le cercle de centre B et de rayon [AB].
- Trace le cercle de centre E et de rayon [EF].
- Trace le cercle de centre C et de diamètre [AE].
- Trace le cercle de centre D et de diamètre [BF].

12

Avec ton matériel de géométrie, reproduis la figure comme sur le modèle.

Modèle réduit :

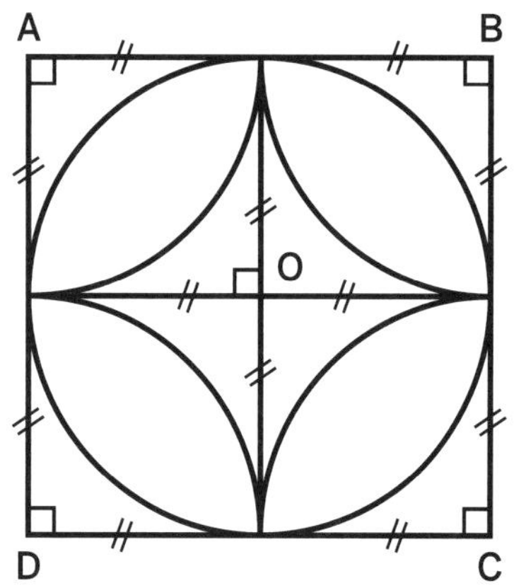

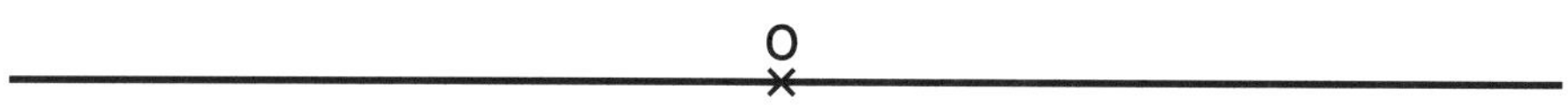

13

Avec ton matériel de géométrie, reproduis le solide comme sur le modèle.

Modèle :

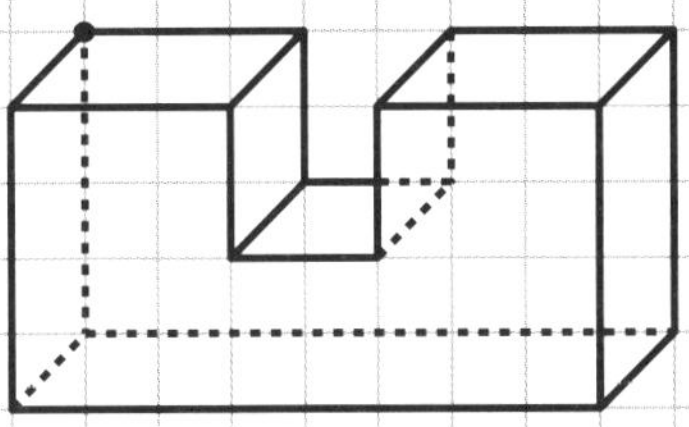

14

Avec ton matériel de géométrie, reproduis le solide comme sur le modèle.

Modèle :

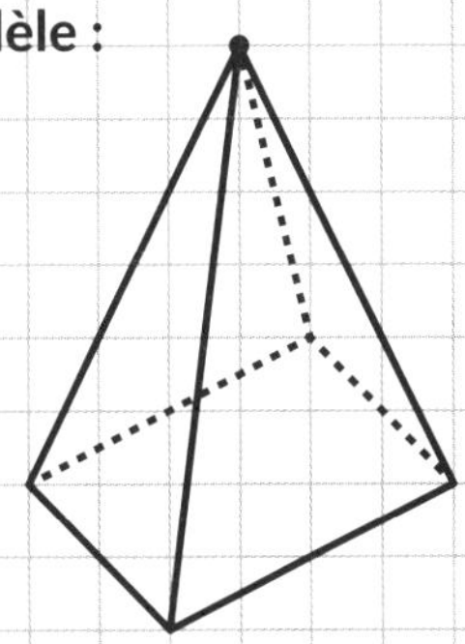

15

Avec ton matériel de géométrie, reproduis le solide comme sur le modèle.

Modèle :

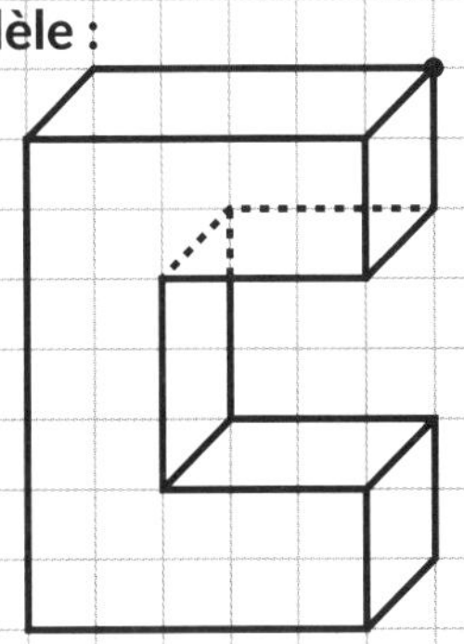

16

Observe le solide et ses mesures puis trace son patron.
Toutes les arêtes mesurent 6 cm.

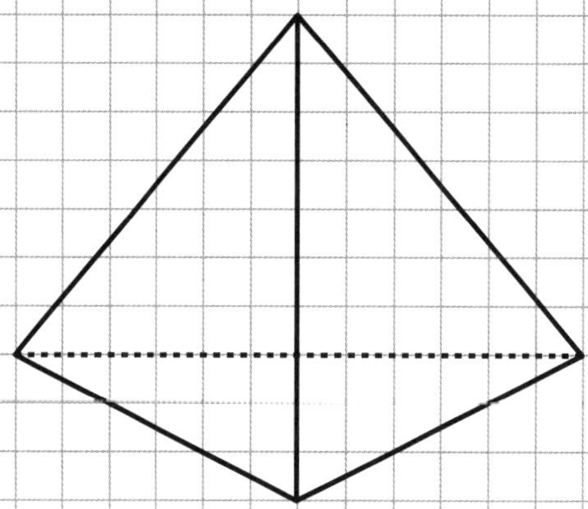

17

Avec ton matériel de géométrie, trace les segments perpendiculaires au diamètre du cercle. Ils passent par les points A, B, C, D et E et sont limités par le cercle.

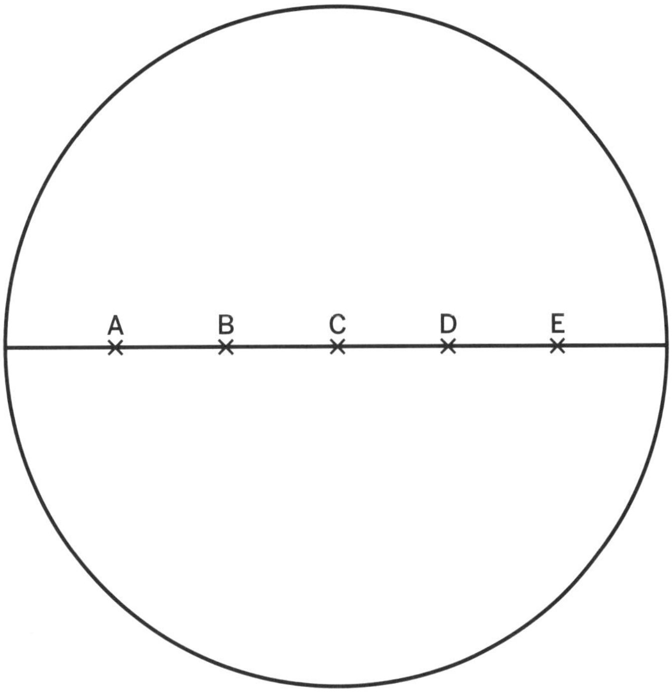

18

Avec ton matériel de géométrie, trace dans le carré ABCD deux segments parallèles à [AB] et deux segments parallèles à [BC].

19

Avec ton matériel de géométrie, trace deux droites perpendiculaires à (d) passant par A et C. Trace deux droites perpendiculaires à (d′) passant par A et B.

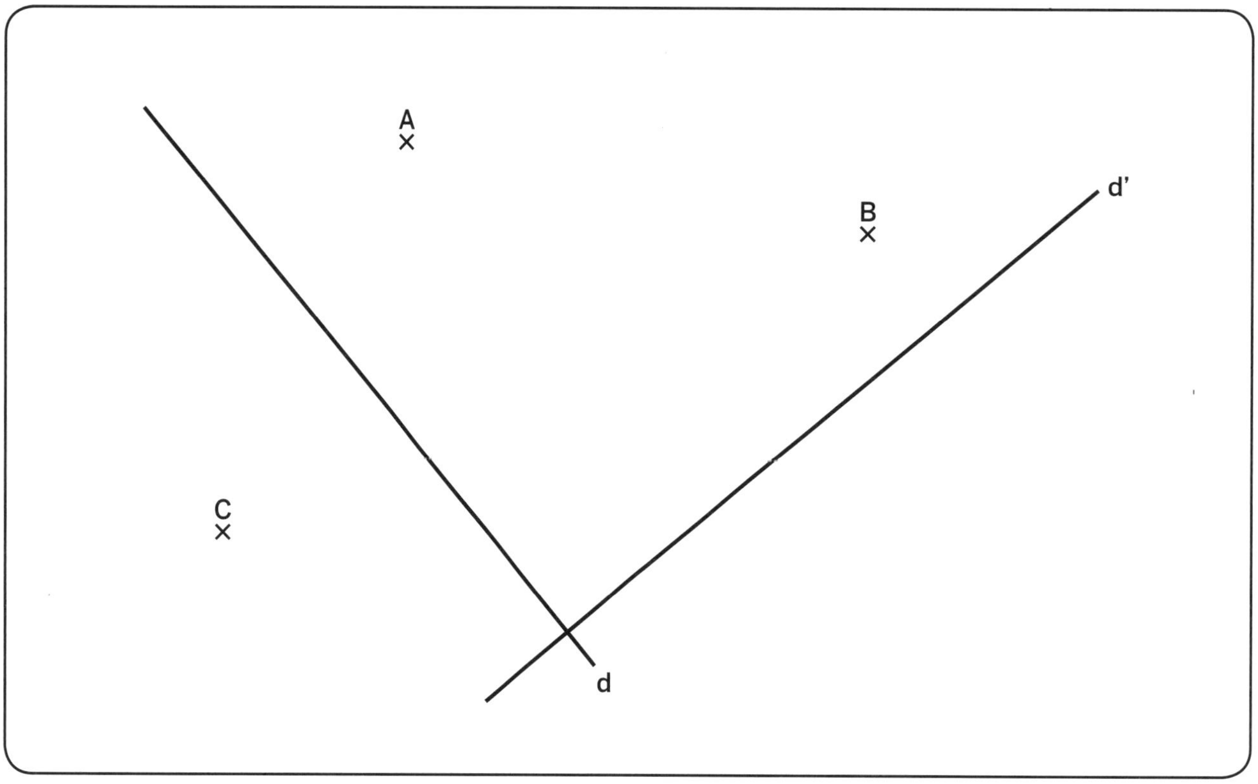

20

Avec ton matériel de géométrie, trace deux droites parallèles à (d) passant par A et B. Trace deux droites parallèles à (d′) passant par A et C.

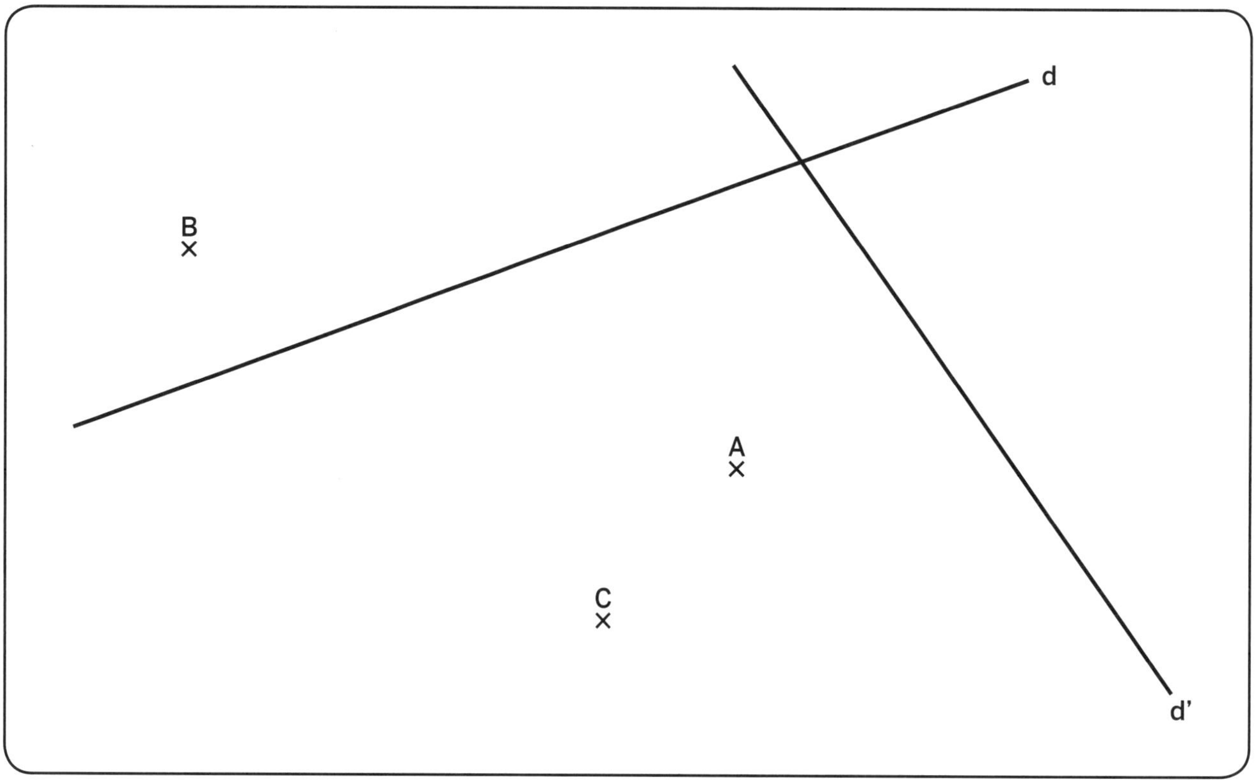

21 Avec ton matériel de géométrie, place les points A′, B′, C′ et D′ symétriques des points A, B, C et D par rapport à l'axe donné.

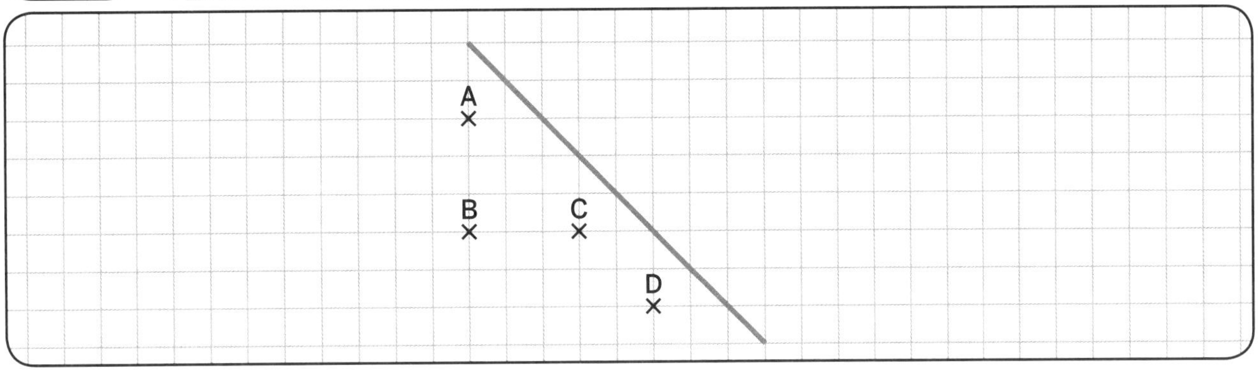

22 Avec ton matériel de géométrie, trace la ligne brisée symétrique par rapport à l'axe donné.

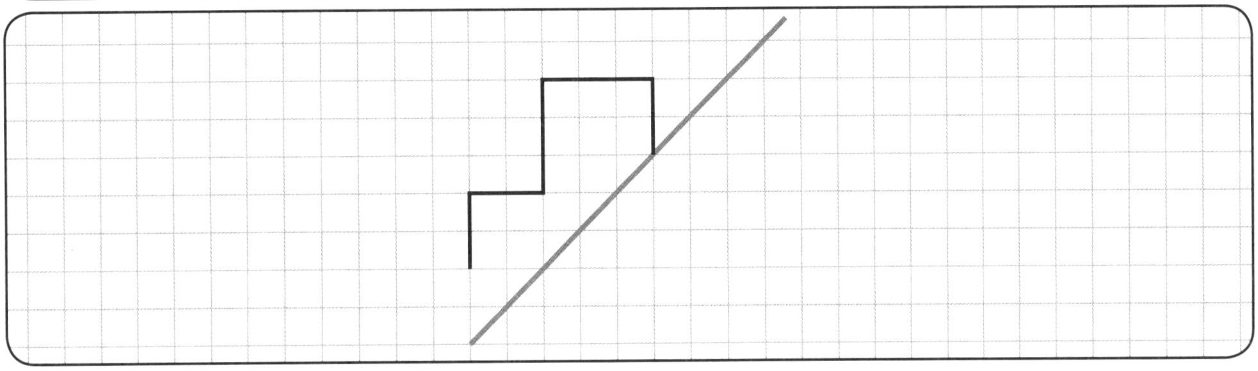

23 Avec ton matériel de géométrie, trace les axes de symétrie des figures suivantes.

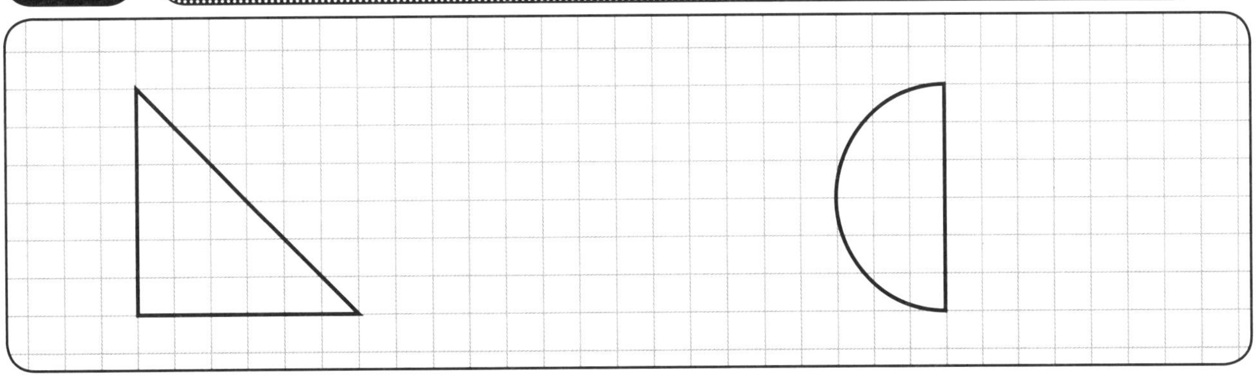

24 Avec ton matériel de géométrie, trace la figure symétrique par rapport à l'axe donné.

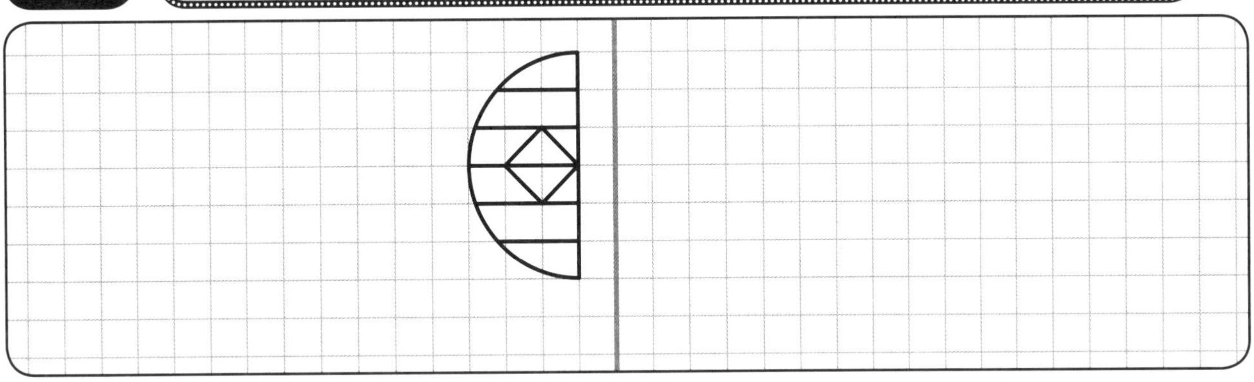

25

Avec ton matériel de géométrie, place les points A′ et B′, symétriques des points A et B par rapport à l’axe donné.

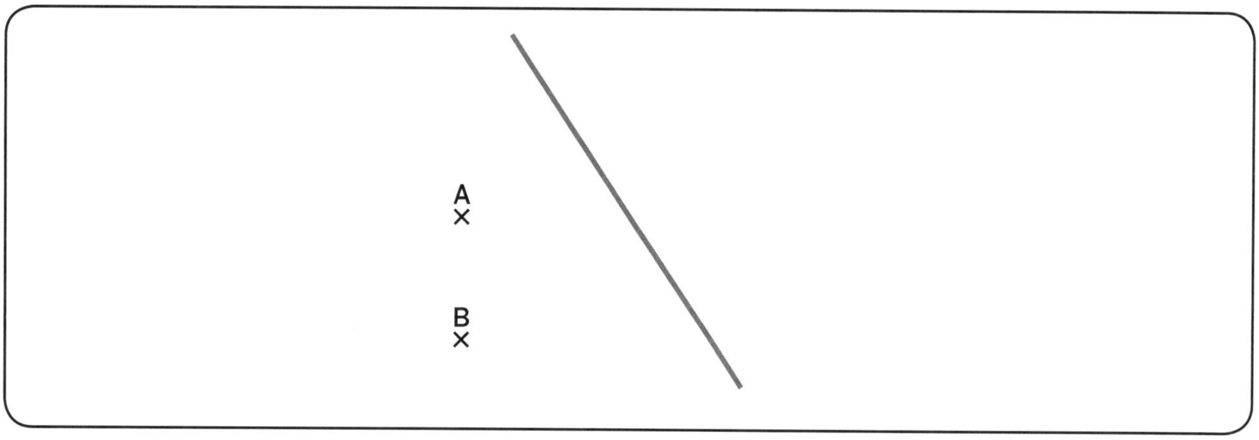

26

Avec ton matériel de géométrie, place les points A′ et B′, symétriques des points A et B par rapport à l’axe donné.

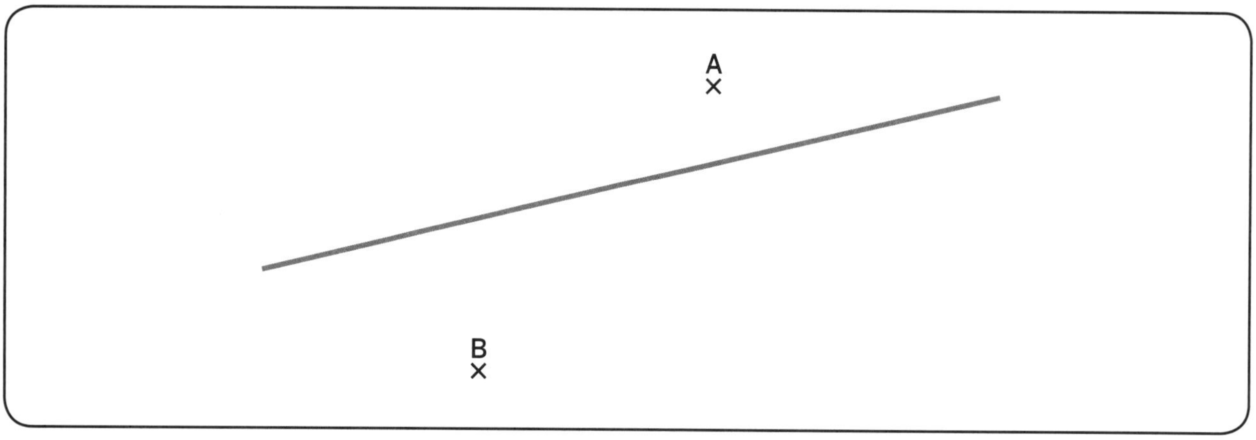

27

Avec ton matériel de géométrie, construis un nouveau cercle en multipliant par $\frac{1}{2}$ les dimensions du cercle.

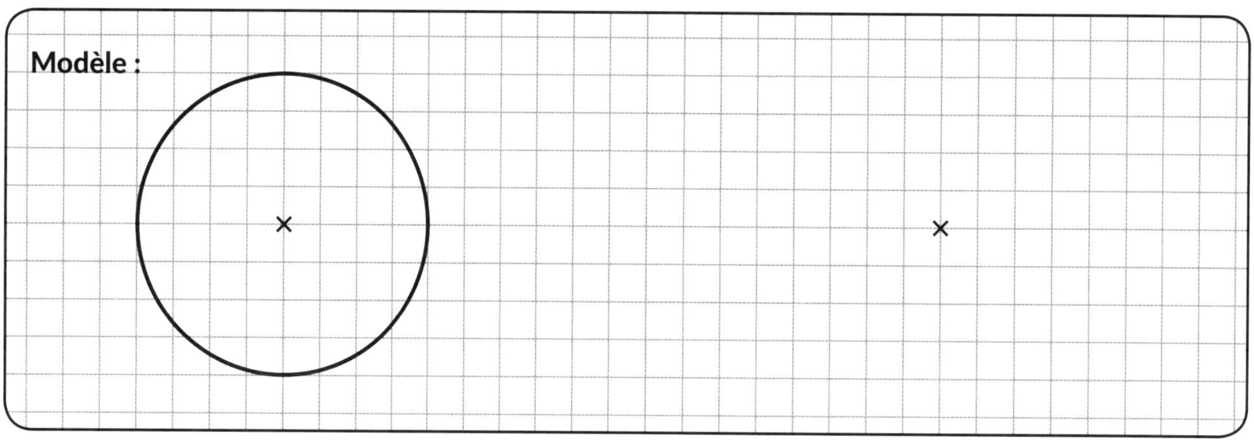

28

Avec ton matériel de géométrie, trace trois triangles rectangles partageant le même sommet B par agrandissement du triangle ABC.

- DBE dont les dimensions sont multipliées par 2.
- FBG dont les dimensions sont multipliées par 3.
- HBI dont les dimensions sont multipliées par 4.

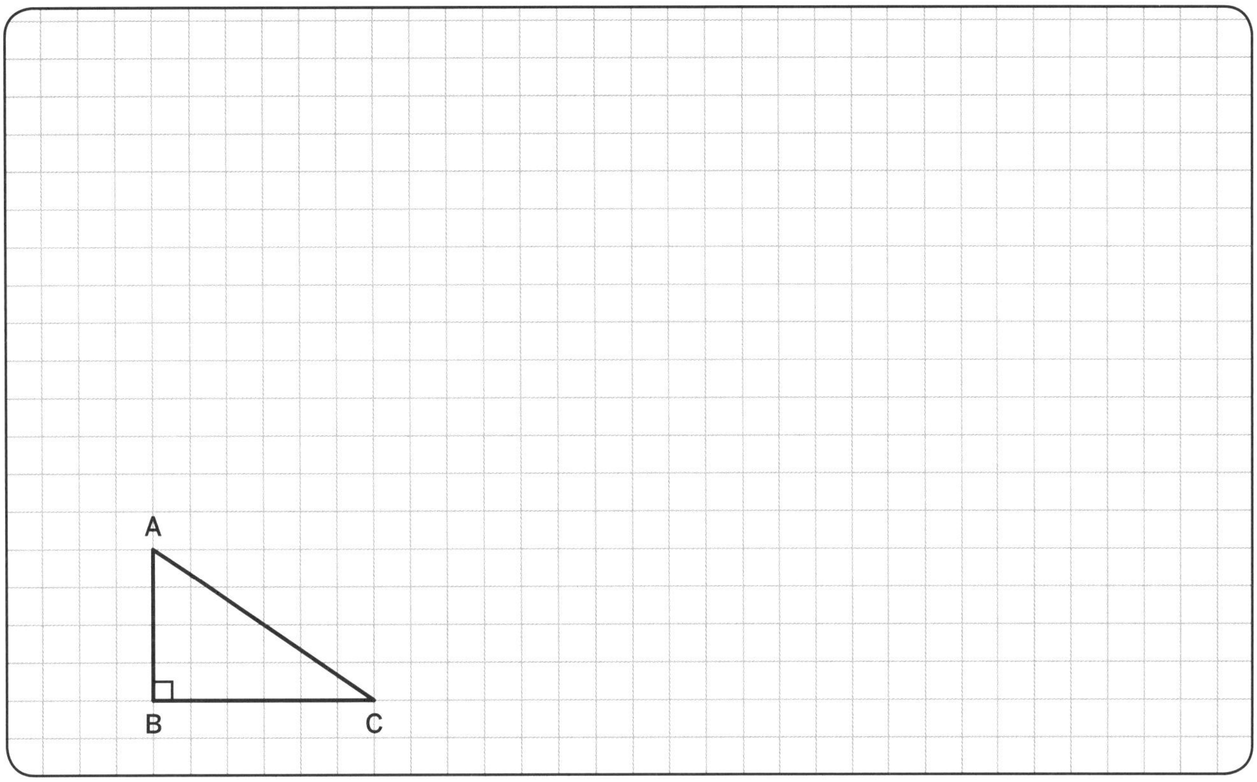

29

Avec ton matériel de géométrie, trace deux rectangles partageant le même sommet A que le rectangle ABCD.

- AEFG dont les dimensions sont multipliées par 2.
- AHIJ dont les dimensions sont multipliées par 3.

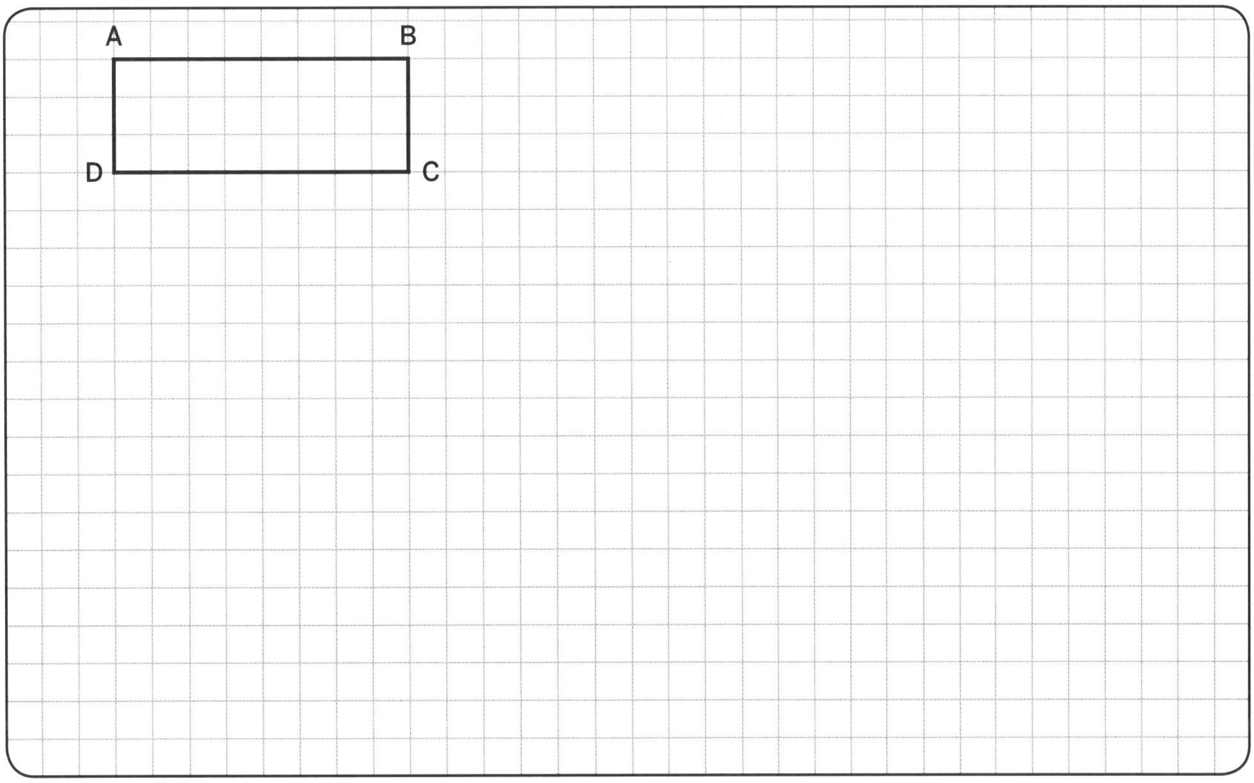

30

Dans la figure ci-dessous :

- Nomme ABCD un losange.
- Repasse en rouge les côtés d'un rectangle.
- Colorie en jaune un triangle rectangle.
- Colorie en bleu un triangle isocèle.

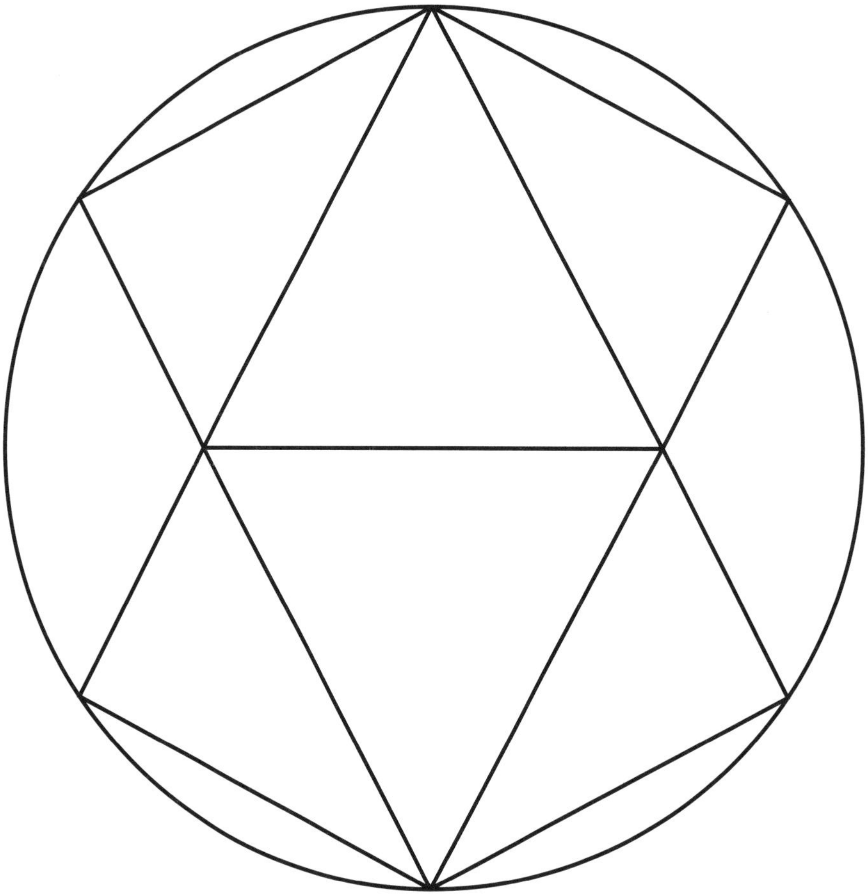

31

Avec ton matériel de géométrie, suis le programme de construction :

- Trace un cercle $\mathscr{C}$ de diamètre 14 cm et de centre O.
- Trace le diamètre [AB] puis trace le diamètre [CD] perpendiculaire à [AB].
- Trace le quadrilatère ACBD.
- Place les points E milieu de [AC], F milieu de [CB], G milieu de [BD] et H milieu de [AD].
- Trace l'arc de cercle EF de centre C.
- Trace l'arc de cercle HG de centre D.
- Trace l'arc de cercle EH de centre O.
- Trace l'arc de cercle FG de centre O.

CHAPITRE 6

Activités de géométrie

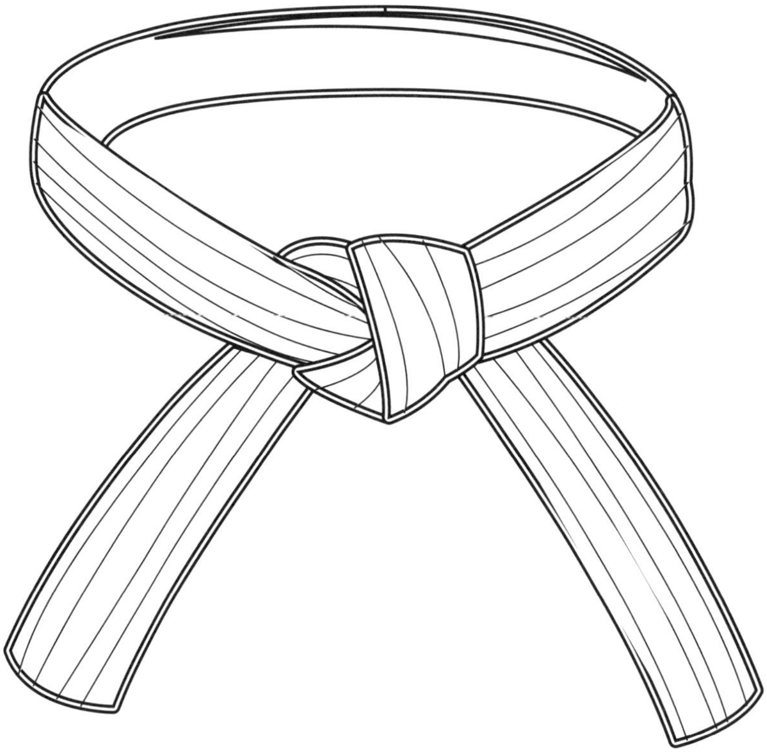

1 Complète les pointillés avec le symbole ∈ ou ∉.

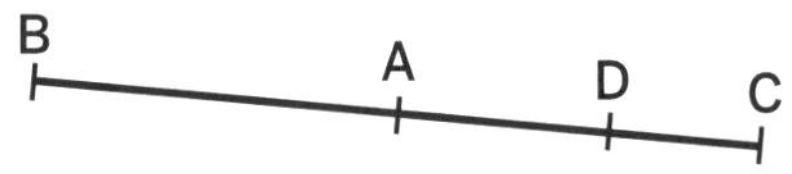

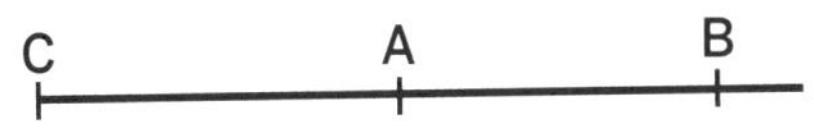

B .... [AC]

A .... [AB)

2 Complète les pointillés avec le symbole ∈ ou ∉.

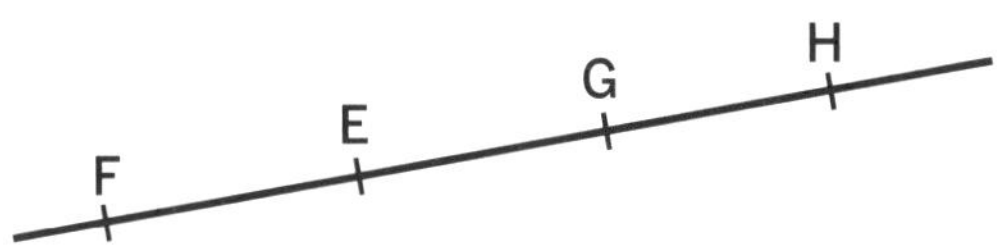

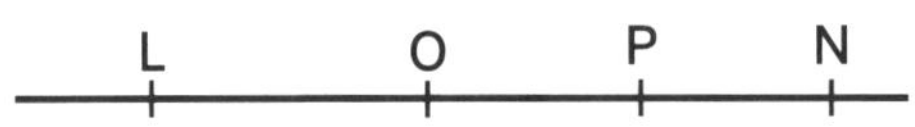

G .... (FE)

O .... [NP)

3 Avec ton matériel de géométrie, trace : [EB], [AC], [FG], [DF) et (EF).

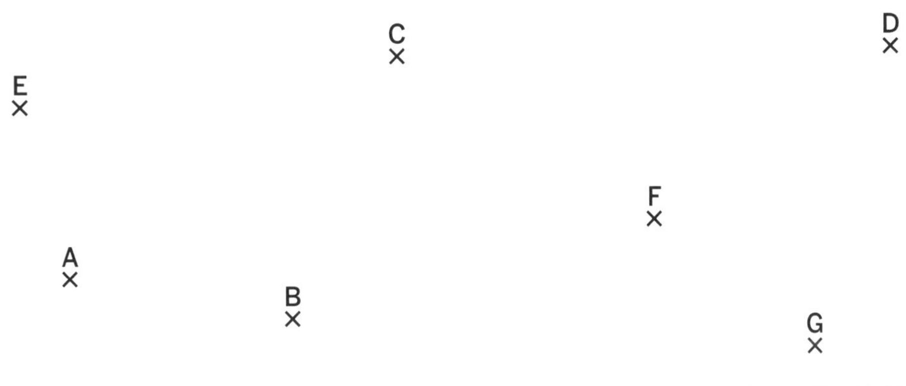

4

Indique sous les droites si elles sont parallèles, perpendiculaires ou sécantes.

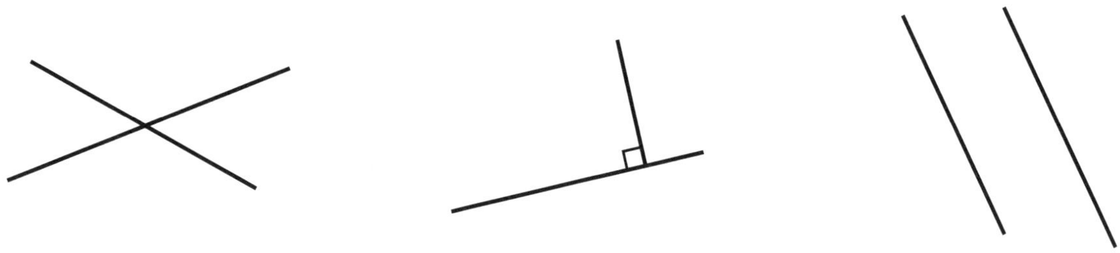

....

5

Indique sous les droites si elles sont parallèles, perpendiculaires ou sécantes.

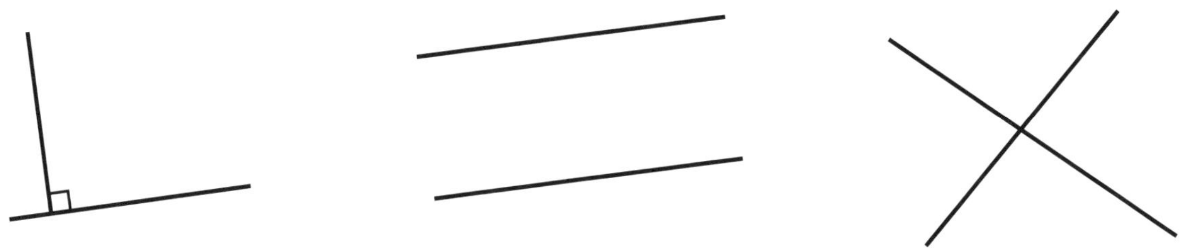

....

6

Indique sous les droites si elles sont parallèles, perpendiculaires ou sécantes.

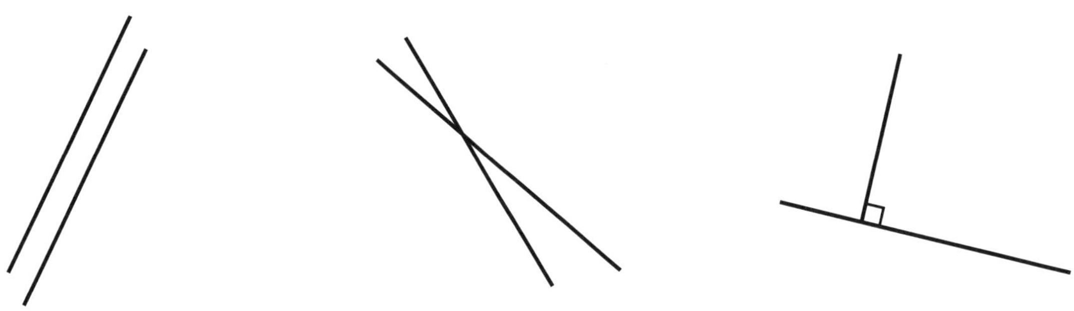

....

7

Indique la nature des angles : droit, plat, obtus ou aigu.

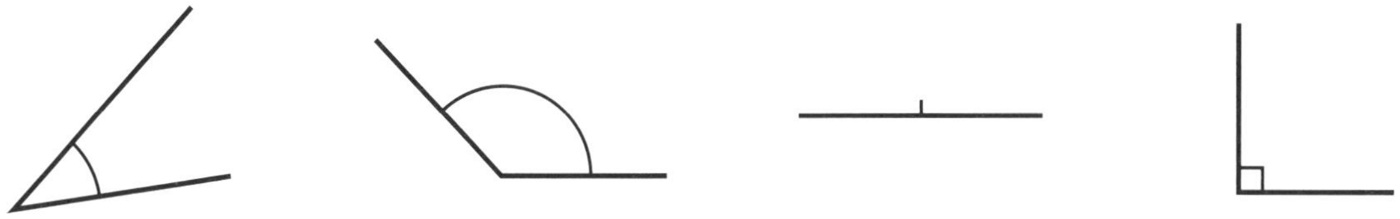

....

8

Indique la nature des angles : aigu, obtus, plat ou droit.

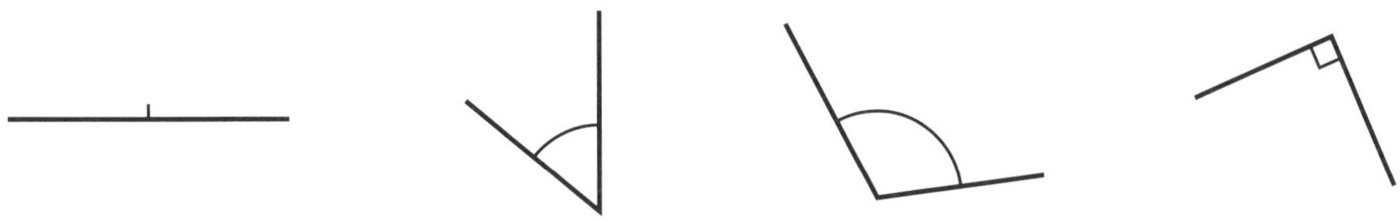

....

9

Sur la figure ci-dessous marque en rouge l'angle $\widehat{ABC}$, en vert l'angle $\widehat{BAC}$, en bleu l'angle $\widehat{BCA}$.

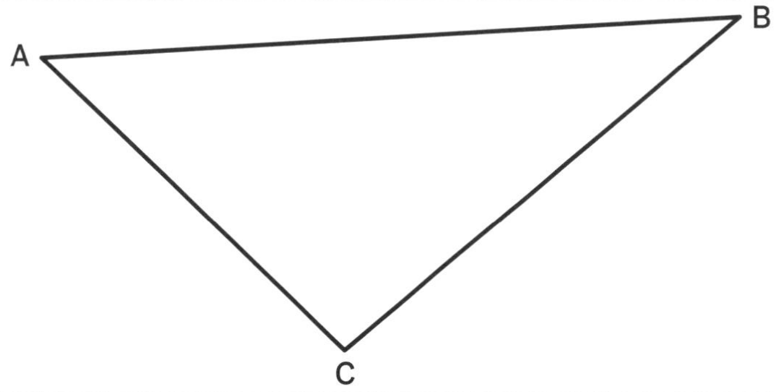

10

Sur la figure ci-dessous marque l'angle $\widehat{DEF}$ en bleu, l'angle $\widehat{GDE}$ en rouge, l'angle $\widehat{EFG}$ en jaune, l'angle $\widehat{DGF}$ en vert.

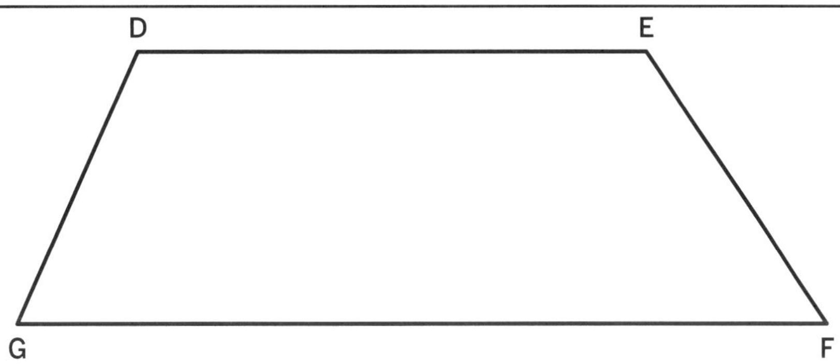

11

Avec le rapporteur, mesure chaque angle et indique sa mesure en degrés.

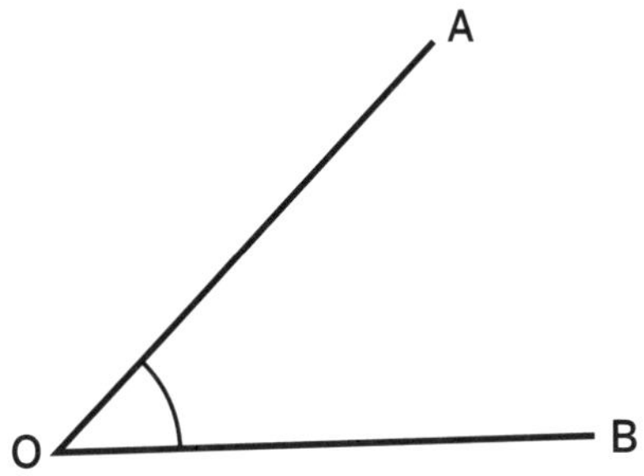

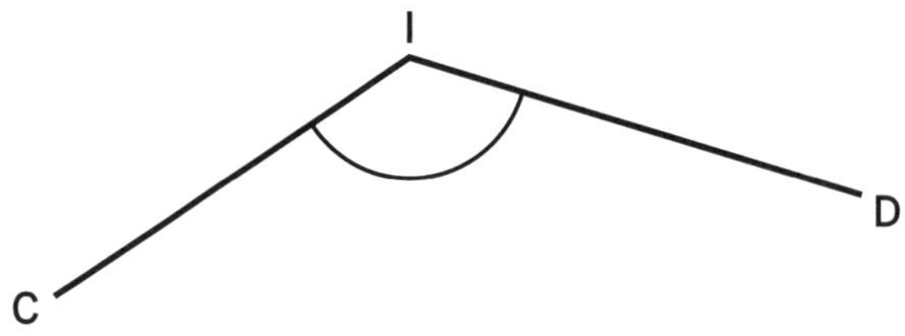

$\widehat{AOB}$ = ...

$\widehat{CIO}$ = ...

12

Avec le rapporteur, mesure chaque angle et indique sa mesure en degrés.

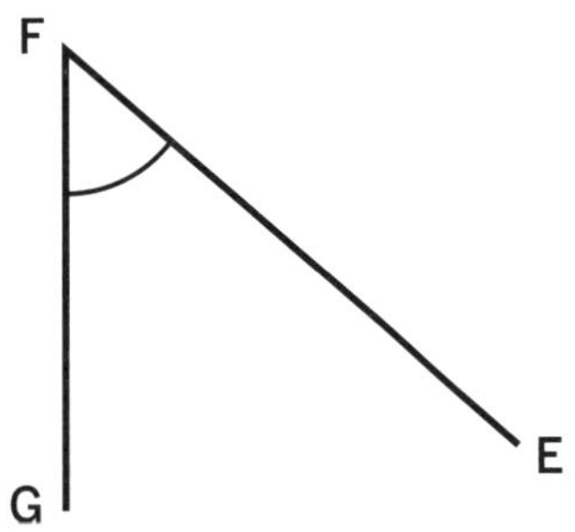

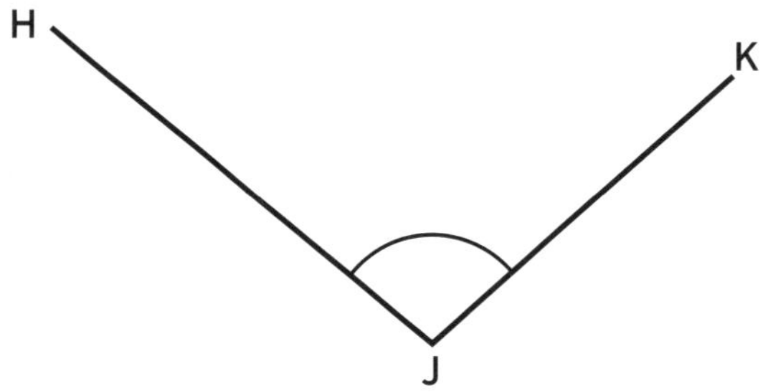

$\widehat{EFG}$ = ...

$\widehat{HJK}$ = ...

13

Avec le rapporteur, complète les figures pour obtenir les angles indiqués.

$\widehat{ABC} = 30°$

$\widehat{DEF} = 60°$

14 Calcule le périmètre du carré BCDE. ▢

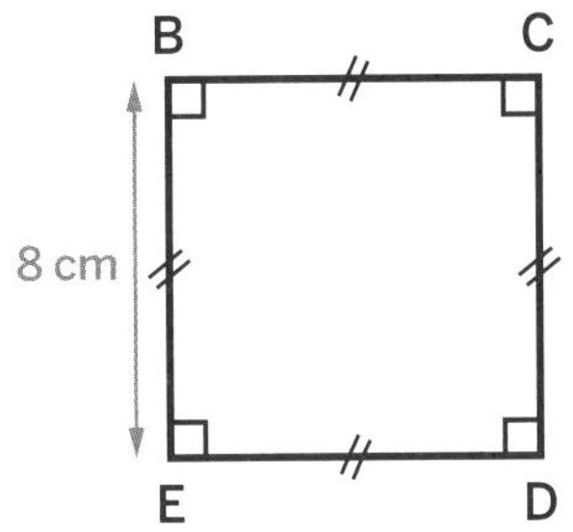

Calculs : ....

....

Réponse : ....

15 Calcule le périmètre du rectangle FGHI. ▢

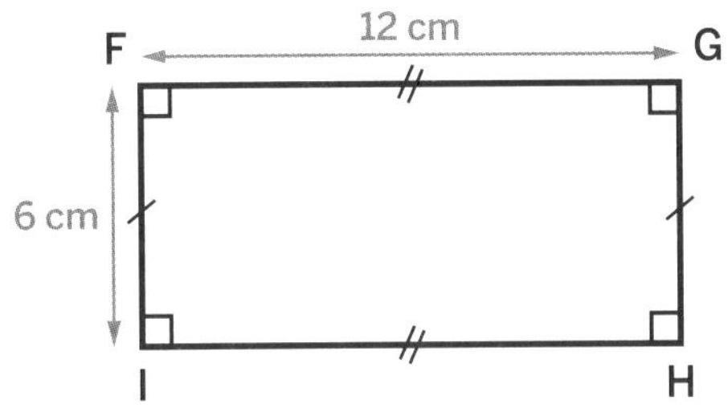

Calculs : ....

....

Réponse : ....

16 Calcule le périmètre du quadrilatère LMNO. ▢

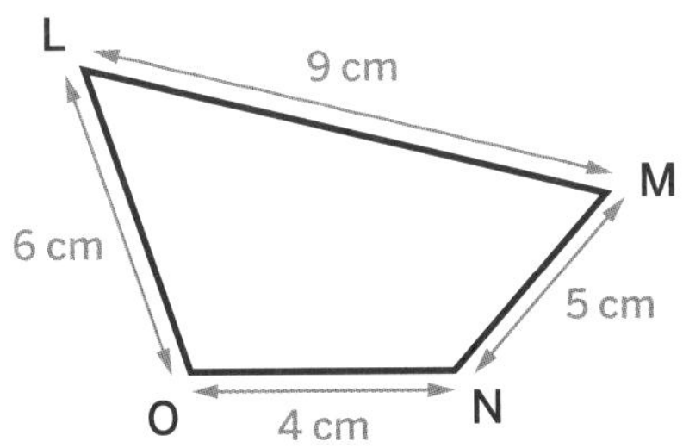

Calculs : ....

....

Réponse : ....

17 Calcule le périmètre de la figure ci-dessous. ▢

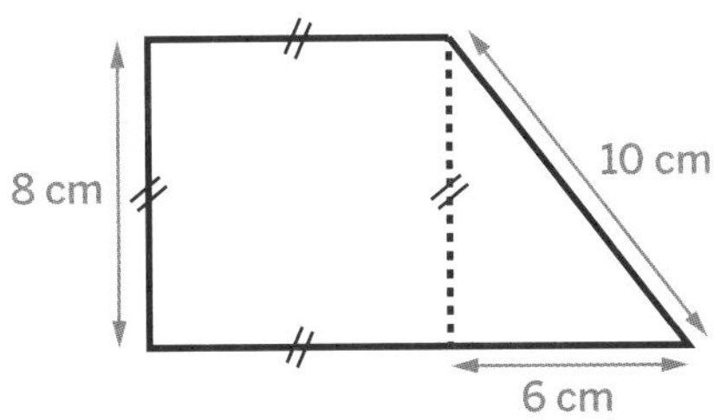

Calculs : ....

....

Réponse : ....

18 Calcule l'aire des figures ci-dessous.

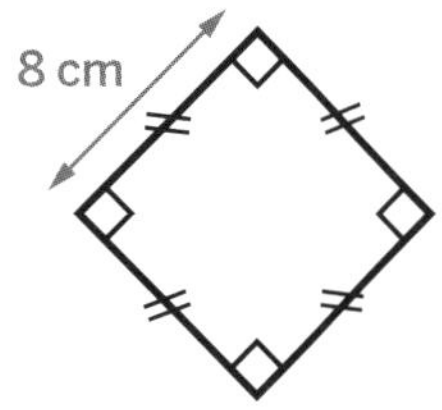

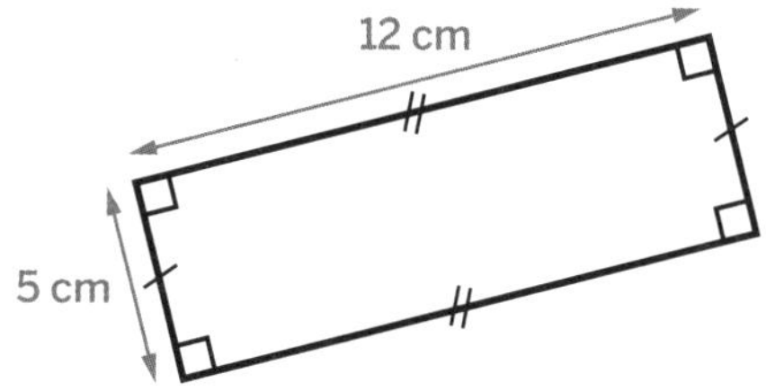

𝒜 = ...

𝒜 = ...

19 Calcule l'aire des figures ci-dessous.

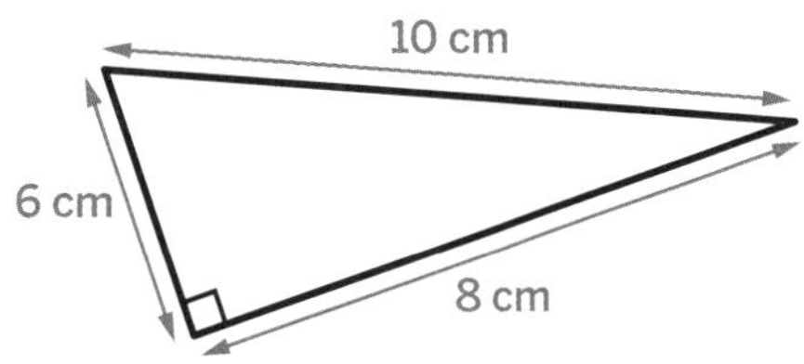

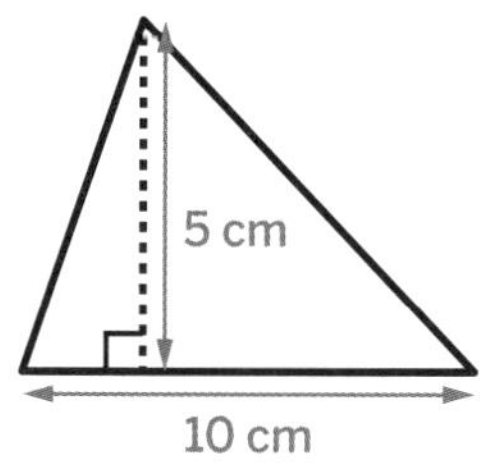

𝒜 = ...

𝒜 = ...

20 Calcule l'aire des figures ci-dessous.

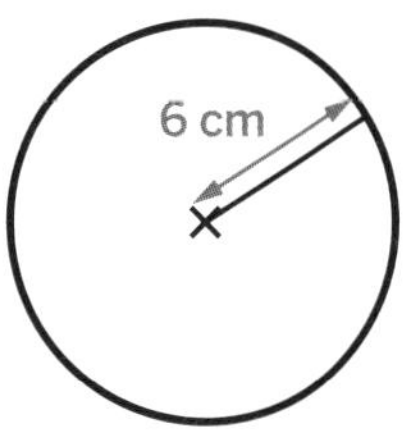

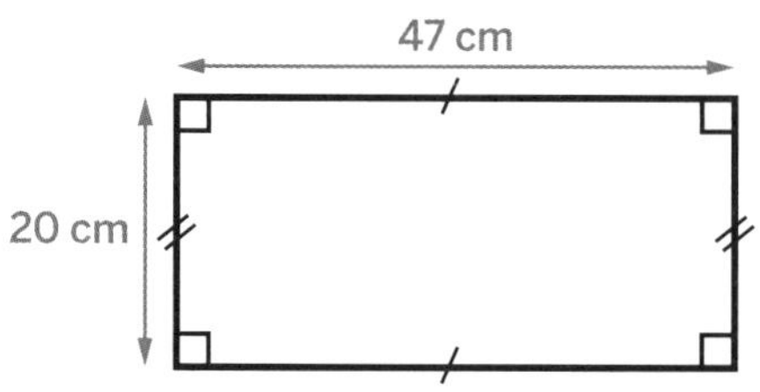

𝒜 = ...

𝒜 = ...

21 Calcule l'aire des figures ci-dessous.

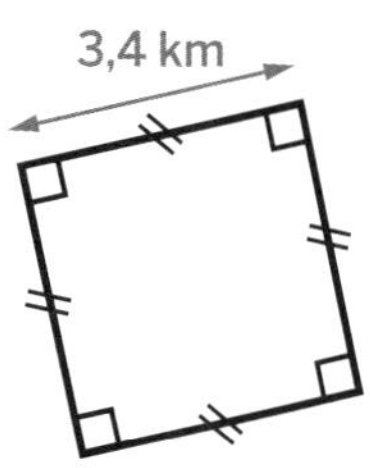

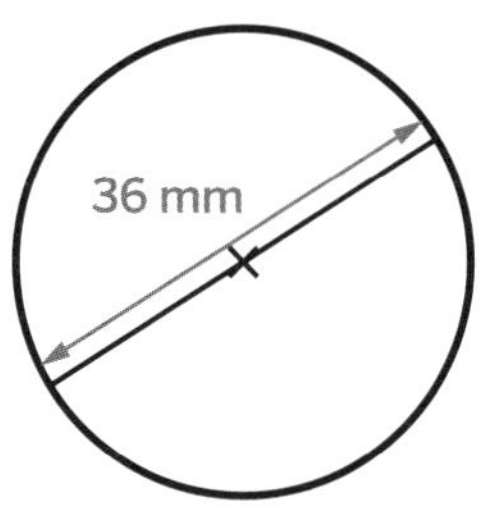

𝒜 = ...

𝒜 = ...

22

Associe chaque solide à son patron.
Colorie les patrons et les solides associés de la même couleur.

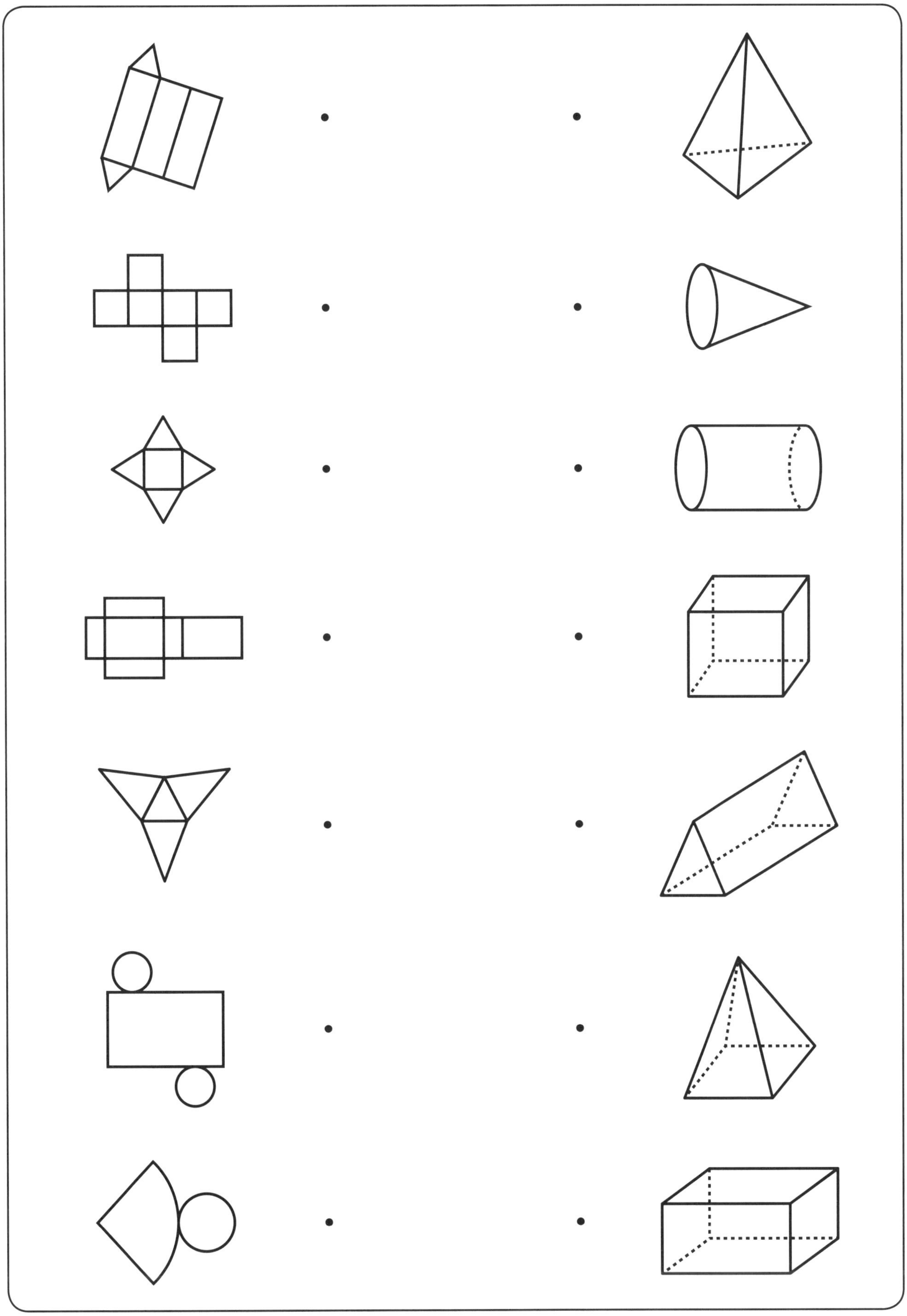

23

Avec ton matériel de géométrie, reproduis le parallélépipède rectangle comme sur le modèle.

Modèle :

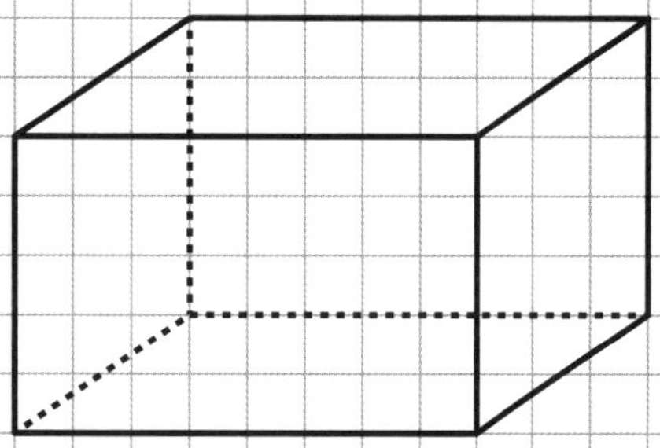

24

Avec ton matériel de géométrie, reproduis le cube comme sur le modèle.

Modèle :

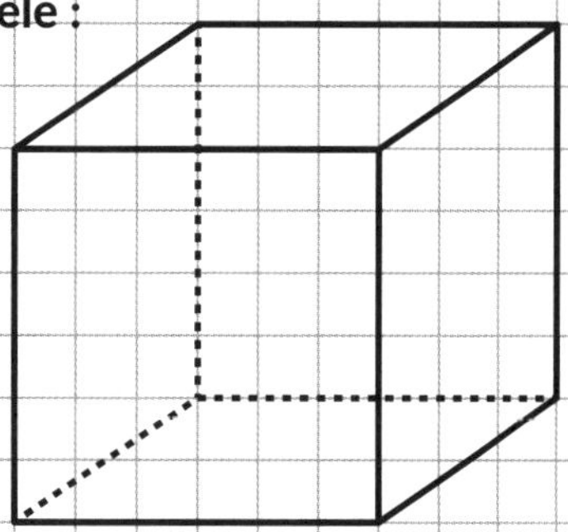

25

Avec ton matériel de géométrie, reproduis le parallélépipède rectangle comme sur le modèle.

Modèle :

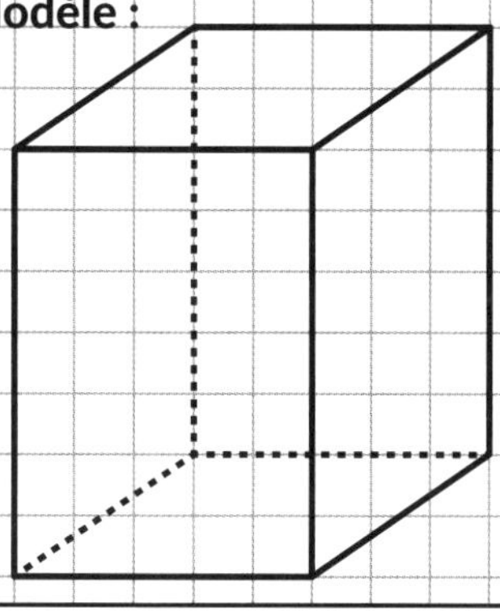

26

Avec ton matériel de géométrie, place A′, B′, C′, D′ symétriques de A, B, C, D par rapport à la droite (d).

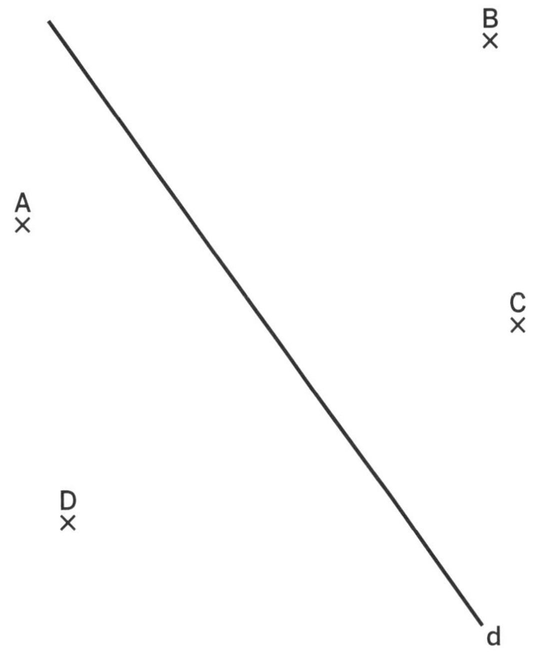

27

Avec ton matériel de géométrie, trace les segments [E′F′] et [G′H′] symétriques de [EF] et [GH] par rapport à la droite (d).

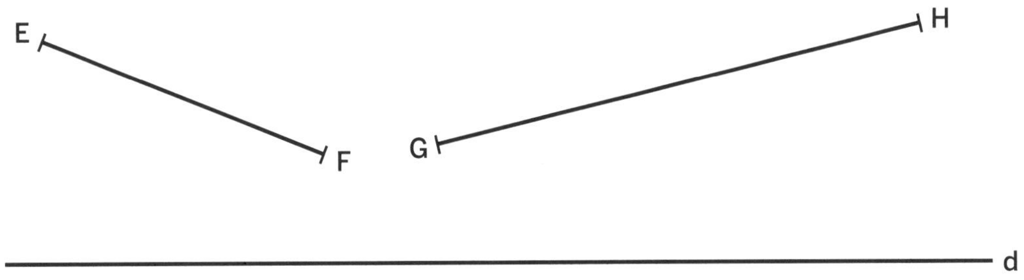

28

Avec ton matériel de géométrie, trace les axes de symétrie des triangles ABC et DEF.

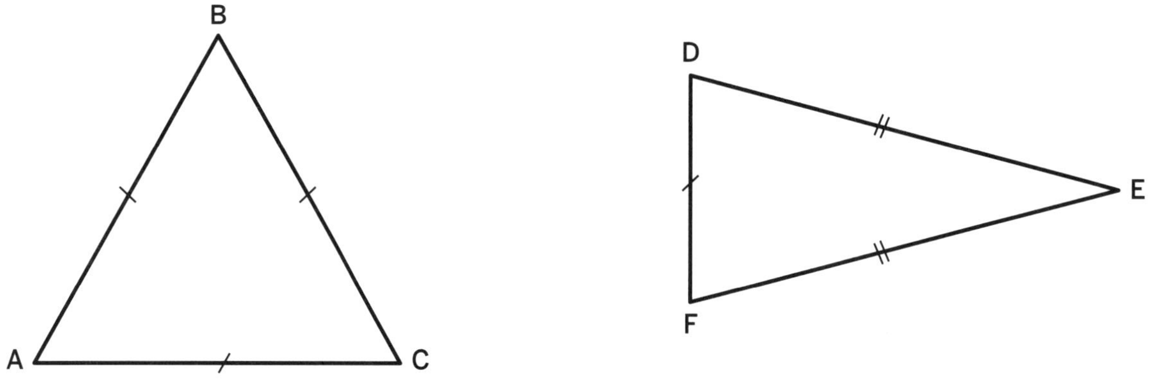

29

Avec ton matériel de géométrie, trace les axes de symétrie des quadrilatères GHIJ et KLMN.

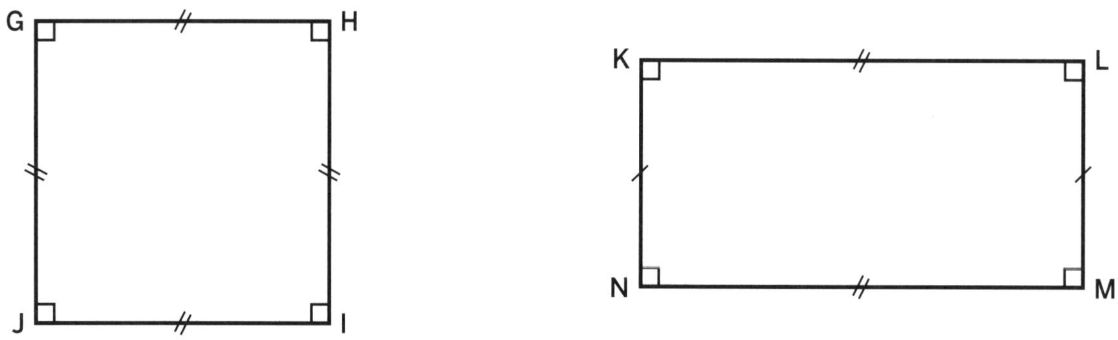

30

Avec ton matériel de géométrie, trace les axes de symétrie des angles $\widehat{AOB}$ et $\widehat{CID}$

31

Avec ton matériel de géométrie, reproduis le triangle ABC aux dimensions indiquées.

Modèle réduit :

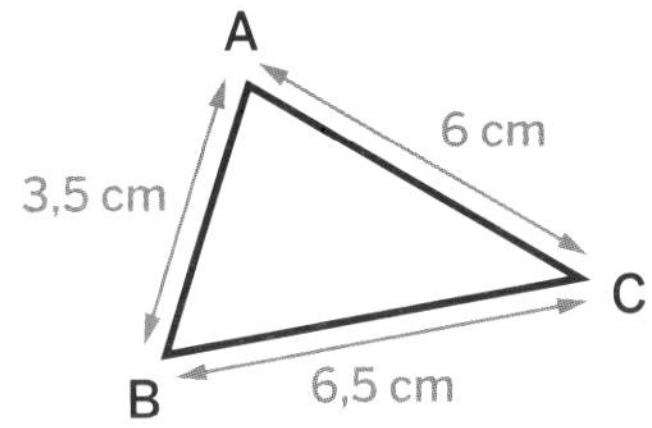

32

Avec ton matériel de géométrie, reproduis le carré DEFG aux dimensions indiquées.

Modèle réduit :

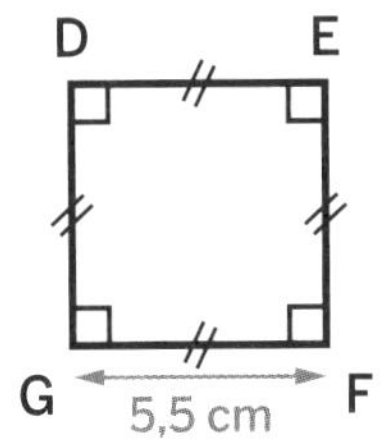

33

Avec ton matériel de géométrie, reproduis le rectangle DEFG aux dimensions indiquées.

Modèle réduit :

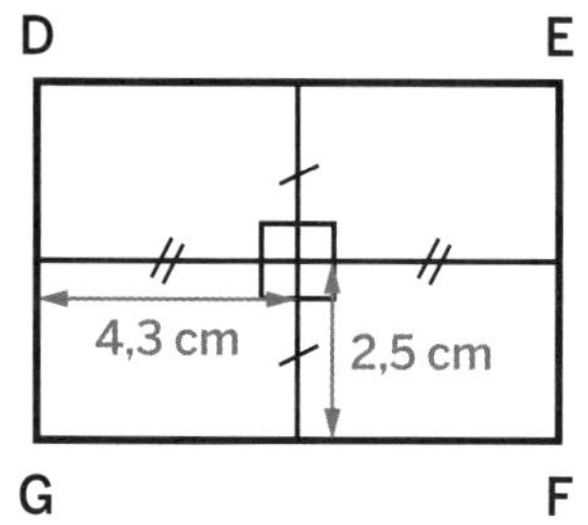

34

Avec ton matériel de géométrie, construis le carré ABCD avec [AB] = 7 cm.
Trace les diagonales qui se coupent en O.

35

Avec ton matériel de géométrie, trace le cercle $\mathscr{C}$ de centre O et de diamètre AB = 7,4 cm.

36

Avec ton matériel de géométrie, construis le rectangle EFGH avec EF = 10 cm et FG = $\frac{2}{5}$ EF.

37

Avec ton matériel de géométrie, trace un agrandissement de la figure modèle dont les dimensions ont été multipliées par 3.

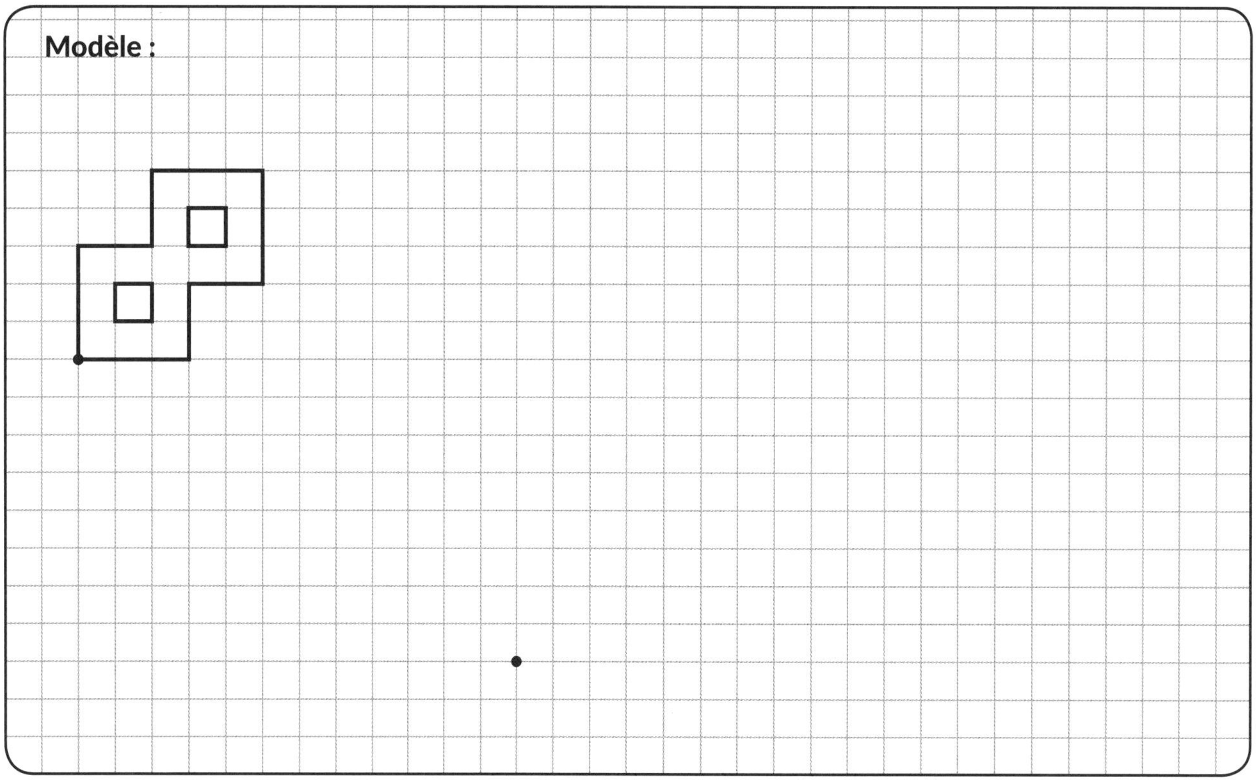

38

Avec ton matériel de géométrie, trace une réduction de la figure modèle dont les dimensions ont été multipliées par $\frac{1}{2}$.

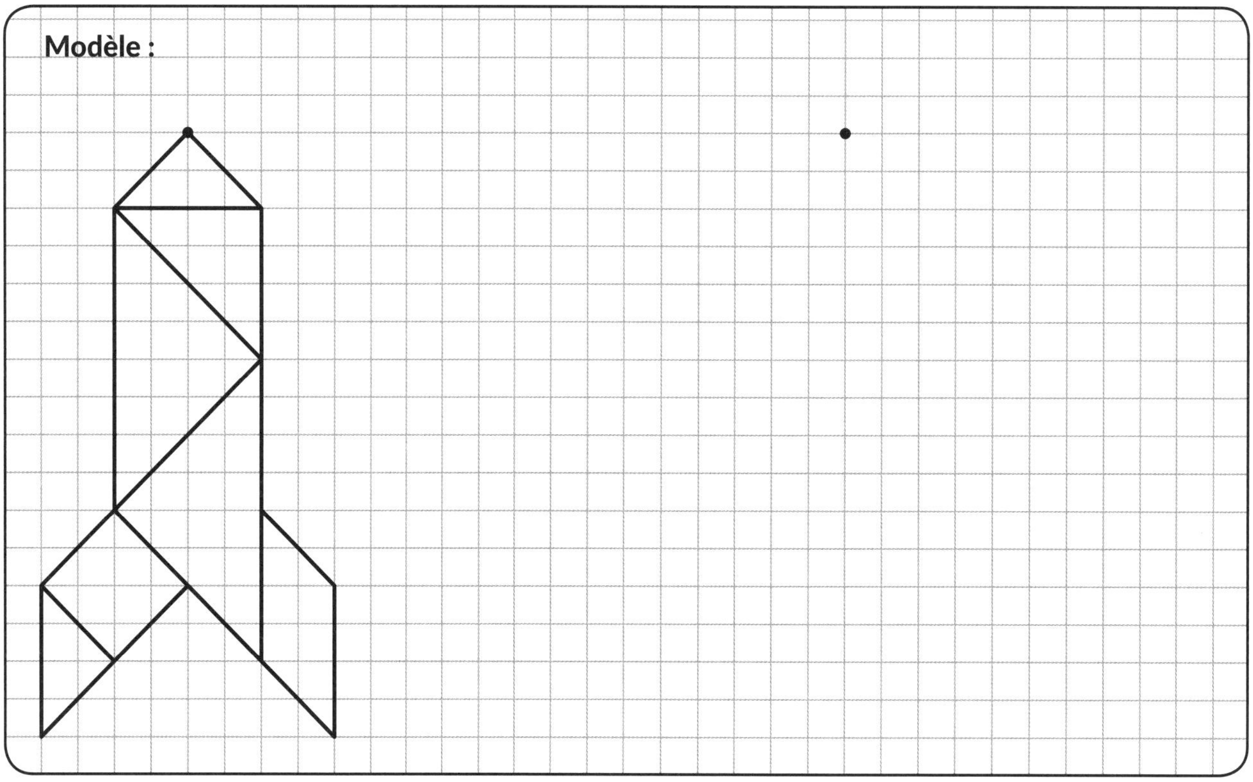

39

Avec ton matériel de géométrie, suis le programme de construction :

- Trace un cercle $\mathscr{C}$ de diamètre 12 cm et de centre O.
- Trace un rayon de ce cercle et nomme-le OA. Place le point I, milieu de OA.
- Trace le cercle $\mathscr{C}'$ de diamètre OA et de centre I. Place le point K, milieu de OI.
- Trace le cercle $\mathscr{C}''$ de rayon KA et de centre K.
- Prolonge le segment [OA] afin qu'il coupe $\mathscr{C}''$ en C et $\mathscr{C}$ en D.
- Trace le cercle qui a pour diamètre CD.

40

Avec ton matériel de géométrie, suis le programme de construction :

- Trace un cercle $\mathscr{C}$ de centre O et de rayon 5,5 cm.
- Place un point A sur ce cercle.
- Trace la médiatrice (d) du segment [OA].
- M et N sont les points d'intersection de la droite (d) avec le cercle $\mathscr{C}$.
- Trace la figure MONA.

CHAPITRE 7

Activités de géométrie

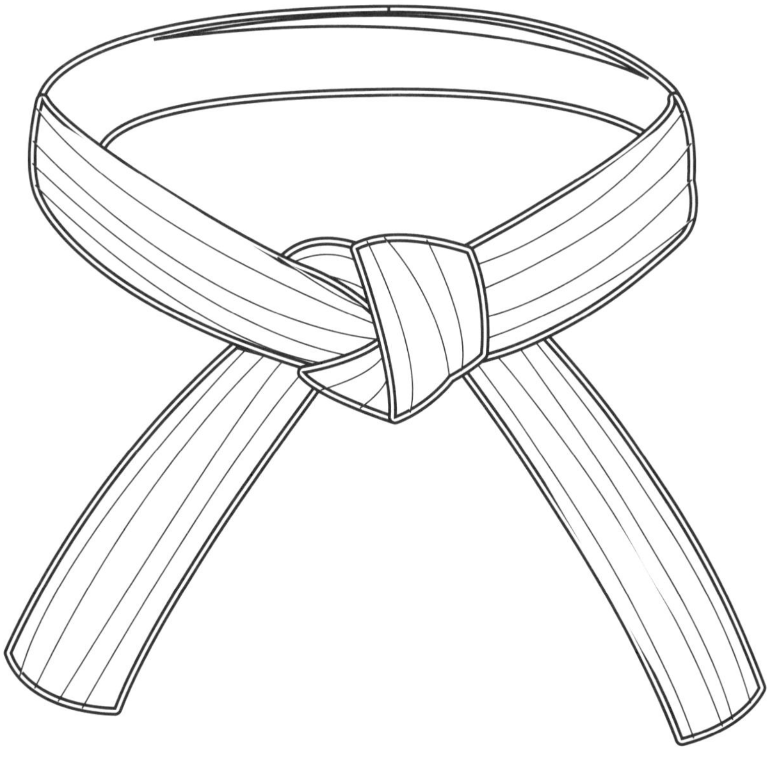

1

Repasse en rouge la partie indiquée.

(AB)

[CD]

2

Repasse en rouge la partie indiquée.

[EF)

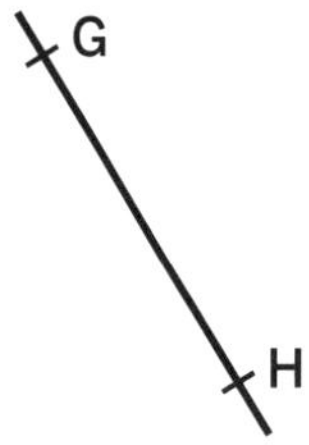

[GH]

(IJ]

3

Coche les affirmations qui sont vraies.

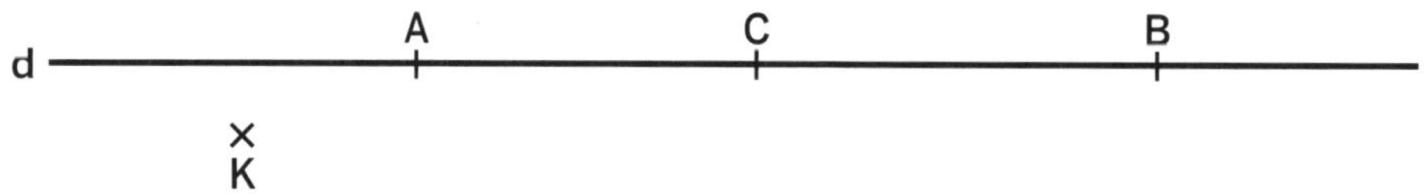

❑ A ∈ (CB)	❑ A ∈ [CB]	❑ B ∈ [CA)	❑ K ∈ (AC)
❑ C ∈ [AB]	❑ K ∉ (AB]	❑ B ∈ [AC)	❑ C ∉ (CB)

4

Indique le nom de la partie épaisse.

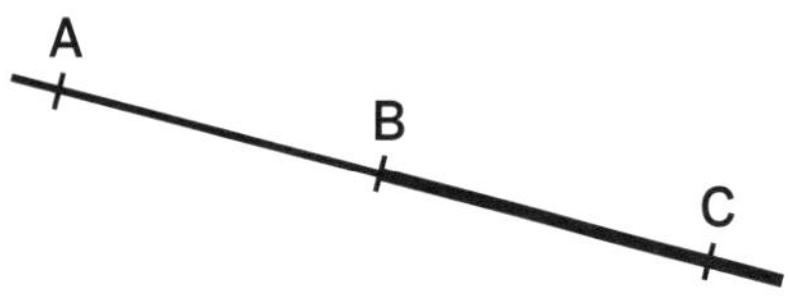

....

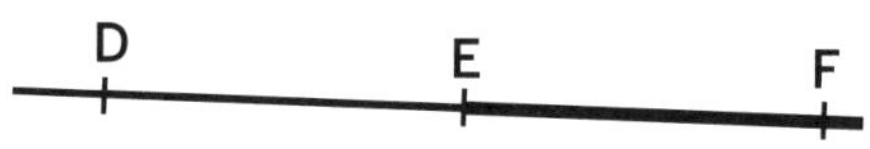

....

5

Avec ton matériel de géométrie, trace la droite (d′) parallèle à (d) passant par E, puis trace la perpendiculaire à (d) et (d′) passant par O.

6

Complète les pointillés avec le symbole // ou ⊥.

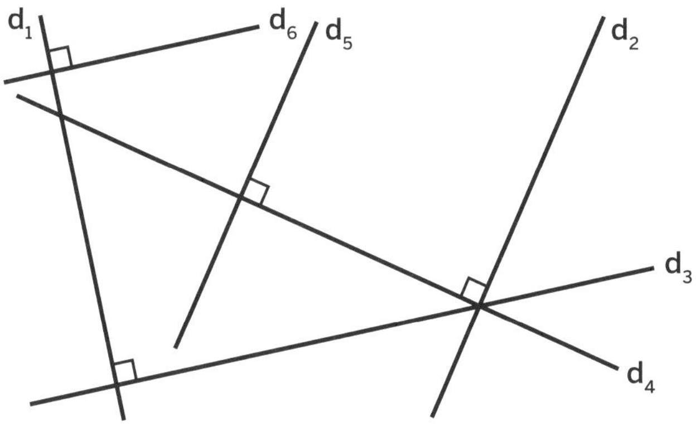

d_1 .... d_3

d_2 .... d_5

d_3 .... d_6

d_4 .... d_2

d_5 .... d_4

7

Avec ton matériel de géométrie, trace la médiatrice du segment [AB].

8

Indique la nature des angles : aigu, obtus, plat ou droit.

....

9

Sur la figure ci-dessous, marque en rouge l'angle $\widehat{xOy'}$, en vert l'angle $\widehat{yOx'}$, en bleu l'angle $\widehat{xOy}$, en jaune l'angle $\widehat{y'Ox'}$.

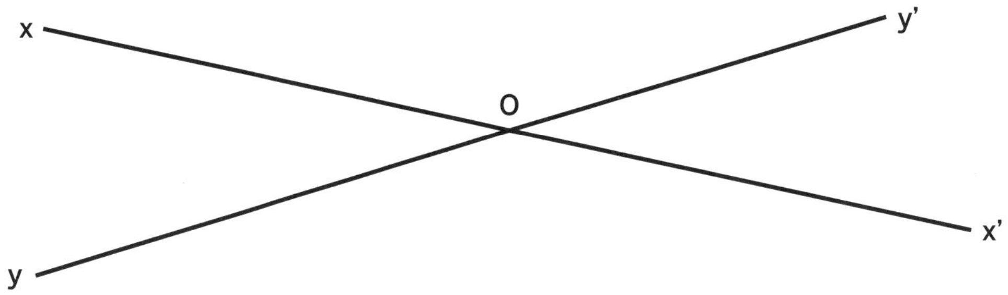

10

Sur la figure ci-dessous, marque l'angle $\widehat{FEH}$ en bleu, l'angle $\widehat{FHG}$ en vert, l'angle $\widehat{EFH}$ en rouge, l'angle $\widehat{HGF}$ en orange.

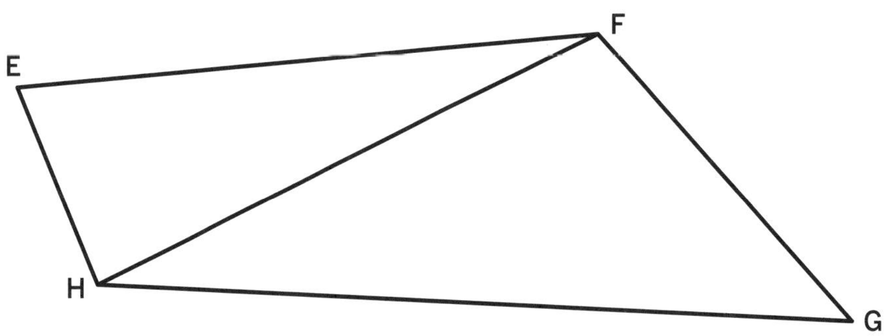

11

Avec la règle, trace les angles demandés et marque-les avec des couleurs. Trace $\widehat{ABD}$, $\widehat{BED}$ et $\widehat{ADC}$.

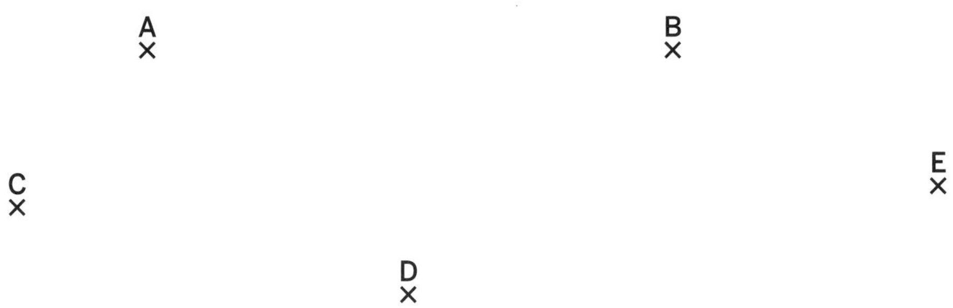

12

Avec le rapporteur, mesure chaque angle et indique sa mesure en degrés.

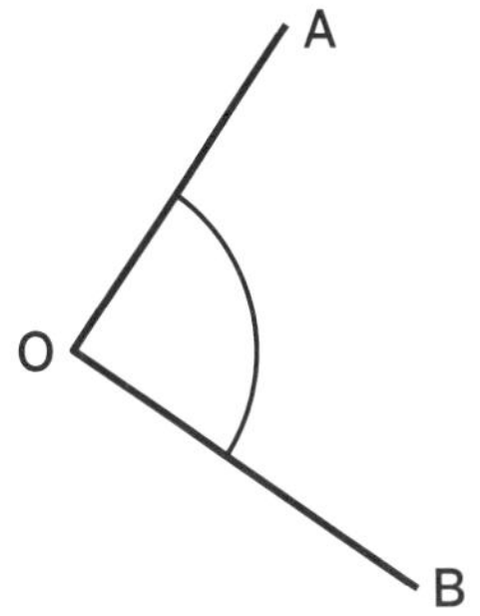

$\widehat{AOB}$ = ...

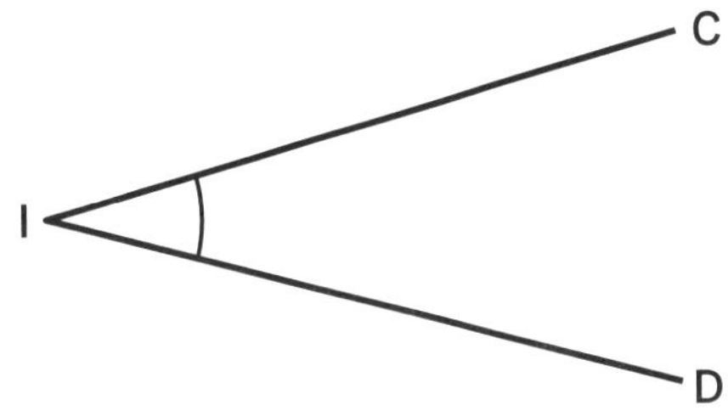

$\widehat{CID}$ = ...

13

Complète les figures pour obtenir les angles dont les mesures sont données.

$\widehat{ABC} = 45°$

$\widehat{DEF} = 90°$

14

Complète les figures pour obtenir les angles dont les mesures sont données.

$\widehat{GHI} = 75°$

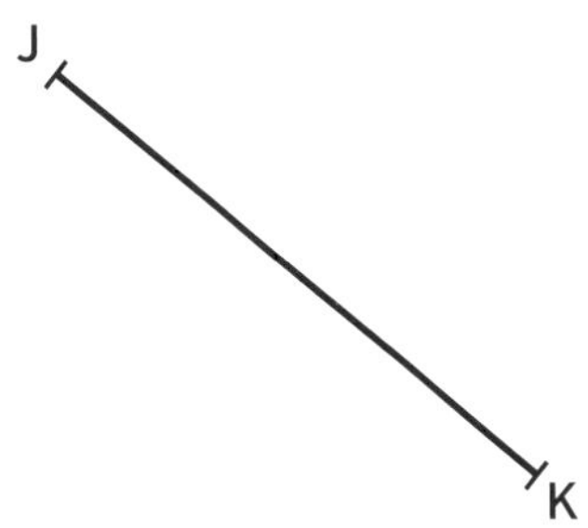

$\widehat{JKL} = 120°$

15

Calcule le périmètre de la figure ci-dessous.

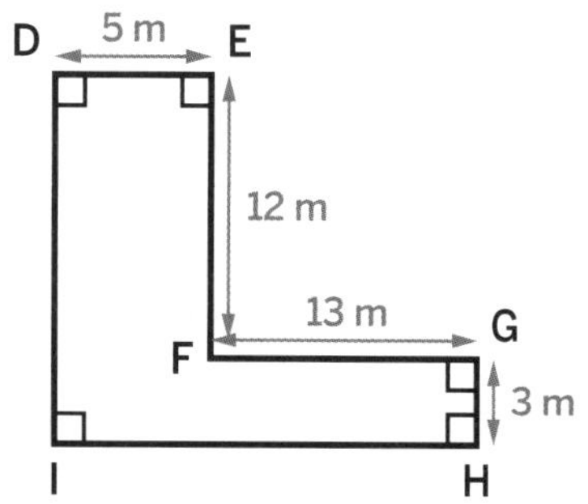

Calculs : ....

....

Réponse : ....

16

Calcule le périmètre de la figure ci-dessous.

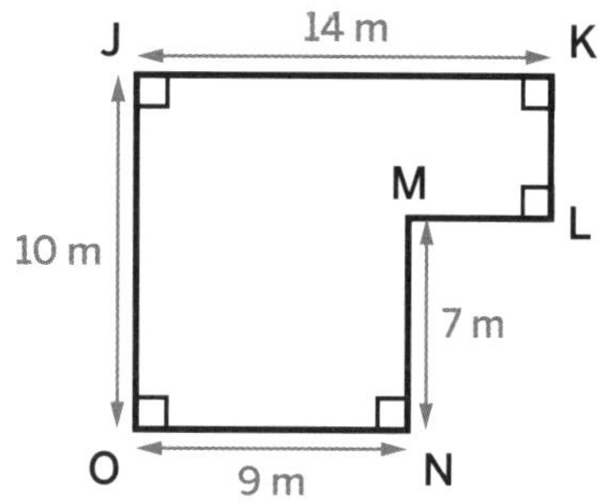

Calculs : ....

....

Réponse : ....

17

Calcule le périmètre de la figure ci-dessous.

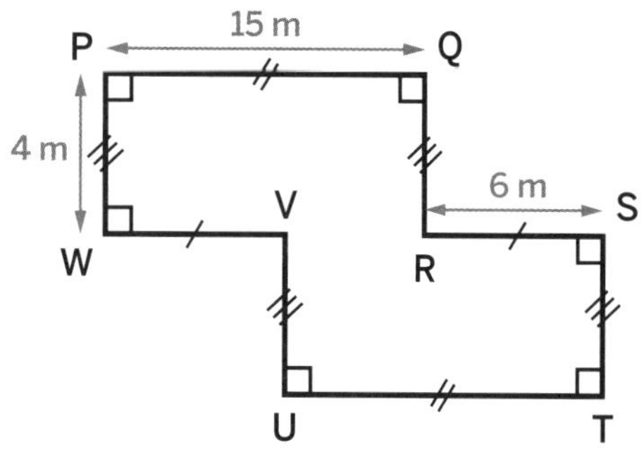

Calculs : ....

....

Réponse : ....

18

Calcule le périmètre de la figure ci-dessous.

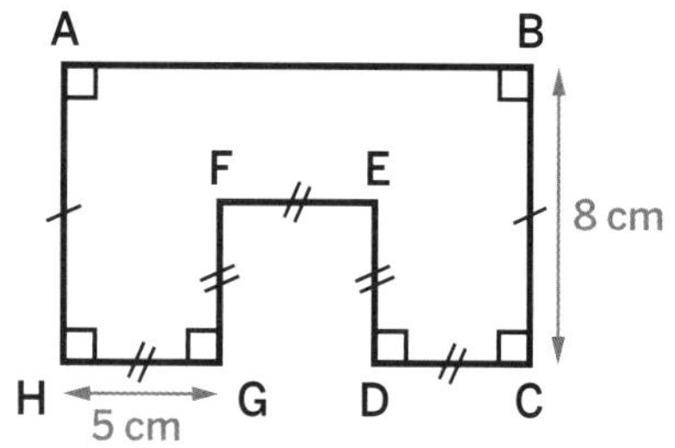

Calculs : ....

....

Réponse : ....

19

Calcule l'aire de la figure grisée ci-dessous.

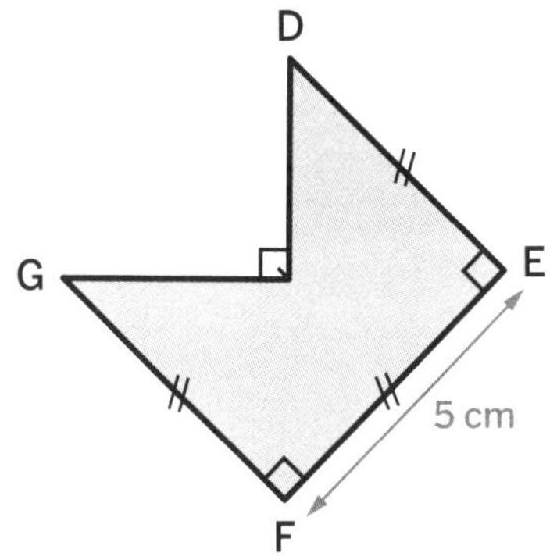

Calculs : ....

....

Réponse : ....

20

Calcule l'aire de la figure grisée ci-dessous.

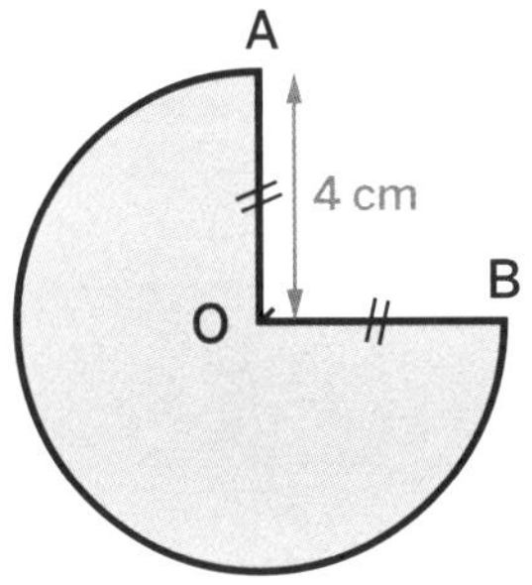

Calculs : ....

....

Réponse : ....

21

Calcule l'aire de la figure ci-dessous.

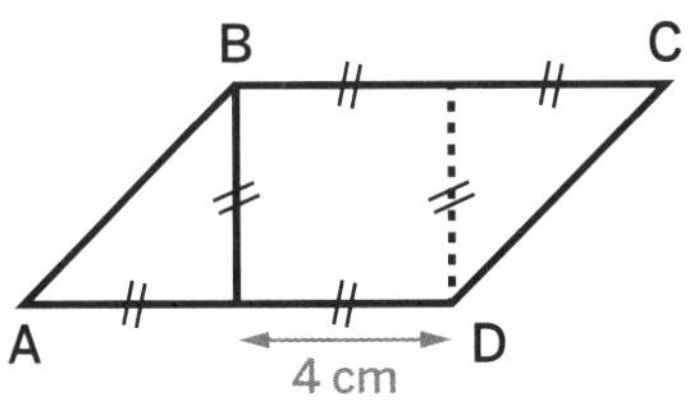

Calculs : ....

....

Réponse : ....

22

Avec ton matériel de géométrie, reproduis le prisme droit comme sur le modèle.

Modèle :

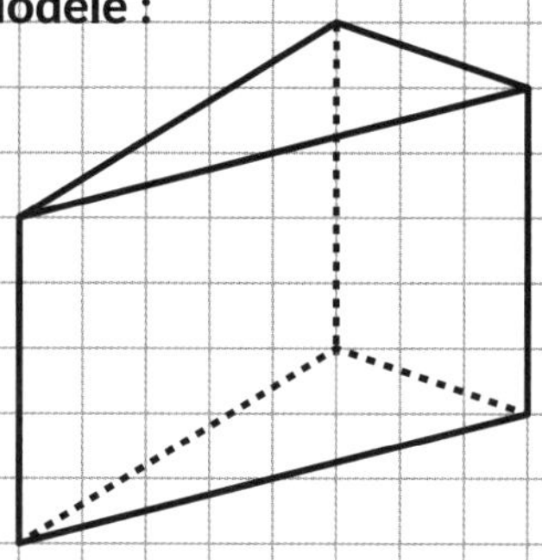

23

Avec ton matériel de géométrie, reproduis le prisme droit comme sur le modèle.

Modèle :

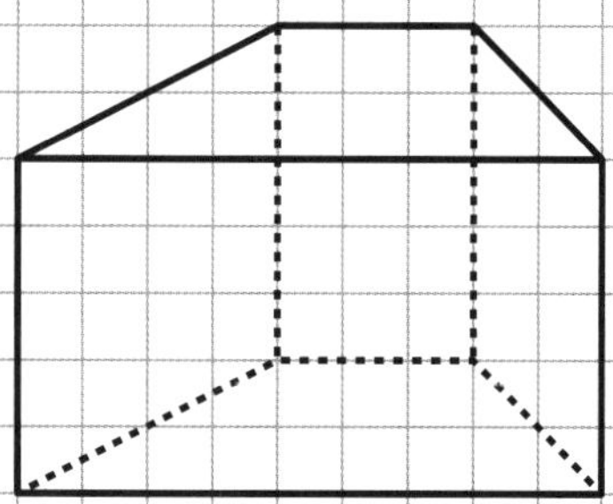

24

Avec ton matériel de géométrie, reproduis le prisme droit comme sur le modèle.

Modèle :

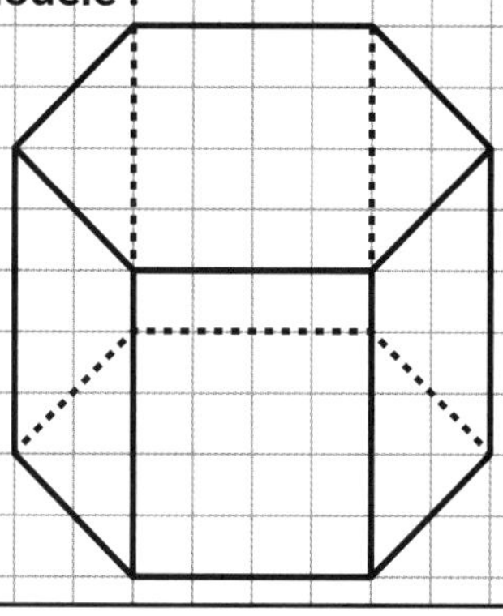

25

Avec ton matériel de géométrie, termine le tracé en perspective cavalière de chaque parallélépipède rectangle.

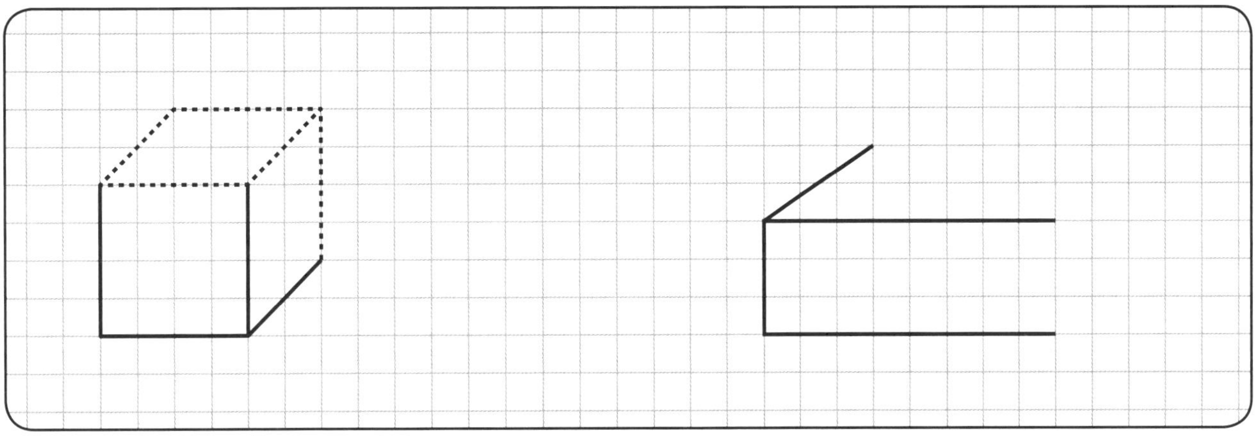

26

Avec ton matériel de géométrie, termine le tracé en perspective cavalière de chaque parallélépipède rectangle.

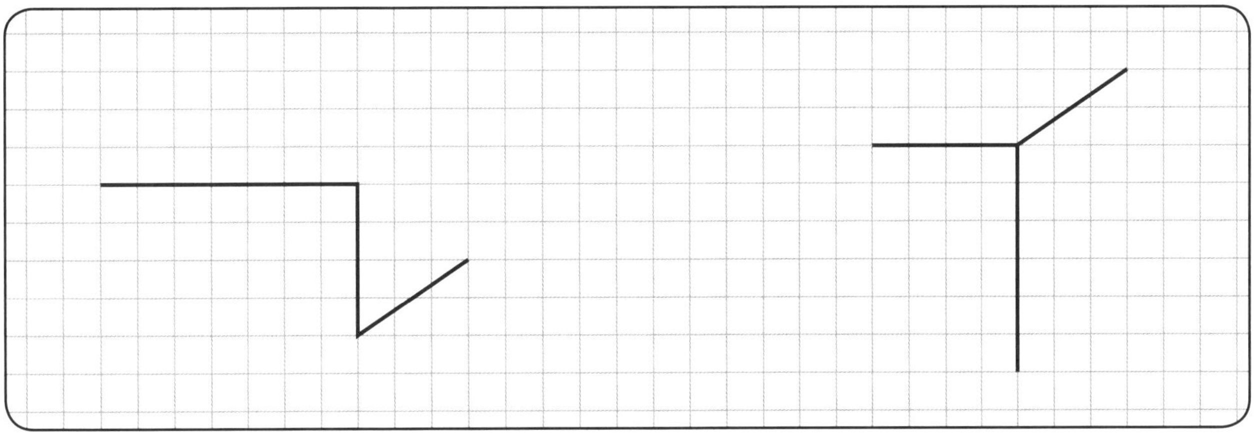

27

Avec ton matériel de géométrie, termine le tracé en perspective cavalière de chaque parallélépipède rectangle.

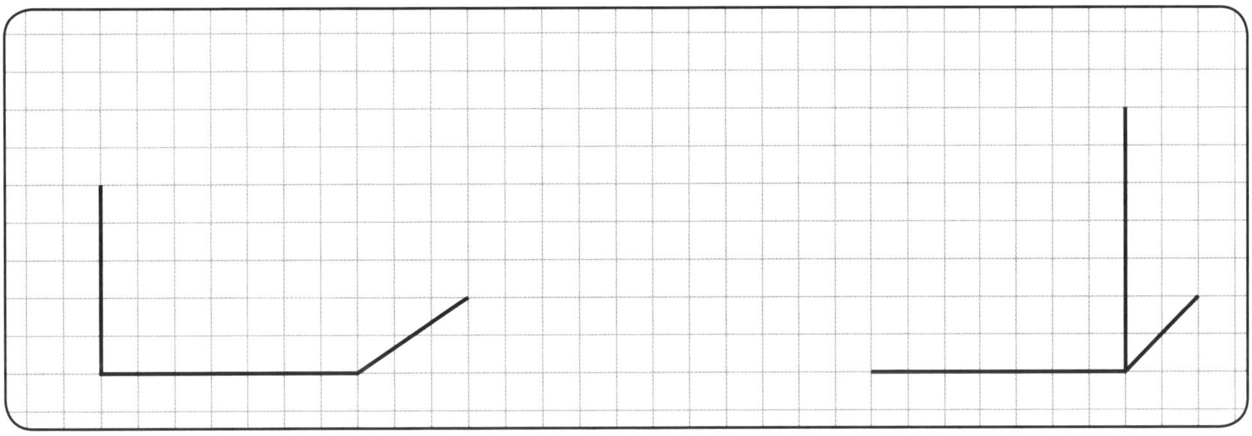

28

Avec ton matériel de géométrie, trace les droites symétriques (AB′) et (CD′) de (AB) et (DC) par rapport à la droite (d).

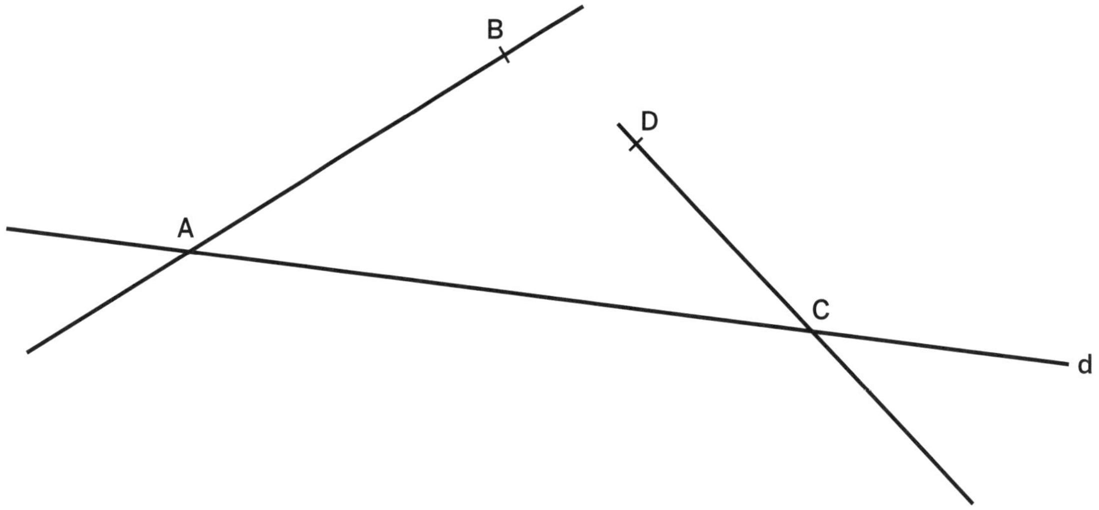

29

Avec ton matériel de géométrie, trace les segments symétriques de [EF], [FG] et [GH] par rapport à la droite (d).

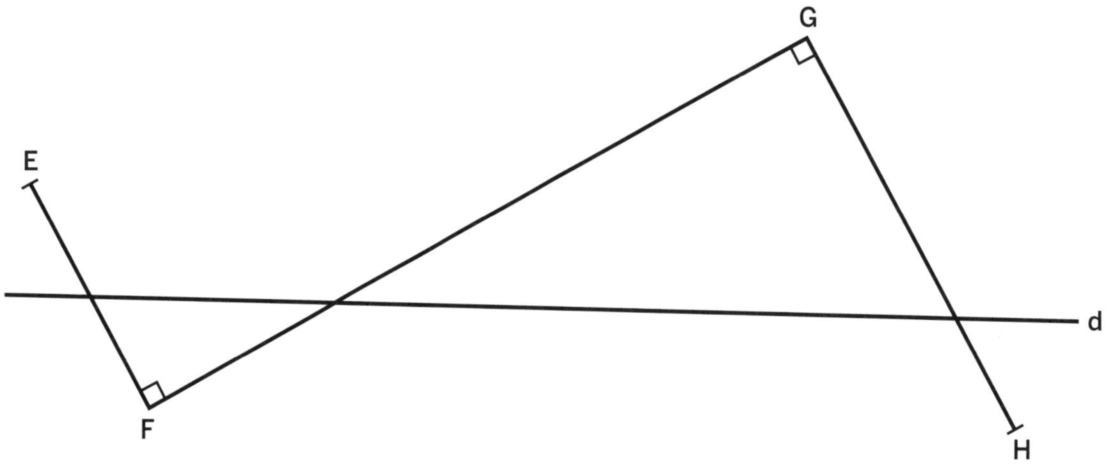

30

Avec ton matériel de géométrie, trace les axes de symétrie du pentagone ABCDE.

☐

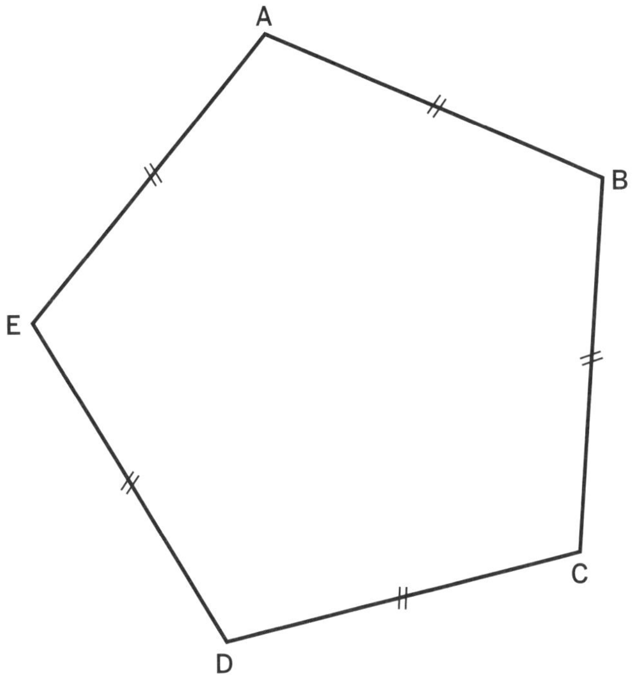

31

Avec ton matériel de géométrie, trace les axes de symétrie de la figure ci-dessous.

☐

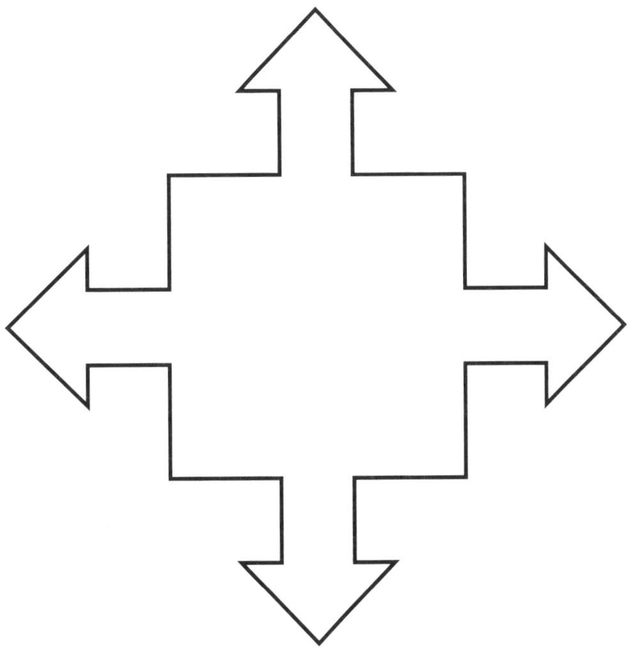

32

Avec ton matériel de géométrie, reproduis le triangle rectangle RST aux dimensions indiquées.

Modèle réduit :

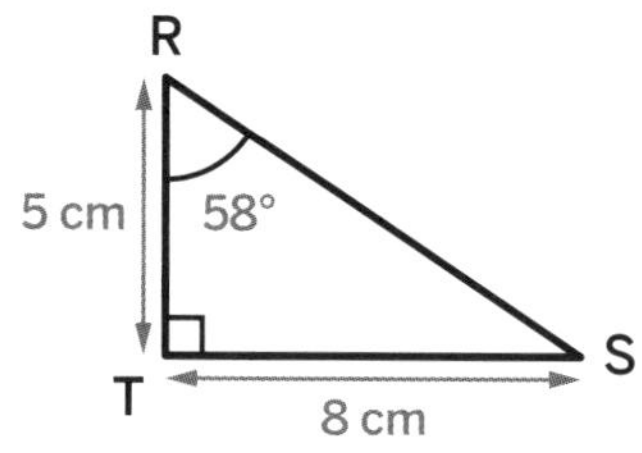

33

Avec ton matériel de géométrie, reproduis le carré EFGH aux dimensions indiquées.

Modèle réduit :

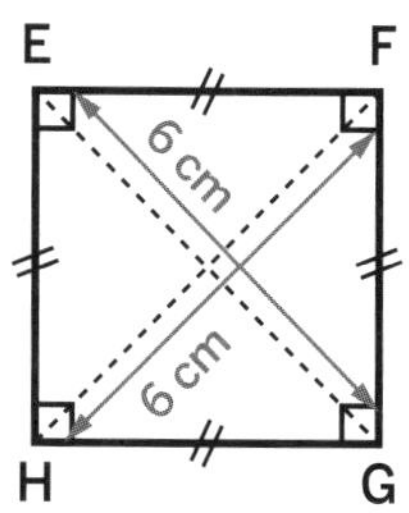

34

Avec ton matériel de géométrie, construis le triangle isocèle JKL, isocèle en J avec JK = JL = 8 cm. L'angle $\widehat{LJK}$ = 40°.

35

Avec ton matériel de géométrie, construis le losange DEFG dont les diagonales mesurent 4 et 10 cm.

36

Avec ton matériel de géométrie, construis le triangle rectangle ABC, rectangle en B.
AB = 4,8 cm et BC = 7,3 cm.

☐

37

Avec ton matériel de géométrie, construis le carré DEFG dont les diagonales mesurent 7 cm.

☐

38

Avec ton matériel de géométrie, trace un agrandissement de la figure modèle dont les dimensions ont été multipliées par 3.

Modèle :

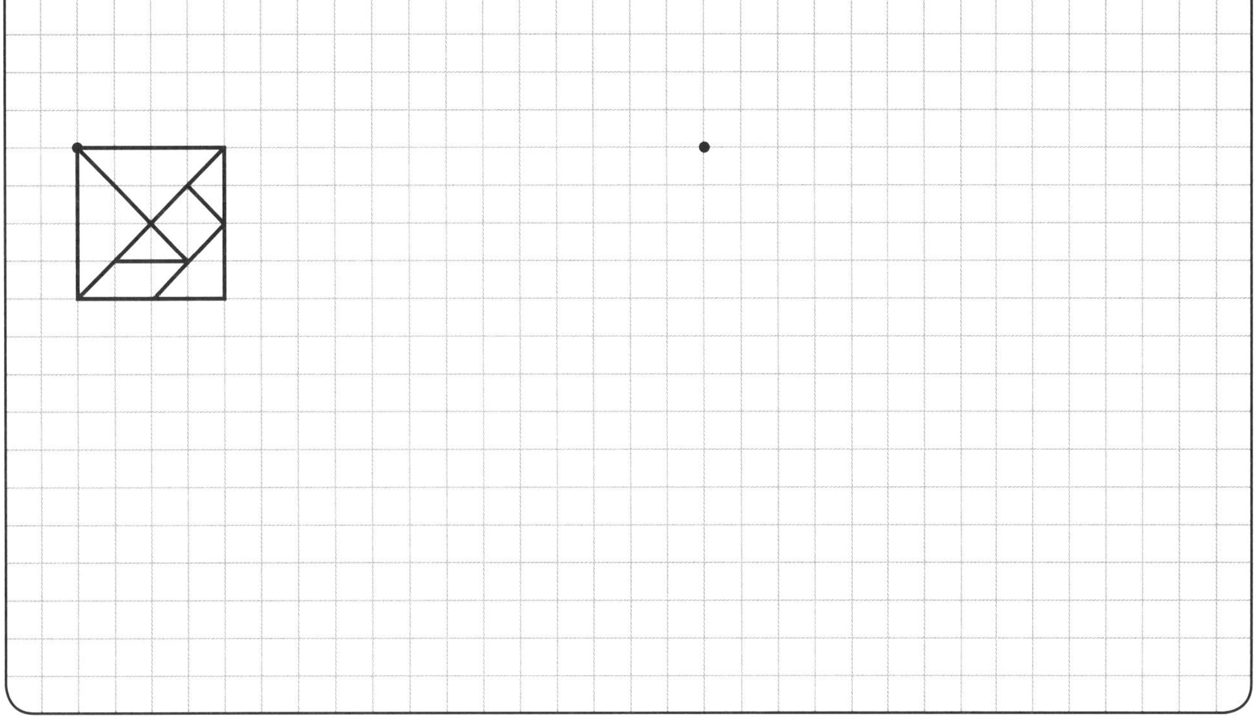

39

Avec ton matériel de géométrie, trace une réduction de la figure modèle en multipliant ses dimensions par $\frac{1}{2}$.

Modèle :

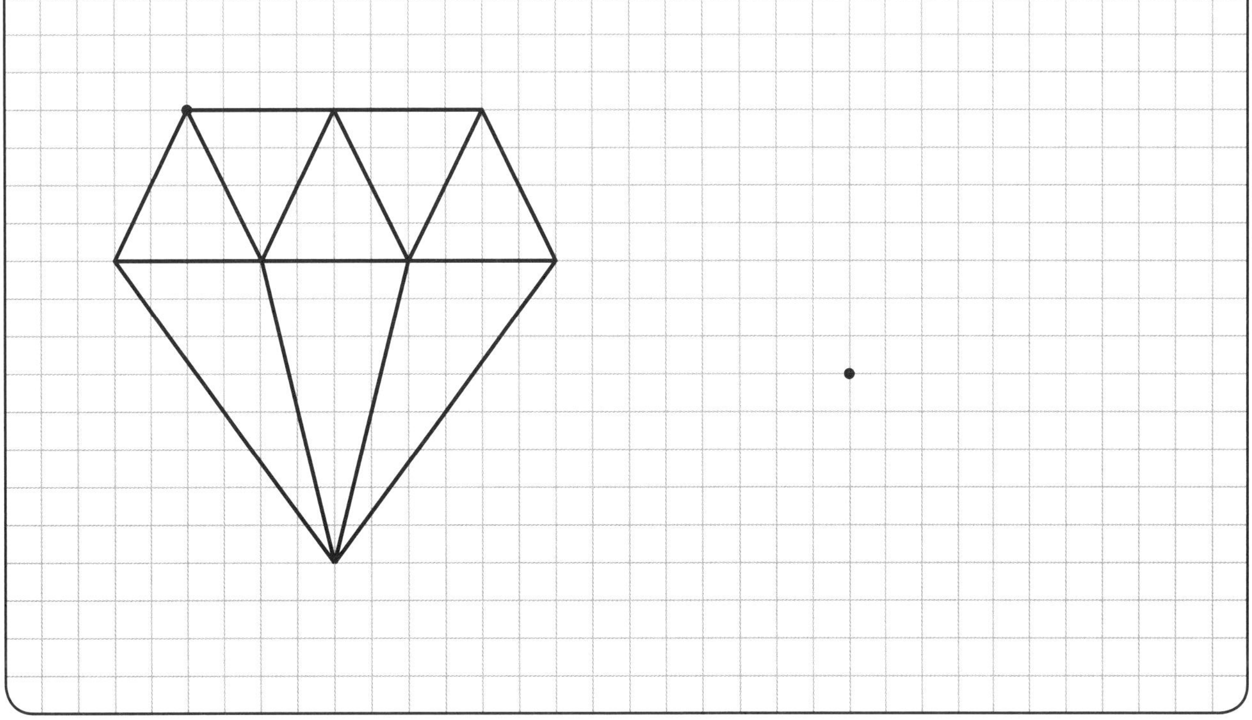

40

Avec ton matériel de géométrie, suis le programme de construction :

- Trace un rectangle ABCD de longueur 10 cm et largeur 6 cm.
- Construis le carré AEFD de côté 6 cm. E est sur [AB] et F est sur [DC].
- Construis le carré EBHG de côté 4 cm. H est sur [BC] et G est sur [EF].
- Construis le carré HIJC de côté 2 cm. I est sur [HG] et J est sur [FC].
- Trace l'arc de cercle $\overset{\frown}{DE}$ de centre F, l'arc de cercle $\overset{\frown}{EH}$ de centre G et l'arc de cercle $\overset{\frown}{GH}$ de centre I.

41

Avec ton matériel de géométrie, suis le programme de construction :

- Trace un carré ABCD de côté 10 cm.
- Place les points E milieu de [AB], F milieu de [BC], G milieu de [CD] et H milieu de [DA].
- Construis la figure EFGH.
- Trace les médiatrices des côtés de la figure EFGH. Elles se coupent en O.
- Trace le cercle $\mathscr{C}$ de centre O et de rayon OE.
- Trace le cercle $\mathscr{C}'$ de centre O et de rayon OA.

CHAPITRE 8

Activités de géométrie

1

Coche les affirmations qui sont fausses.

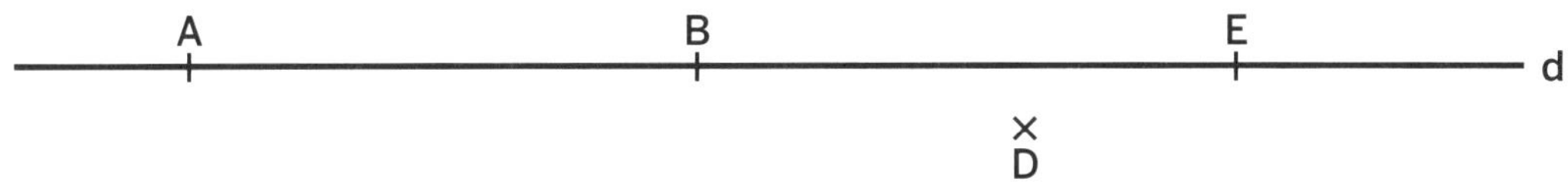

❑ A ∈ [BE] ❑ D ∉ [AE] ❑ E ∈ [AB) ❑ D ∈ [BE]

❑ B ∈ (AE) ❑ A ∉ (BE] ❑ B ∉ [AE) ❑ E ∉ [AB]

2

Repasse en rouge la partie indiquée.

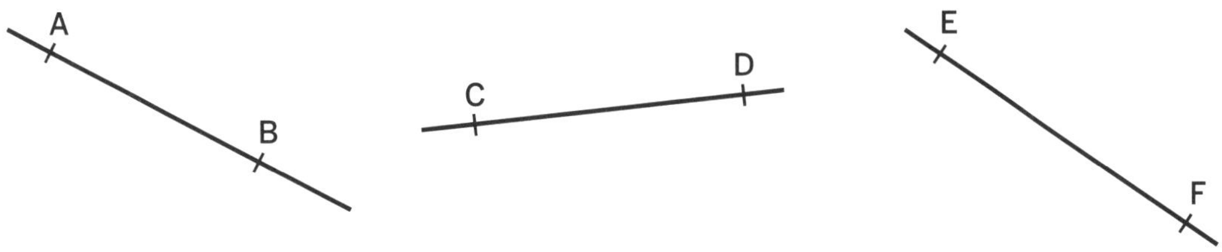

[AB] (CD] [EF)

3

Indique le nom de la partie épaisse.

....

4

Avec ton matériel de géométrie, trace [AB], [CE) et (DF).

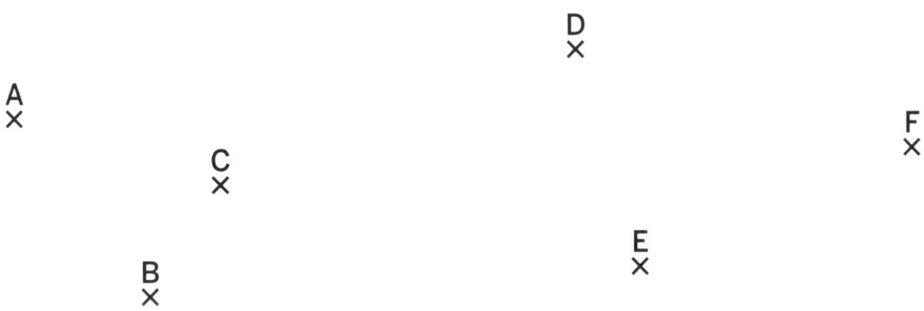

5

Avec ton matériel de géométrie, trace les médiatrices des segments.

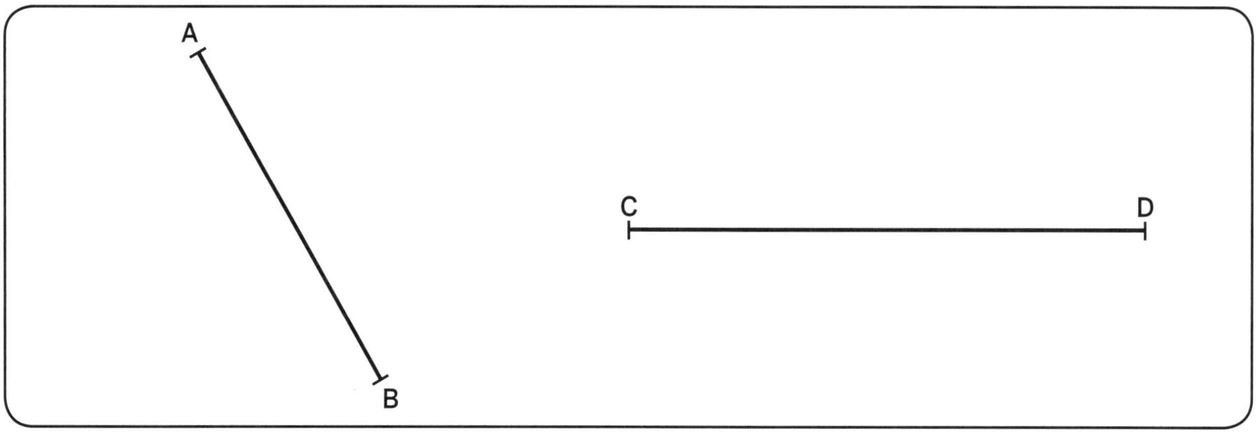

6

Avec ton matériel de géométrie, trace :

- la droite (d_2) parallèle à (d_1) passant par O ;
- la droite (d′) parallèle à (d) passant par O.

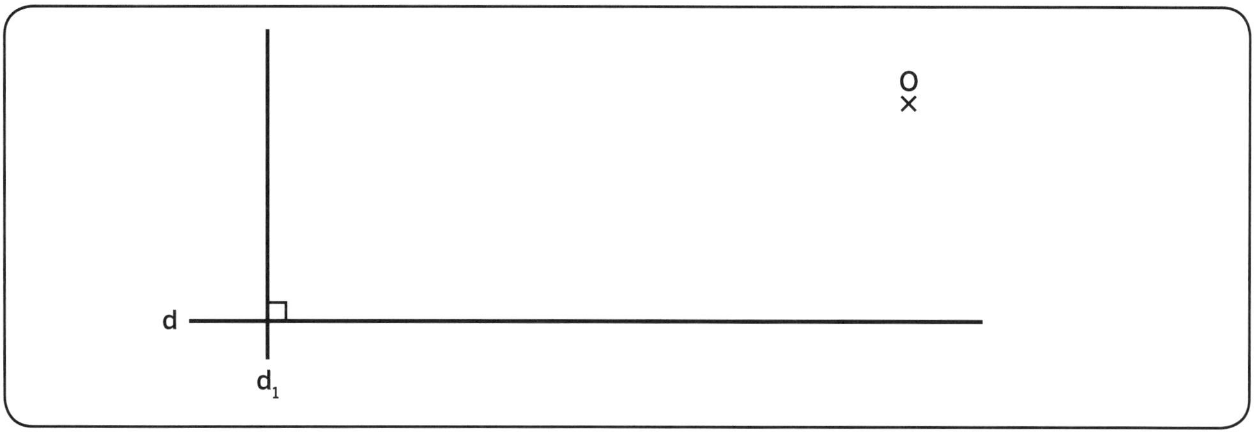

7

Avec ton matériel de géométrie, trace :

- la droite (d_2) perpendiculaire à (d_1) passant par M ;
- la droite (d′) perpendiculaire à (d) passant par M.

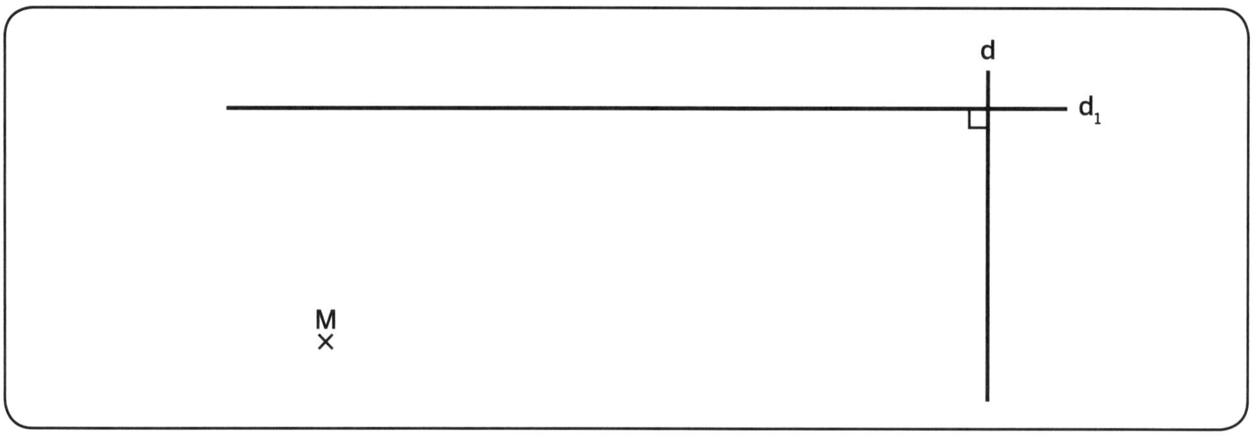

8

Sur la figure ci-dessous, marque :

- l'angle $\widehat{BAC}$ en rouge,
- l'angle $\widehat{BDC}$ en bleu,
- l'angle $\widehat{BCA}$ en vert,
- l'angle $\widehat{ADB}$ en jaune.

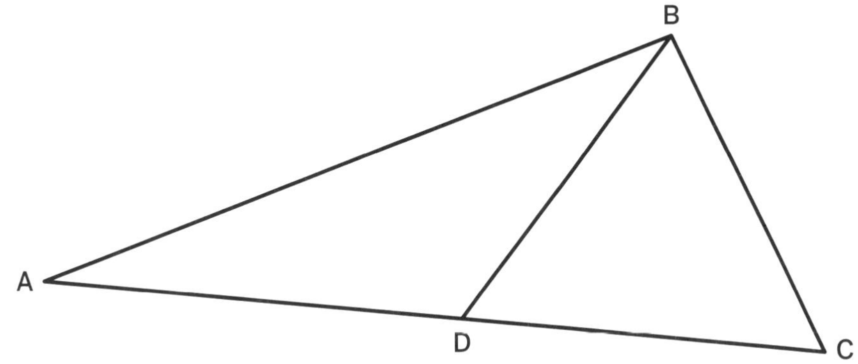

9

Trace les angles demandés et marque-les avec les couleurs de ton choix.

Trace : $\widehat{BAD}$, $\widehat{CDE}$, $\widehat{BCE}$, $\widehat{EFD}$.

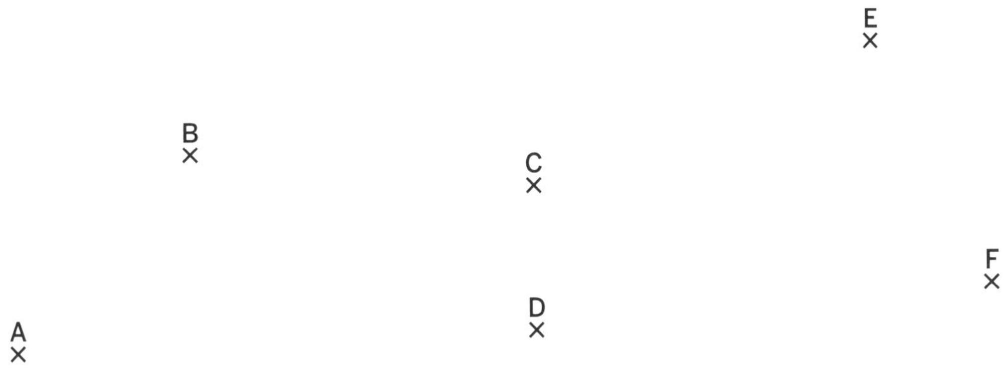

10

Avec ton matériel de géométrie, mesure chaque angle et indique sa mesure en degrés.

$\widehat{AOB}$ = ...

$\widehat{CID}$ = ...

11

Avec ton matériel de géométrie, complète les figures pour obtenir les angles dont les mesures sont données.

$\widehat{ABC} = 80°$

$\widehat{DEF} = 145°$

12

Avec ton matériel de géométrie, complète les figures pour obtenir les angles dont les mesures sont données.

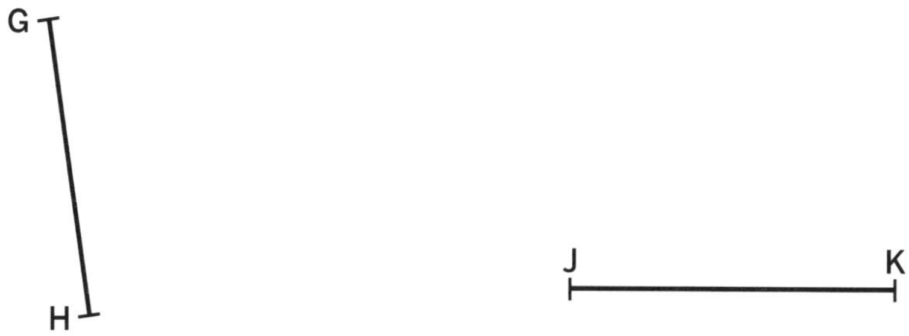

$\widehat{GHI} = 50°$

$\widehat{JKL} = 100°$

13

Avec ton matériel de géométrie, mesure l'angle $\widehat{xOy}$ puis trace sa bissectrice.

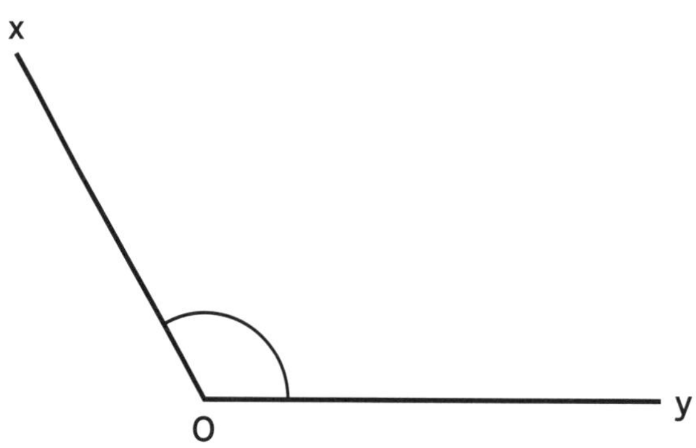

$\widehat{xOy}$ = ...

14

Calcule le périmètre du cercle de centre O et de rayon 5 cm.

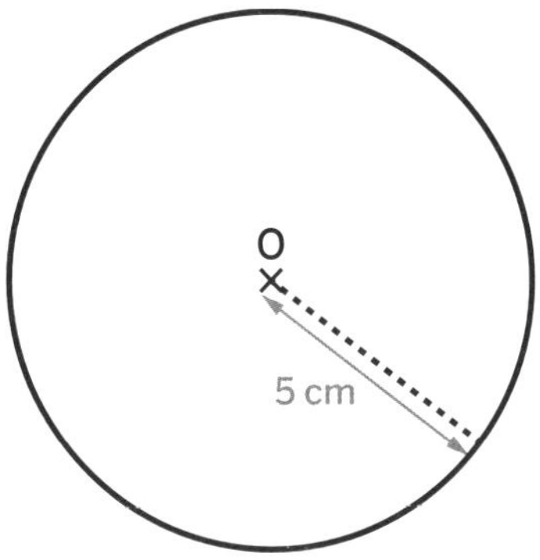

Calculs : ....

....

Réponse : ....

15

Calcule le périmètre du cercle de centre O′ et de diamètre 9 cm.

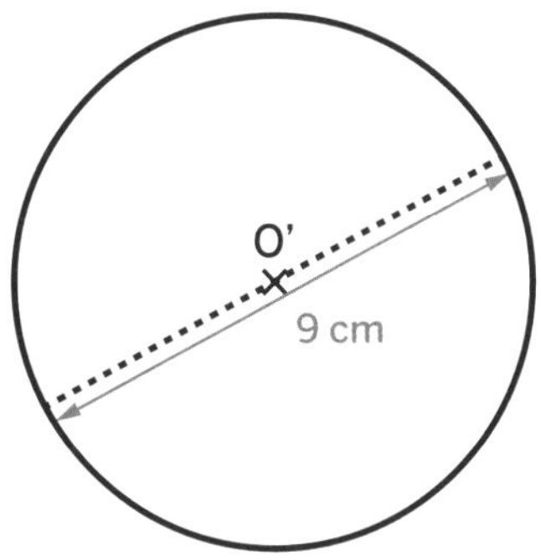

Calculs : ....

....

Réponse : ....

16

Calcule le périmètre de la figure ABCDEF ci-dessous.

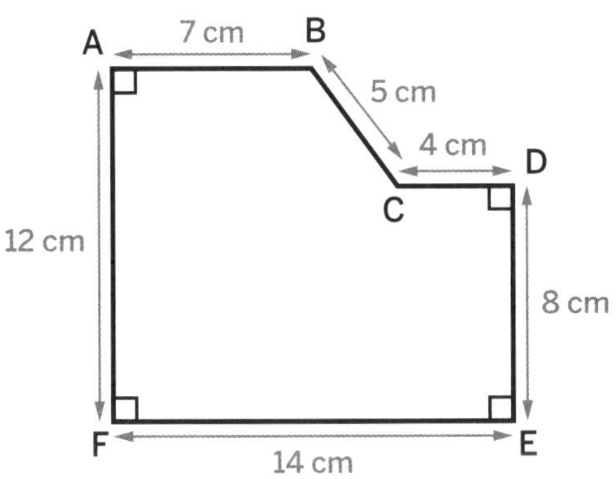

Calculs : ....

....

Réponse : ....

17

Calcule l'aire de la surface grisée ci-dessous. AC est un diamètre du demi-disque.

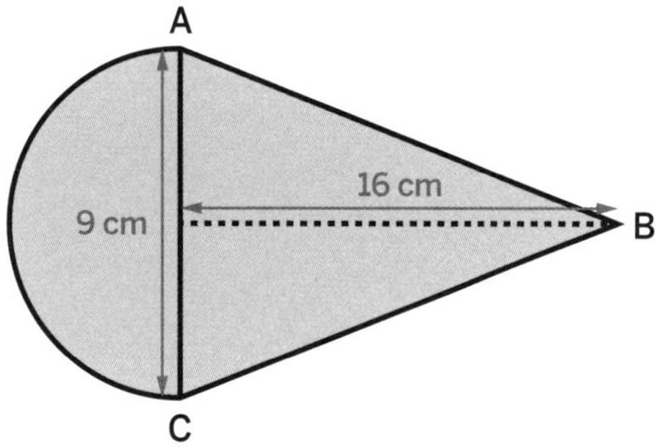

Calculs : ....

....

Réponse : ....

18

Calcule l'aire de la surface grisée ci-dessous.

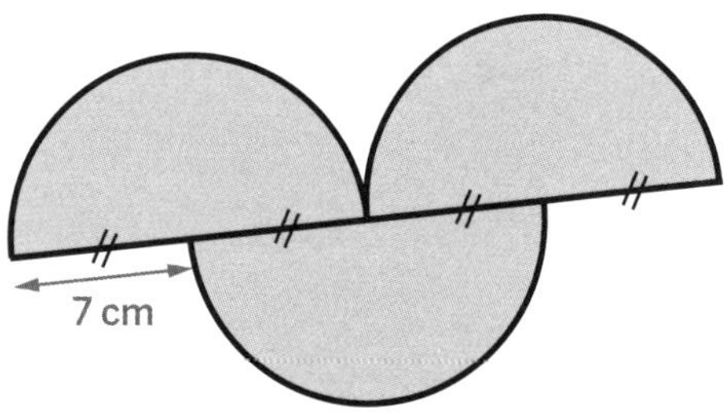

Calculs : ....

....

Réponse : ....

19

Calcule l'aire de la surface grisée ci-dessous.

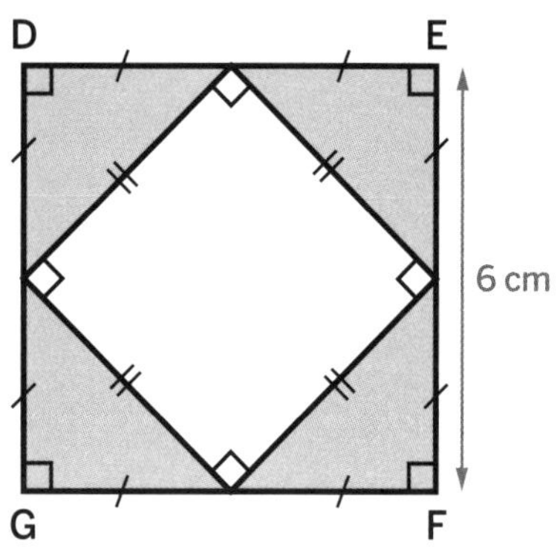

Calculs : ....

....

Réponse : ....

20

Avec ton matériel de géométrie, trace les arêtes cachées du cube et du pavé droit représentés en perspective cavalière.

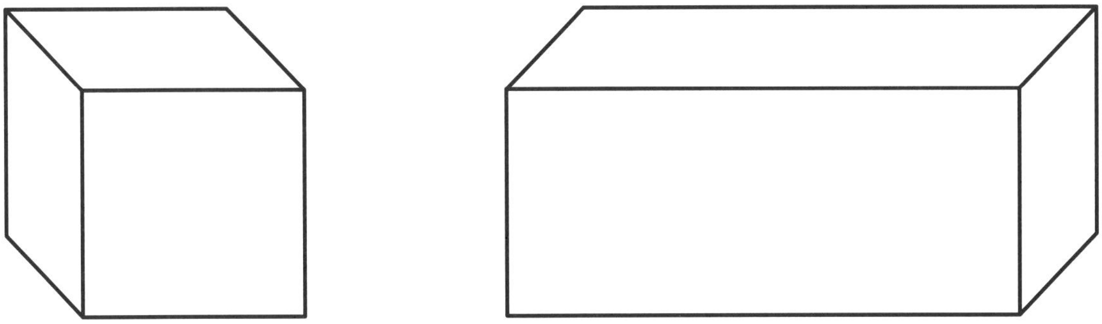

21

Avec ton matériel de géométrie, trace les arêtes cachées des pavés droits représentés en perspective cavalière.

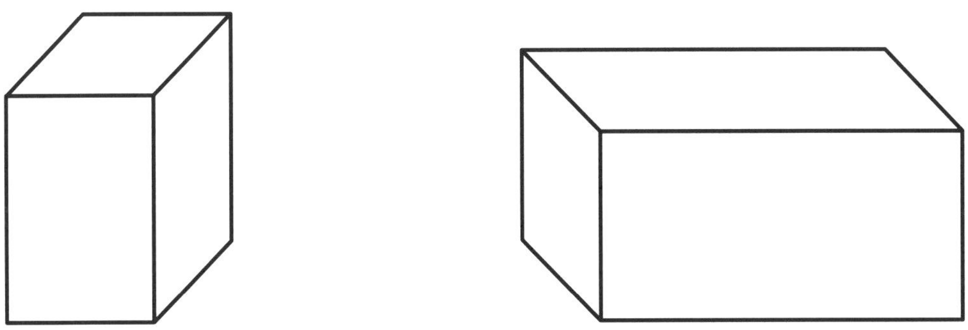

22

Avec ton matériel de géométrie, construis un cube en perspective cavalière comme sur le modèle.

Modèle réduit :

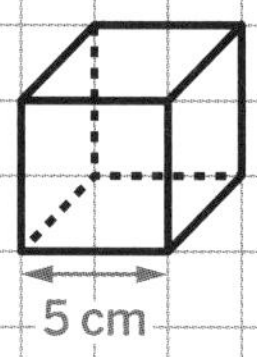

23

Avec ton matériel de géométrie, construis un pavé droit en perspective cavalière comme sur le modèle.

Modèle réduit :

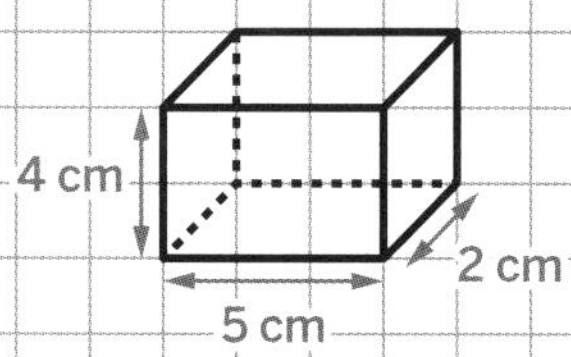

24

Avec ton matériel de géométrie, trace la figure A′B′C′ symétrique du triangle ABC par rapport à la droite (d).

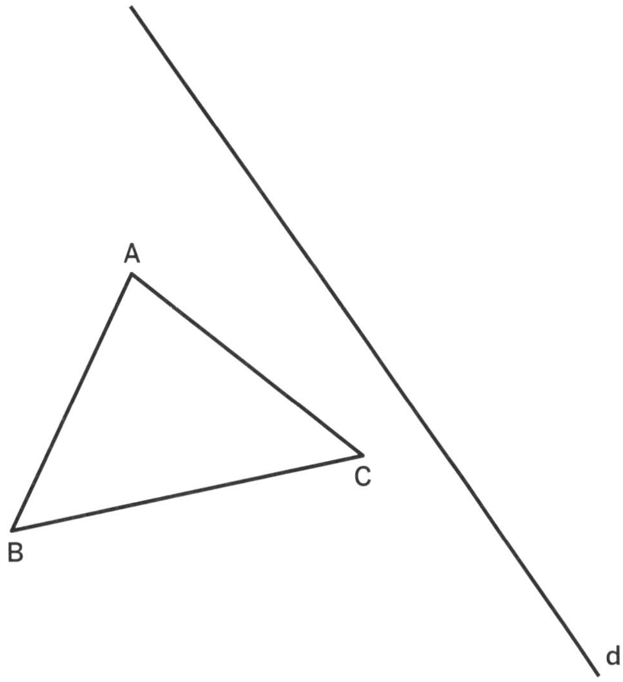

25

Avec ton matériel de géométrie, trace la figure D′E′F′G′ symétrique du rectangle DEFG par rapport à la droite (d).

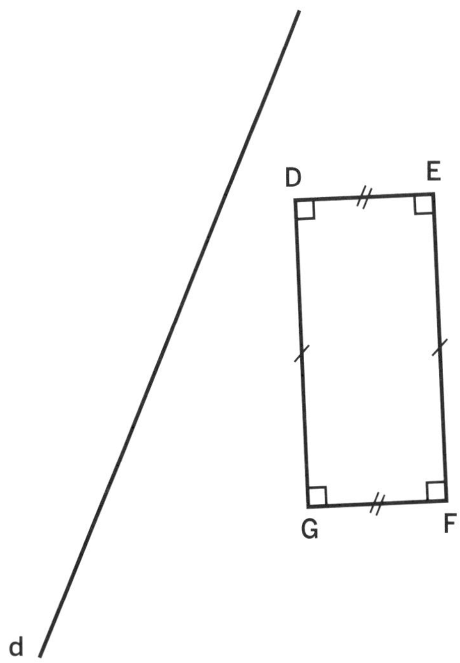

26

Trace le cercle $\mathscr{C}$ de centre O et de rayon 2 cm.
Le rayon du cercle $\mathscr{C}'$ est 1,5 fois plus grand que celui de $\mathscr{C}$.
Le rayon du cercle $\mathscr{C}''$ est 2 fois plus grand que celui de $\mathscr{C}$.

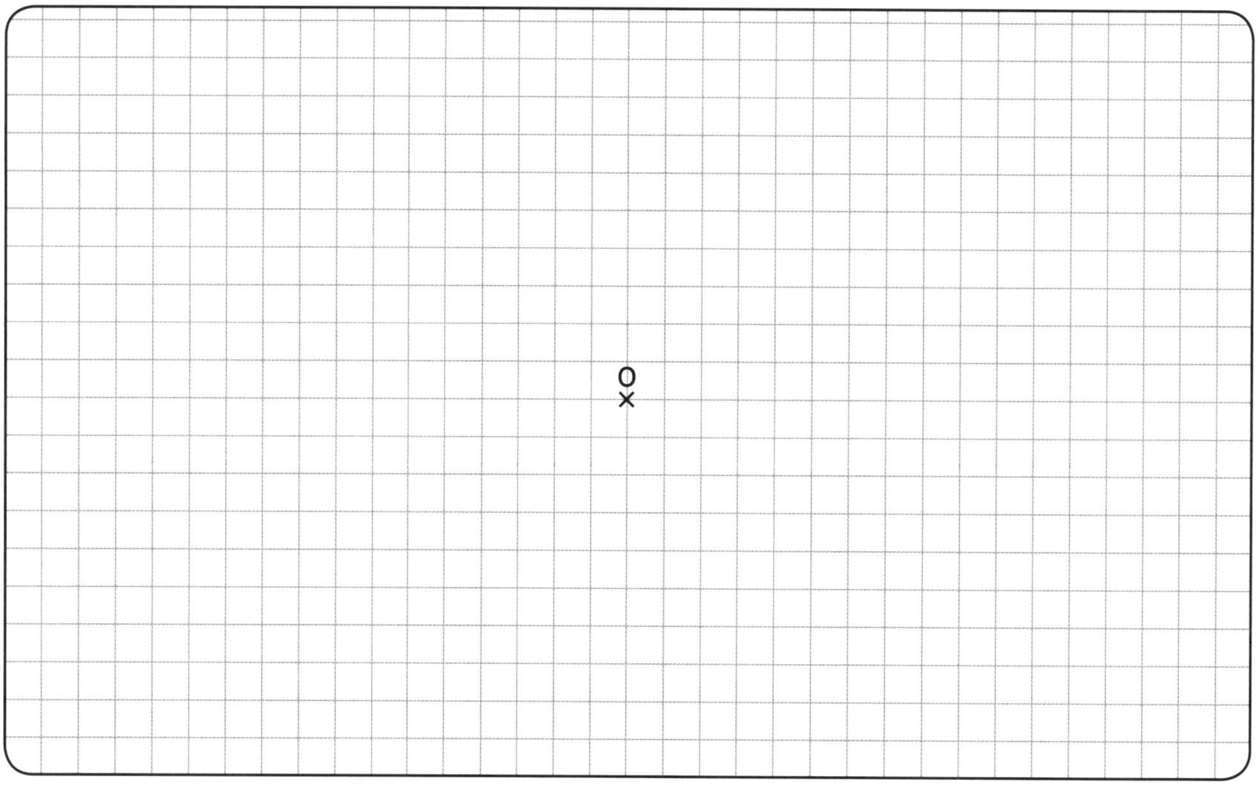

27

Agrandir le triangle ABC à partir du point A :
- le triangle AB′C′ est 1,5 fois plus grand que ABC ;
- le triangle AB″C″ est 2 fois plus grand que ABC.

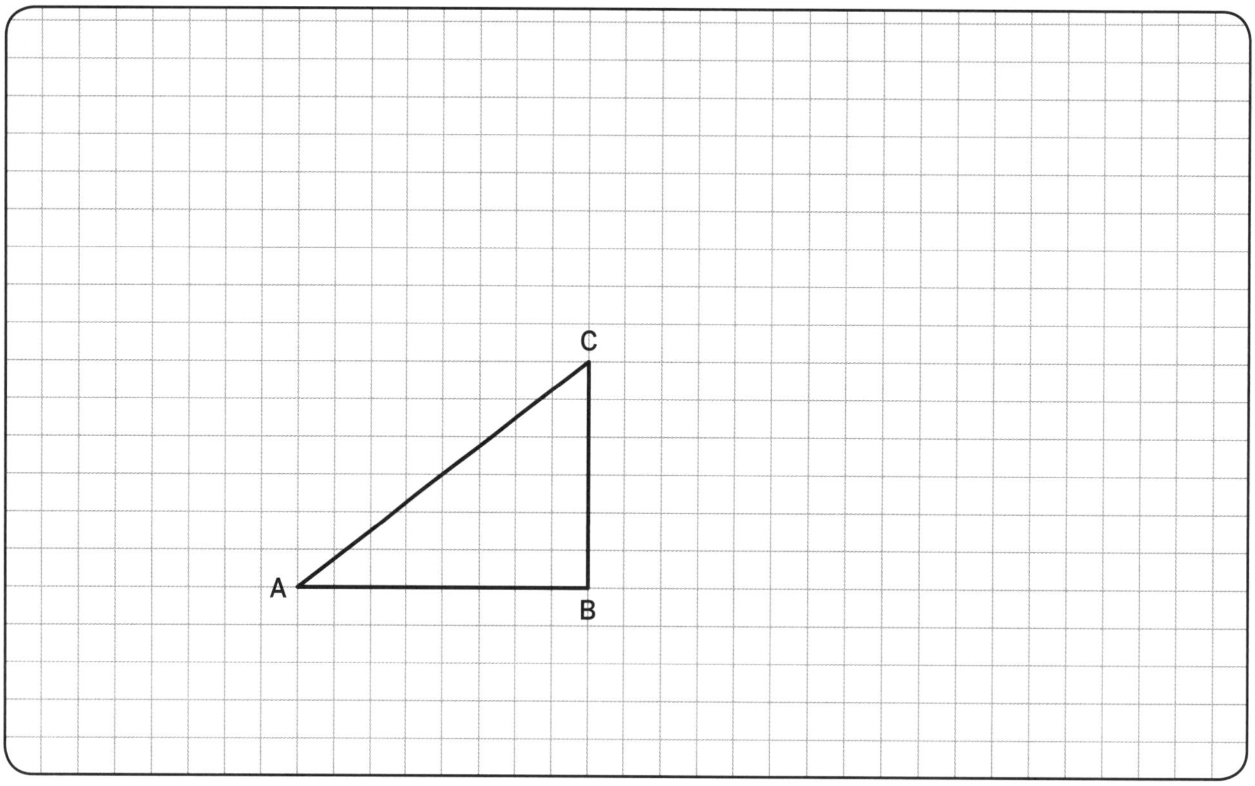

28

Avec ton matériel de géométrie, reproduis le triangle ABC aux dimensions indiquées.

Modèle réduit :

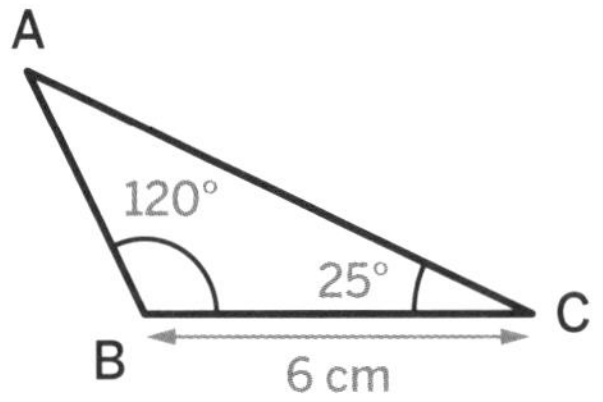

29

Avec ton matériel de géométrie, reproduis le triangle DEF aux dimensions indiquées.

Modèle réduit :

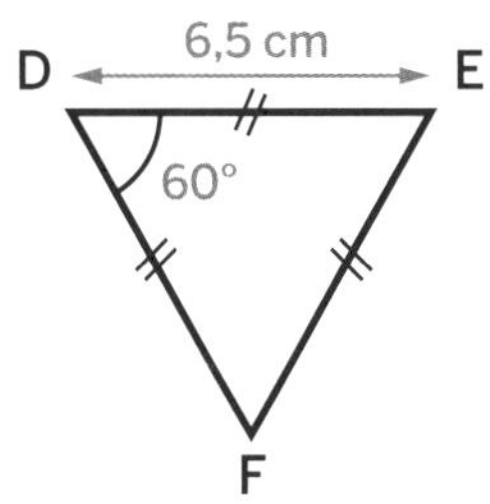

30

Avec ton matériel de géométrie, reproduis le losange PQRS aux dimensions indiquées.

Modèle réduit :

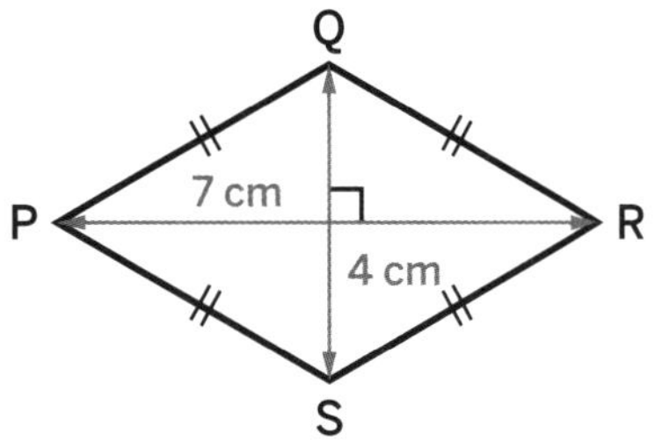

31

Avec ton matériel de géométrie, construis le triangle équilatéral PQR avec PR = 7,5 cm.
Trace ses médiatrices.

32

Avec ton matériel de géométrie, construis le losange ABCD avec AB = 5,5 cm et $\widehat{ABC}$ = 130°.

☐

33

Avec ton matériel de géométrie, construis le rectangle LMNO dont les diagonales mesurent 8 cm.
Les diagonales se croisent au point P et $\widehat{LPO}$ = 40°.

☐

34

Avec ton matériel de géométrie, trace deux agrandissements de la figure modèle en multipliant ses dimensions par 4 puis en multipliant ses dimensions par 3.

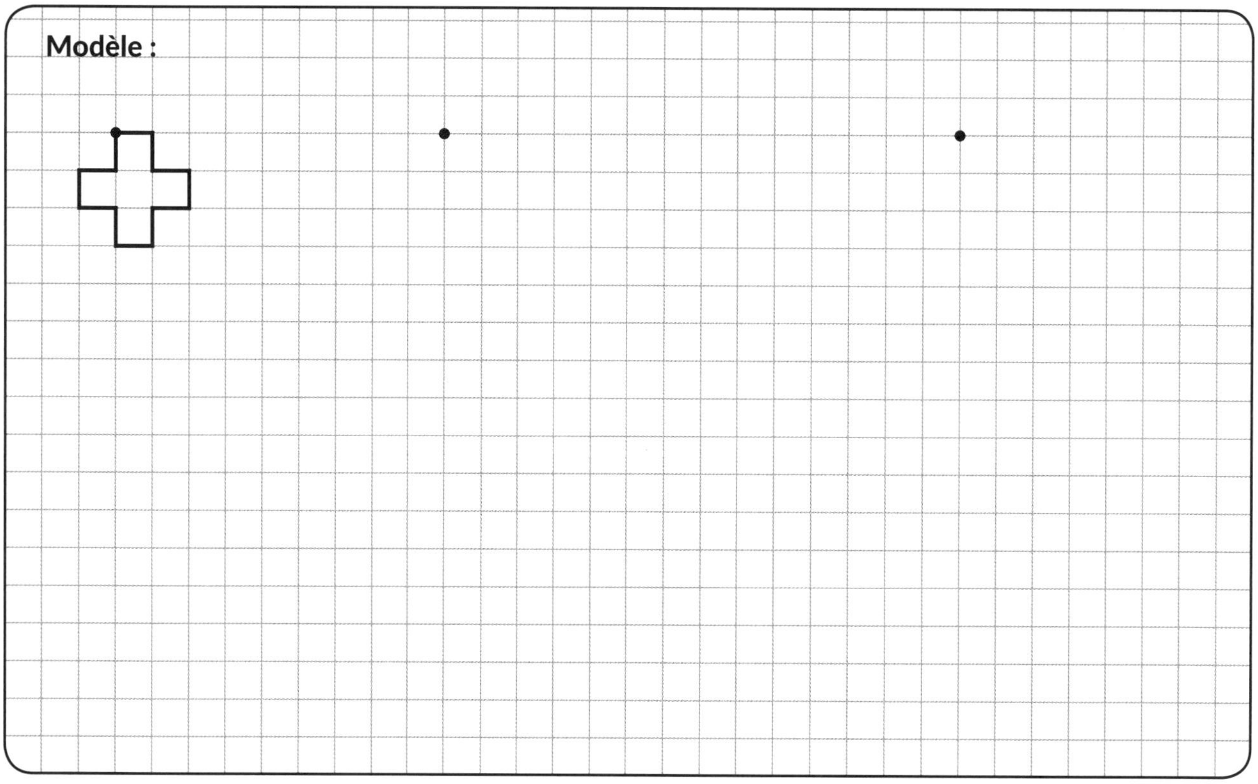

35

Avec ton matériel de géométrie, trace deux agrandissements de la figure modèle en multipliant ses dimensions par 3 puis en multipliant ses dimensions par 2.

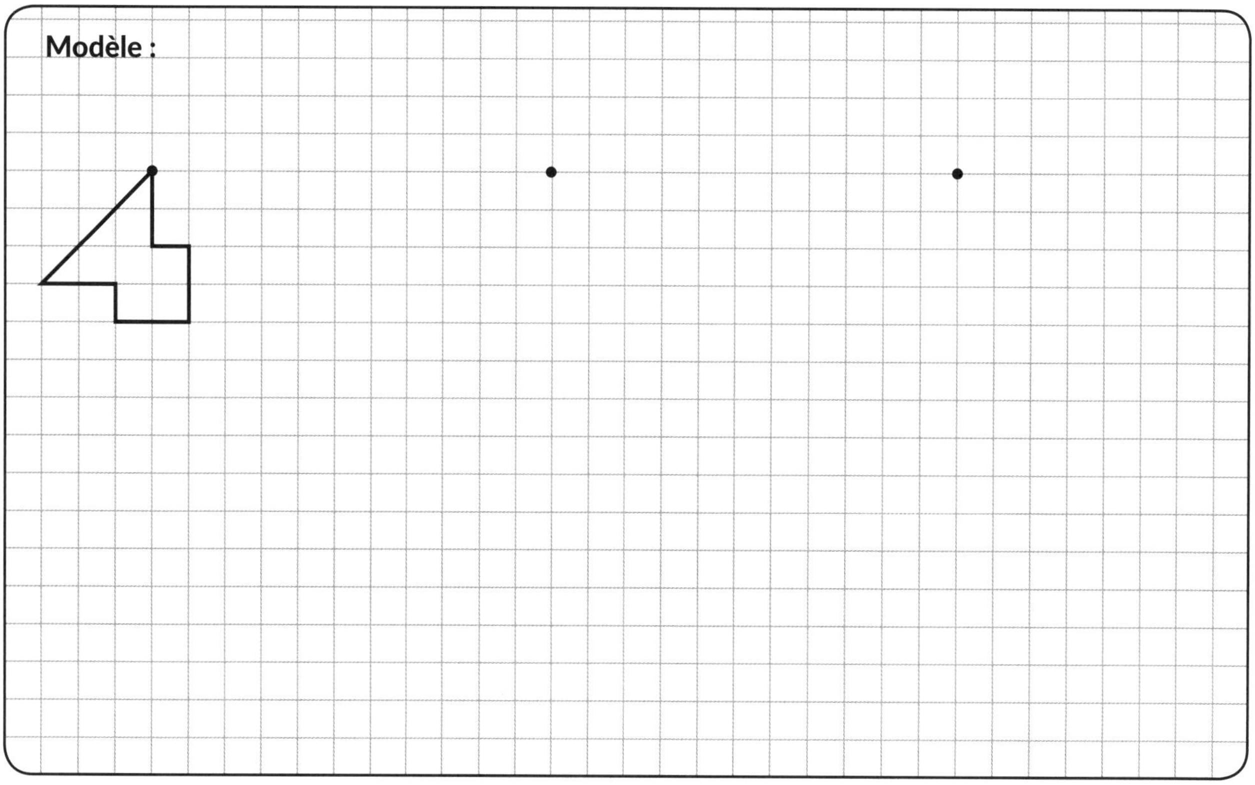

36

Avec ton matériel de géométrie, suis le programme de construction :

- Trace un cercle $\mathscr{C}$ de centre O et de rayon 4,5 cm.
- Trace le diamètre AB du cercle $\mathscr{C}$.
- Trace la médiatrice du diamètre AB, elle coupe le cercle $\mathscr{C}$ aux points C et D.
- Trace les deux droites perpendiculaires à [AB] passant par A et par B.
- Trace les deux droites perpendiculaires à [CD] passant par C et D.
- Marque tous les angles droits de la figure obtenue.

37

Avec ton matériel de géométrie, suis le programme de construction :

- Construis le carré ABCD de côté 5 cm.
- Place le point E tel que E est sur [AB) et [AB] =[BE].
- Trace la droite (d) parallèle à [BC] passant par E.
- Trace la demi-droite [AC), elle coupe la droite (d) au point F.
- Trace le cercle $\mathscr{C}$ de centre C et de rayon CA.
- La demi-droite [EC) coupe $\mathscr{C}$ au point G.
- Trace la figure AEFG.

CHAPITRE 9

Activités de géométrie

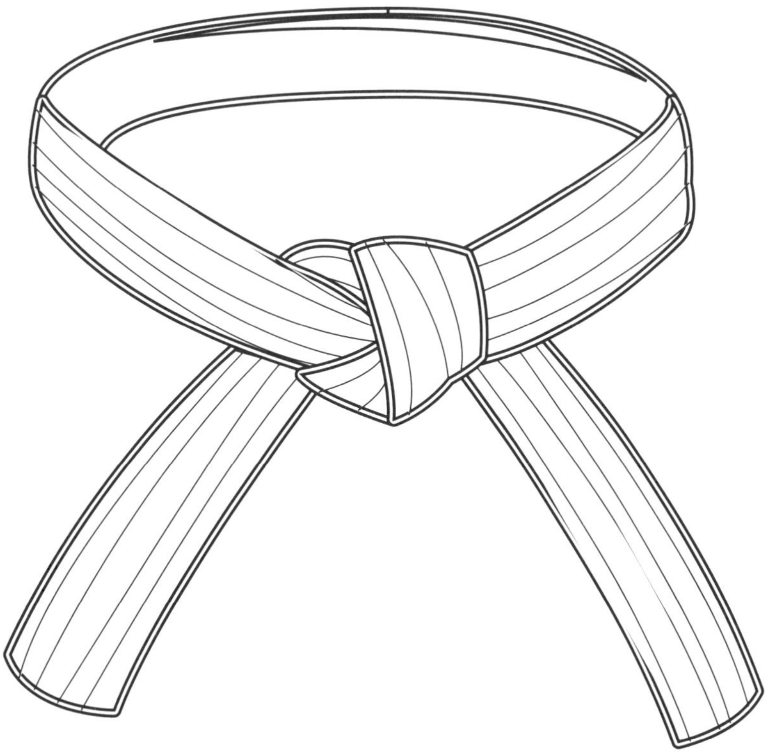

1

Avec ton matériel de géométrie, trace [AB] et [CD] en rouge ;
(FH) et (GI) en vert ; [EF] et [GH] en bleu.

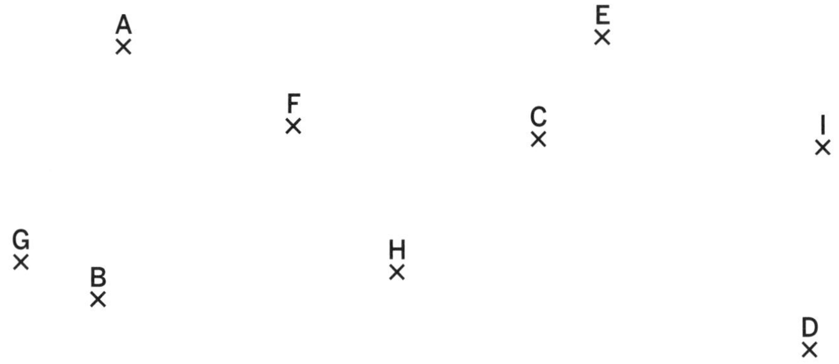

2

Place les points sur la droite en respectant les indications.

E ∈ (AD)	F ∉ [CD)	G ∈ [DA)
E ∈ [AB]	F ∉ [BA)	G ∉ [CA)

3

Avec ton matériel de géométrie, trace les médiatrices des segments [AB] et [BC] puis des segments [DE] et [EF].

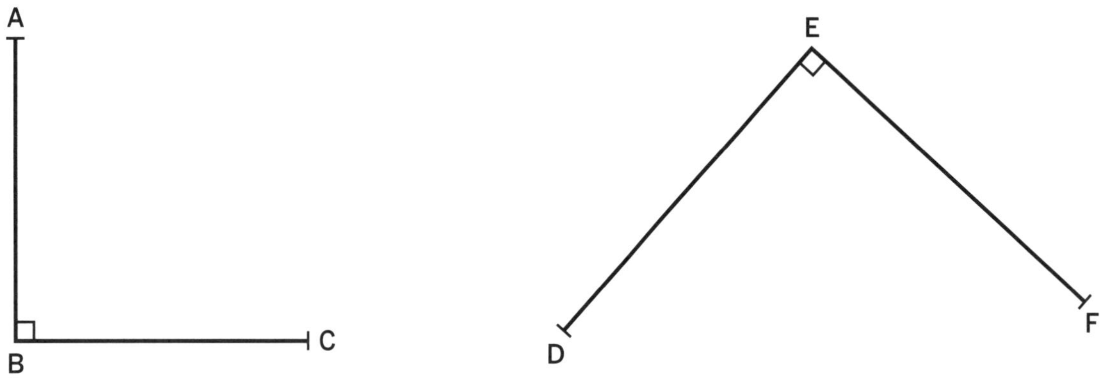

4

Avec ton matériel de géométrie, trace la droite (d_2) perpendiculaire à (d_1) passant par O.
Trace la droite (d′) parallèle à (d) passant par O.

▢
▢

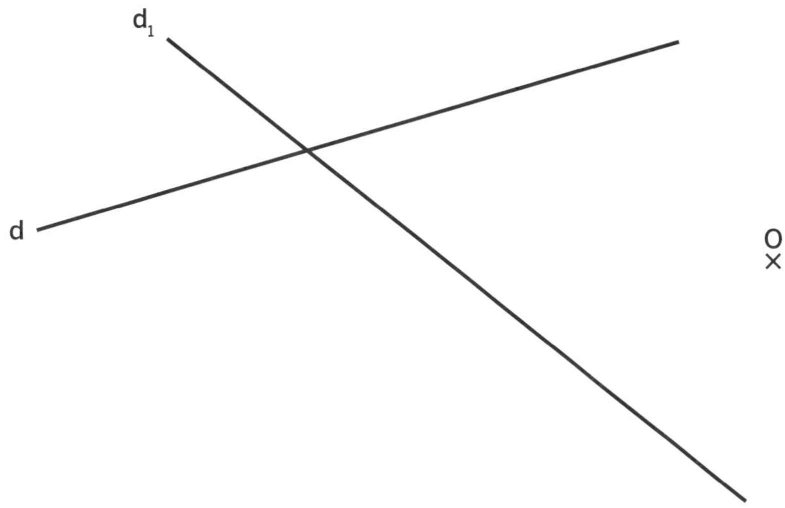

5

Avec ton matériel de géométrie, trace les médiatrices du triangle DEF.

▢

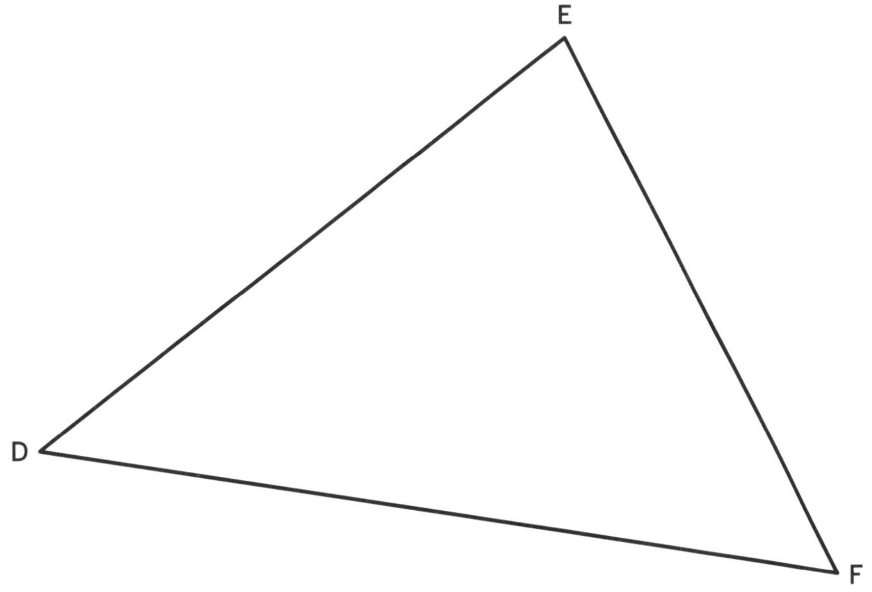

6

Avec ton matériel de géométrie, construis un angle $\widehat{DEF}$ de mesure 120°.

7

Avec ton matériel de géométrie, construis un angle $\widehat{LOM}$ de mesure 80°.

8

Avec ton matériel de géométrie, construis un angle $\widehat{AOB}$ de mesure 60°.

9

Trouve par le calcul la valeur de l'angle $\widehat{xOy}$.

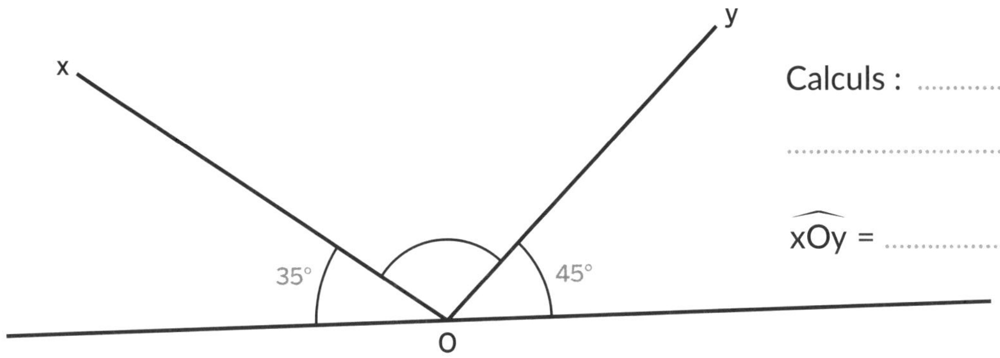

Calculs : ....

....

$\widehat{xOy}$ = ...

10

Avec ton matériel de géométrie, mesure l'angle $\widehat{MON}$ puis trace sa bissectrice.

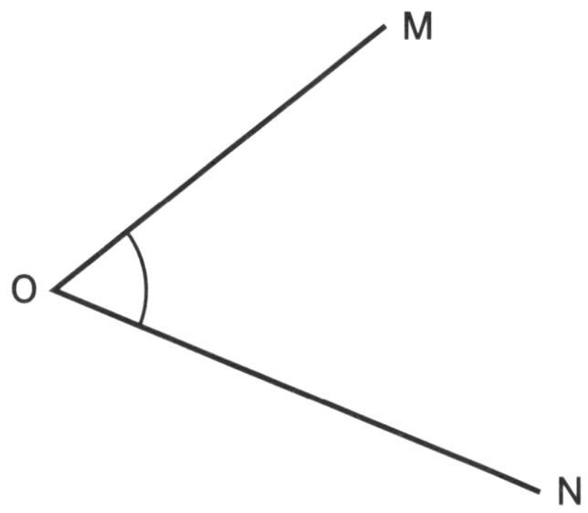

$\widehat{MON}$ = ...

11

Avec ton matériel de géométrie, mesure l'angle $\widehat{FIK}$ puis trace sa bissectrice.

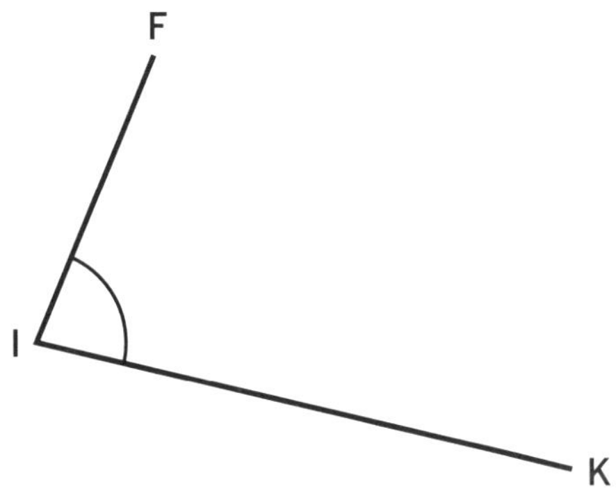

$\widehat{FIK}$ = ...

12

Calcule le périmètre de la figure ci-dessous.

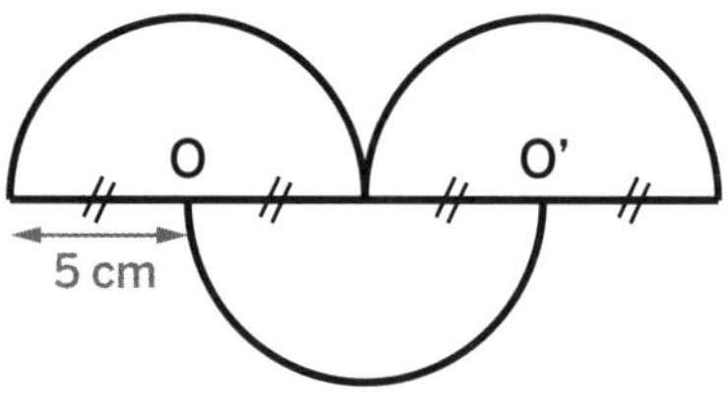

Calculs : ....

....

Réponse : ....

13

Calcule le périmètre de la figure ci-dessous.
[BC] est le diamètre du demi-cercle.

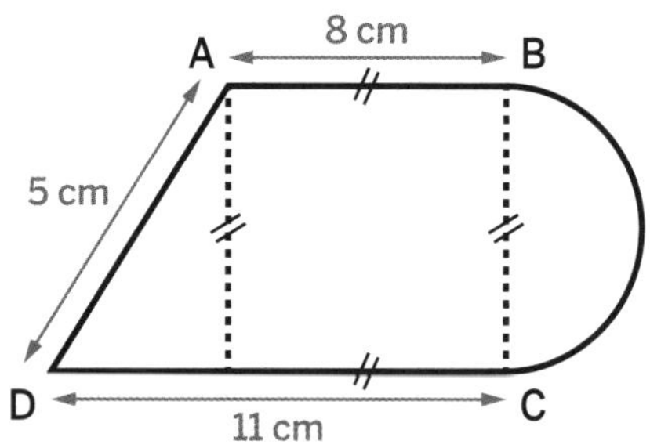

Calculs : ....

....

Réponse : ....

14

Calcule le périmètre de la figure ci-dessous.
[AD] et [BC] sont les diamètres des demi-cercles.

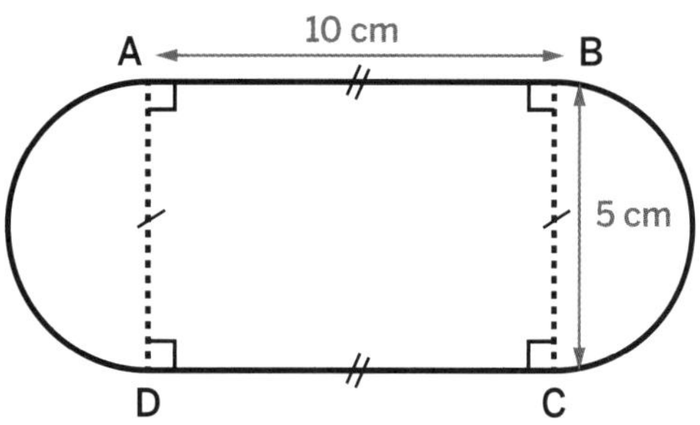

Calculs : ....

....

Réponse : ....

15

Calcule l'aire de la figure grisée ci-dessous.
[EF] est un diamètre du demi-disque.

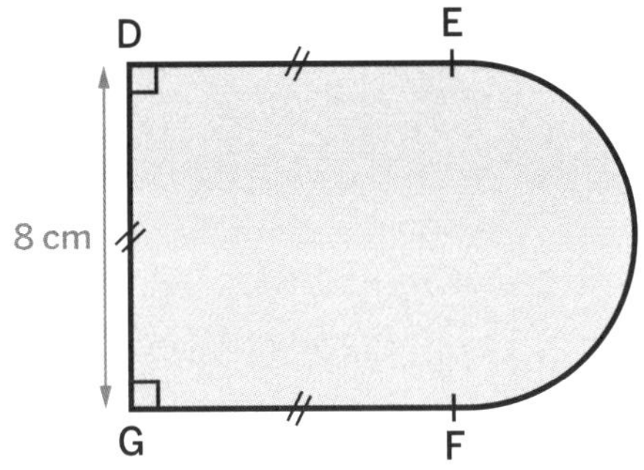

Calculs : ....

....

Réponse : ....

16

Calcule l'aire de la figure grisée ci-dessous.

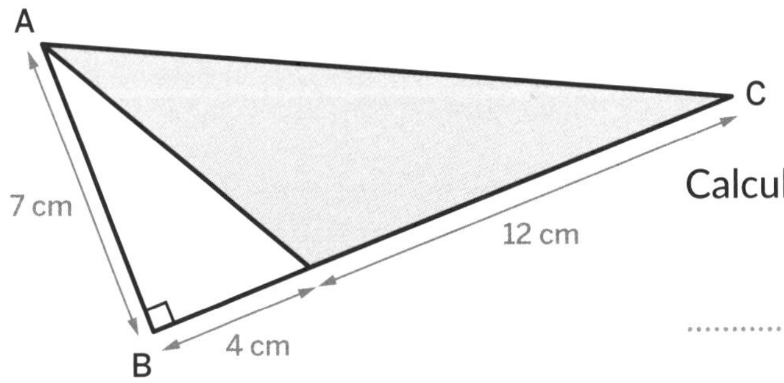

Calculs : ....

....

Réponse : ....

17

Calcule l'aire de la figure grisée ci-dessous.

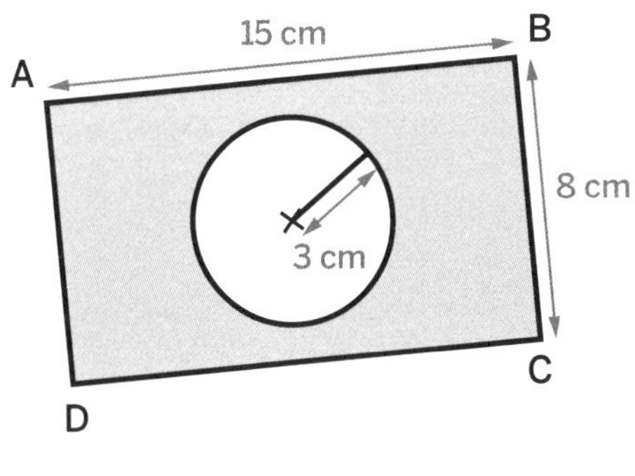

Calculs : ....

....

Réponse : ....

18

Observe le solide composé puis complète sa carte d'identité et indique sa longueur totale.

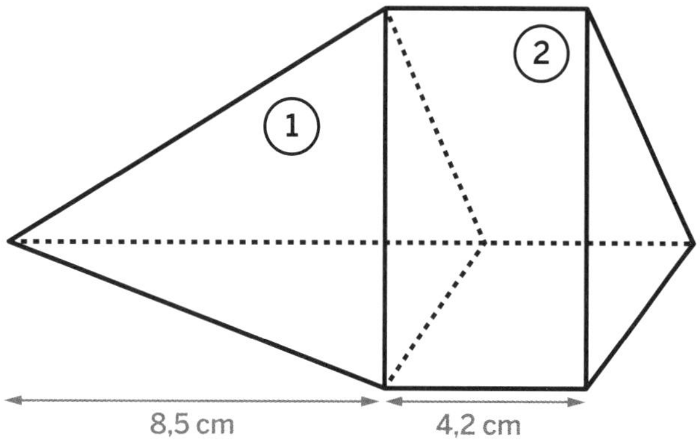

Nom du solide (1) : ....

Nom du solide (2) : ....

Longueur totale du solide : ....

19

Observe le solide composé puis complète sa carte d'identité et indique sa longueur totale.

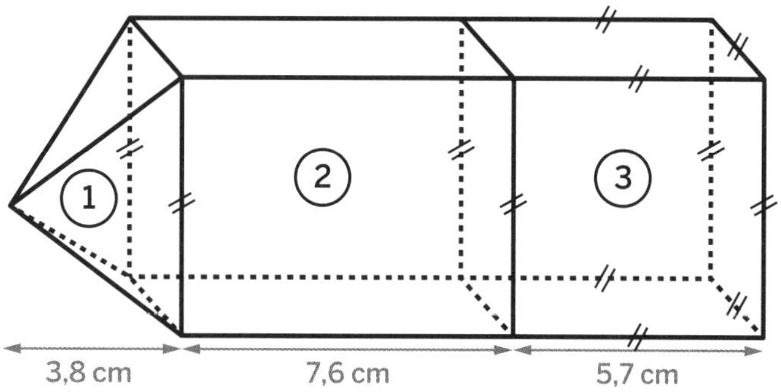

Nom du solide (1) : ....

Nom du solide (2) : ....

Nom du solide (3) : ....

Longueur totale du solide : ....

20

Observe le solide composé puis complète sa carte d'identité et indique sa longueur totale.

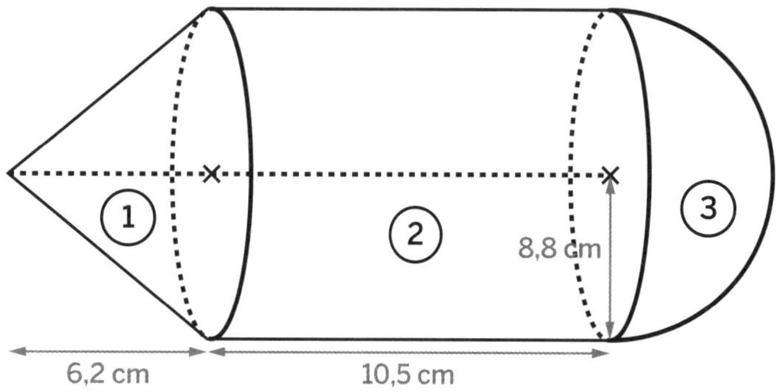

Nom du solide (1) : ....

Nom du solide (2) : ....

Nom du solide (3) : ....

Longueur totale du solide : ....

21

Avec ton matériel de géométrie, contruis un patron du prisme droit en respectant les mesures indiquées.

Modèle réduit :

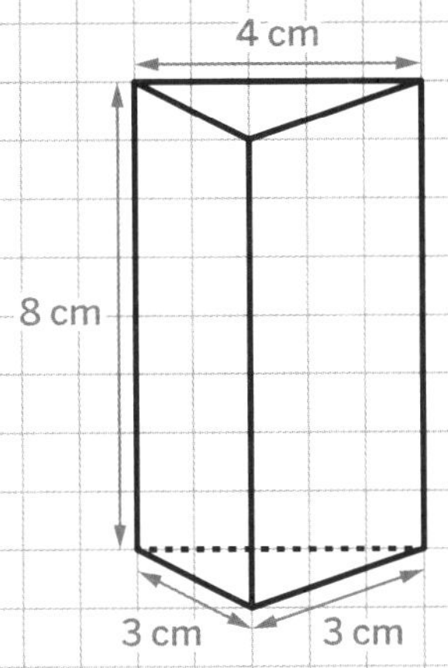

22

Avec ton matériel de géométrie, trace la figure A′B′C′ symétrique au triangle ABC par rapport à la droite (d).

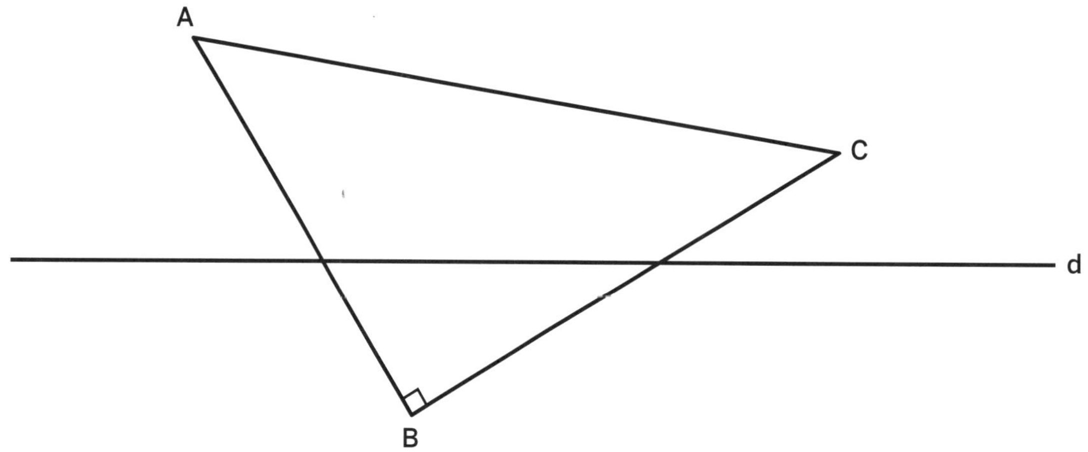

23

Avec ton matériel de géométrie, trace la figure D′E′F′G′ symétrique au rectangle DEFG par rapport à la droite (d).

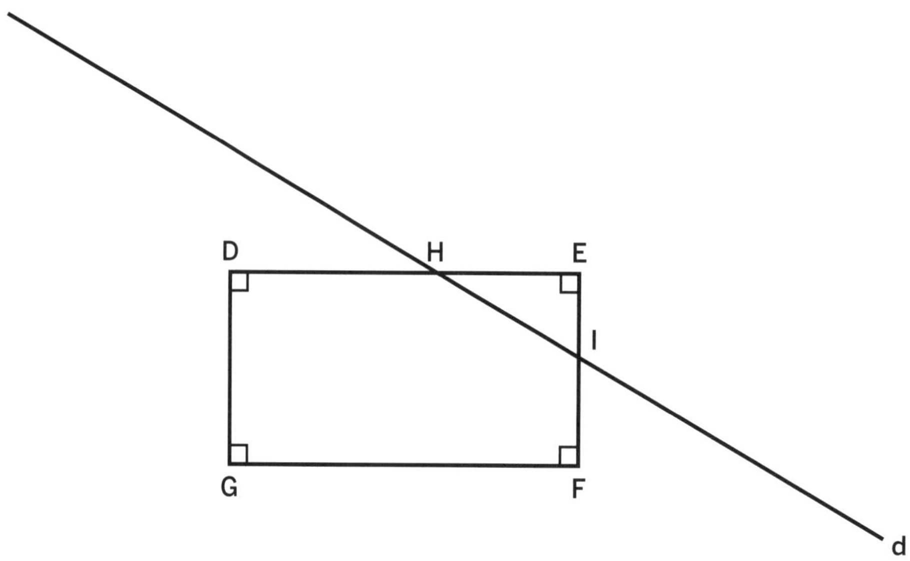

24

Avec ton matériel de géométrie, trace les segments symétriques par rapport à l'axe donné.

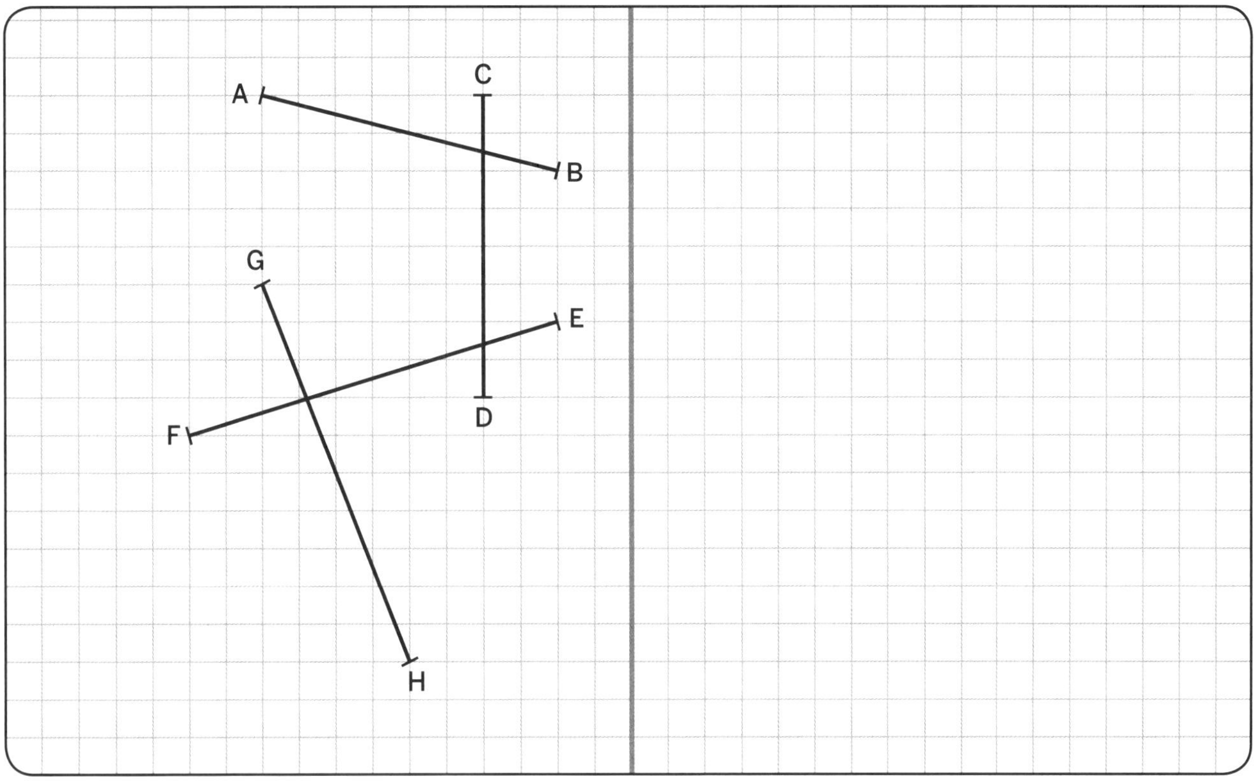

25

Avec ton matériel de géométrie, trace les axes de symétrie de la figure ci-dessous.

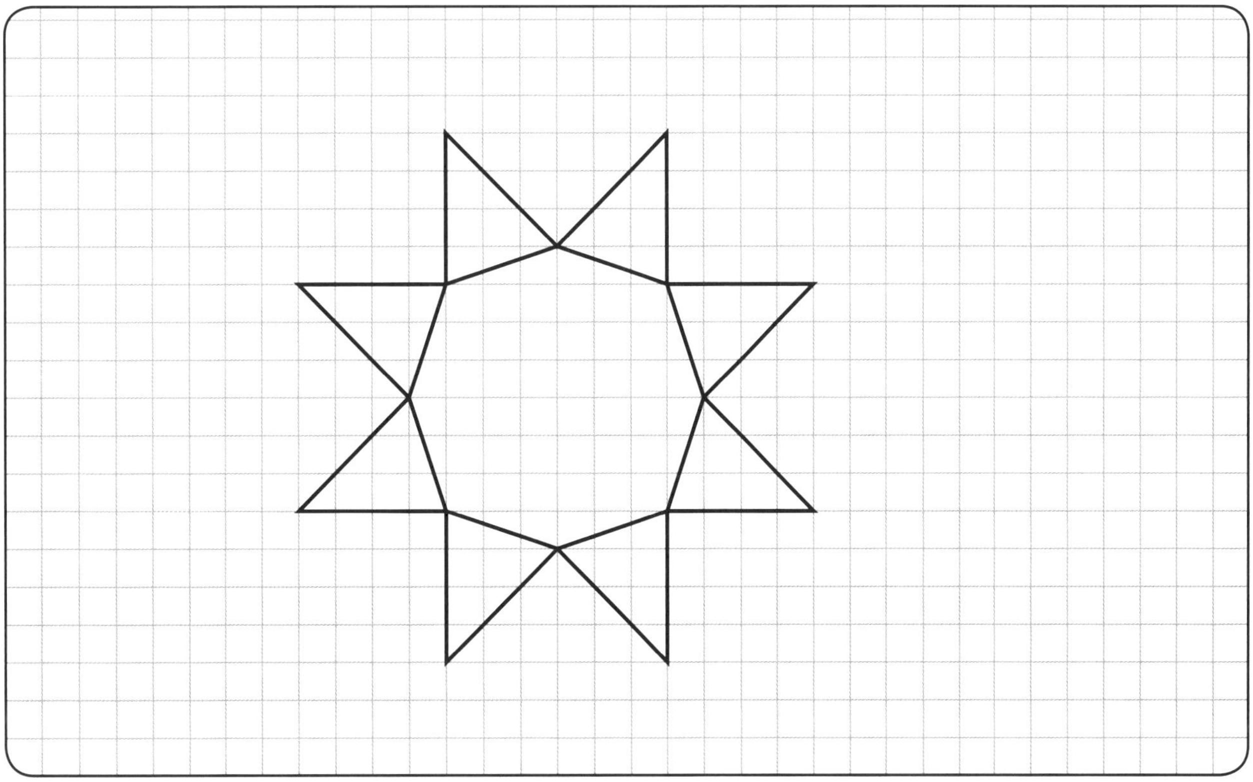

26

Avec ton matériel de géométrie, reproduis la figure modèle PEUF.

Modèle réduit :

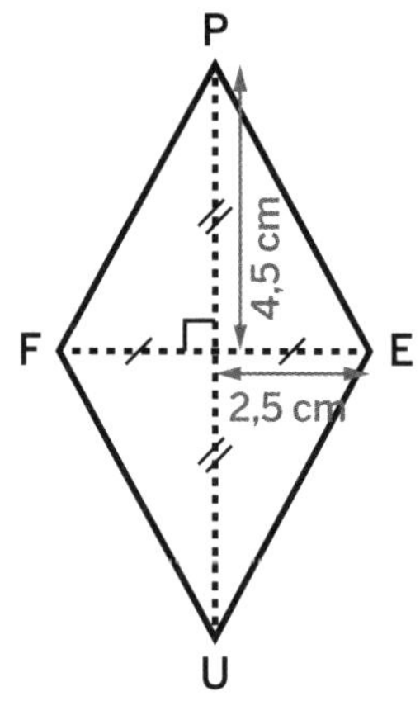

27

Avec ton matériel de géométrie, reproduis la figure modèle BOUM.

Modèle réduit :

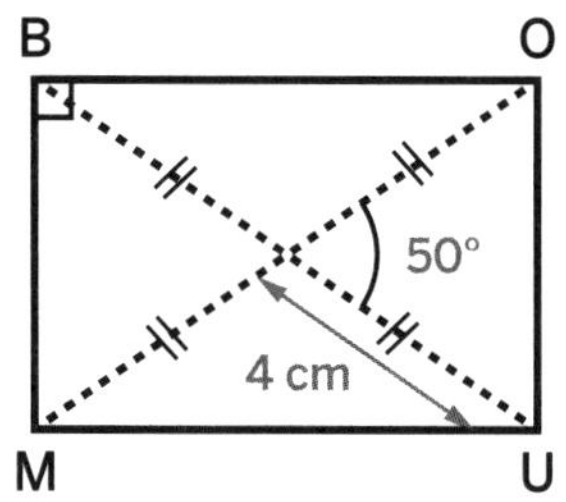

28

Avec ton matériel de géométrie, construis le carré PQRS avec PQ = 8 cm. Place les milieux des côtés puis relie-les.

29

Avec ton matériel de géométrie, construis le triangle DEF avec DE =11,2 cm, DF = 8,3 cm et $\widehat{FDE}$ = 35°.

30

Avec ton matériel de géométrie, construis le rectangle ABCD dont les médiatrices mesurent 9 cm et 4 cm.

▢

31

Avec ton matériel de géométrie, trace le cercle 𝒞′ de centre O qui est obtenu en divisant par 3 les dimensions du cercle 𝒞.

▢

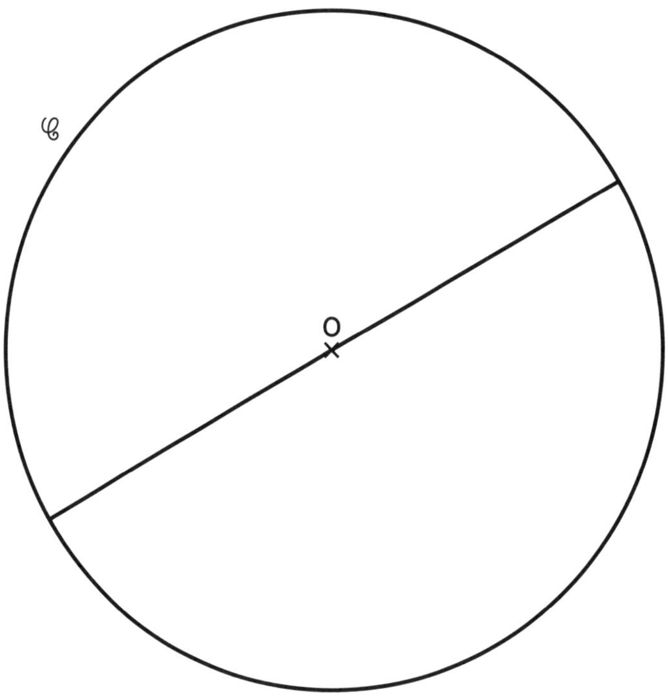

32

Avec ton matériel de géométrie, trace le carré PQRS qui est obtenu en multipliant les dimensions du carré ABCD par $\frac{5}{2}$.

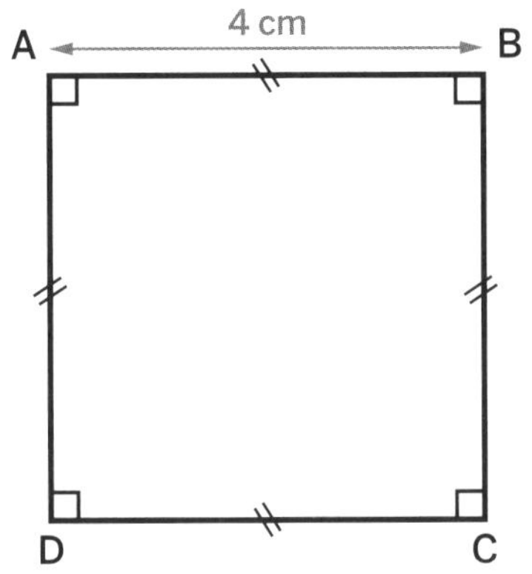

33

Avec ton matériel de géométrie, suis le programme de construction :

- Trace le segment [AB] de longueur 7 cm.
- Trace le segment [BC] de longueur 4 cm, perpendiculaire à [AB].
- Trace le segment [AD] de longueur 3 cm, perpendiculaire à [AB].
- Construis le quadrilatère non croisé ABCD.
- Place E, milieu de CD, puis trace l'arc de cercle $\overset{\frown}{DC}$ de centre E, extérieur au quadrilatère ABCD.
- Construis la figure symétrique de cette figure composée par rapport à l'axe AB.

34

Avec ton matériel de géométrie, suis le programme de construction :

- Construis le carré ABCD de côté 9 cm.
- Trace la diagonale BD du carré ABCD.
- Place le point E, milieu du côté BC.
- Trace le segment [EF] parallèle à BD, il coupe le côté DC au point F.
- Trace le segment [EG] perpendiculaire à [EF], il coupe [BD] au point G.
- Trace le segment [AH] perpendiculaire à [EF], il coupe [BD] au point O et [EF] au point H.
- I est le milieu de [DO], trace le segment [IH].
- Colorie les éléments du Tangram.

CHAPITRE 10

Activités de géométrie

1

Sur la figure ci-dessous : repasse [CB] en rouge ; repasse [AC) en bleu ; repasse [BA) en vert.

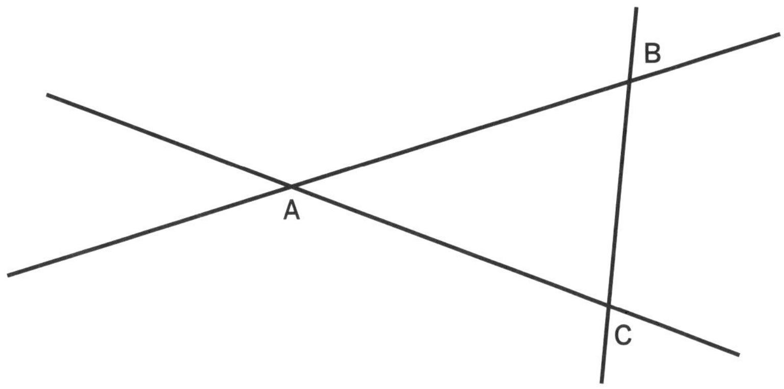

2

Avec ton matériel de géométrie, trace :
- la droite (d_2) parallèle à (d_1) passant par O ;
- la droite (d′) parallèle à (d) passant par O.

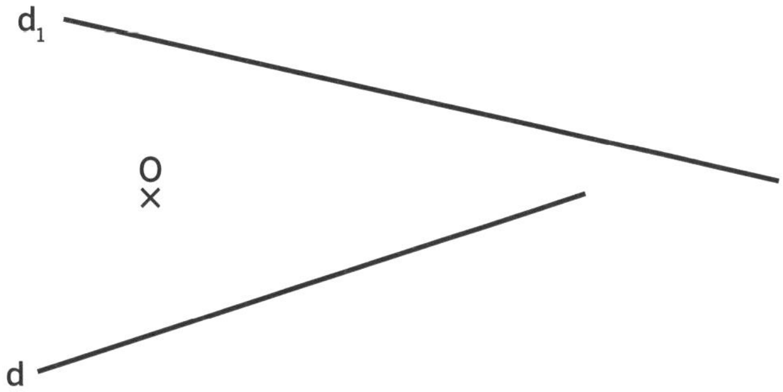

3

Avec ton matériel de géométrie, trace la droite (d_1) perpendiculaire à (d) passant par O. Trace ensuite la droite (d_2) parallèle à (d) passant par O.

4

Avec ton matériel de géométrie, trace :

- les droites (d_2) et (d_3) parallèles à (d_1) passant respectivement par A et B ;
- les droites (d′) et (d″) perpendiculaires à (d) passant respectivement par A et B.

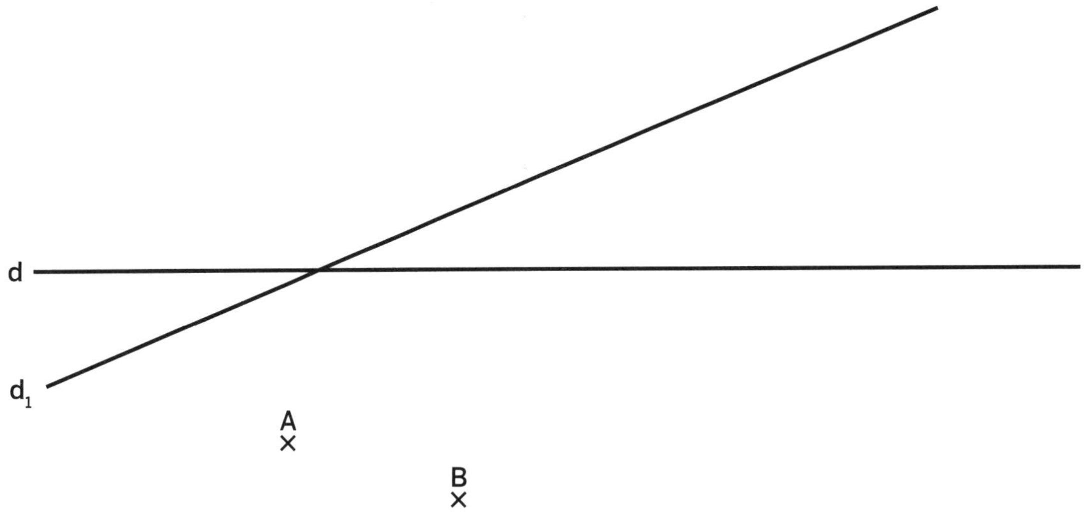

5

Avec ton matériel de géométrie, trace les médiatrices des côtés du pentagone ABCDE.

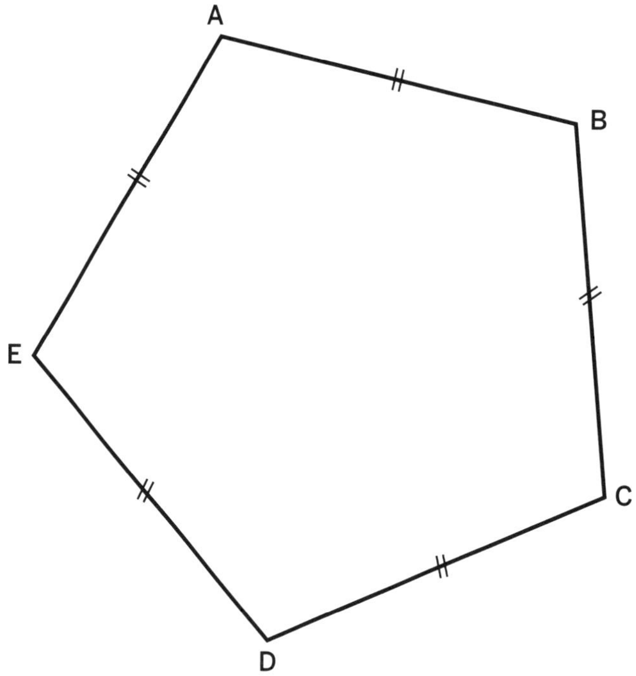

6 Sur la figure ci-dessous, marque l'angle $\widehat{xOz}$ en vert ; l'angle $\widehat{yOz}$ en bleu ; l'angle $\widehat{xOy}$ en jaune.

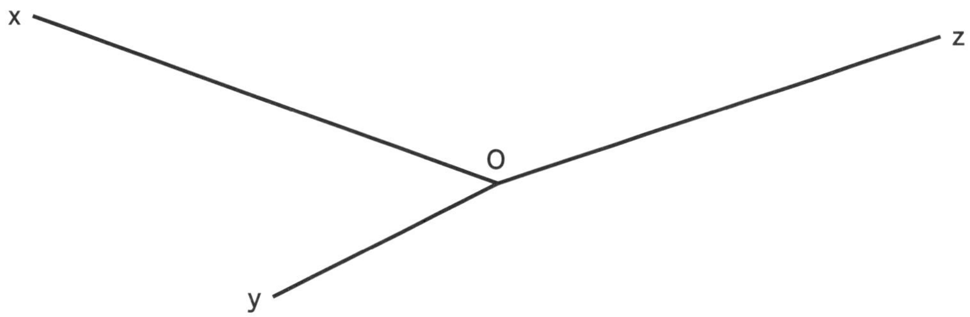

7 Calcule la mesure de l'angle $\widehat{DFE}$ dans le triangle rectangle isocèle ci-dessous.

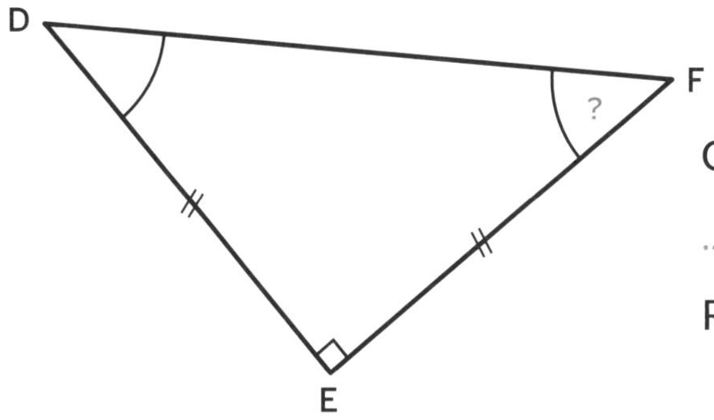

Calculs : ....

....

Réponse : ....

8 Calcule la mesure de l'angle $\widehat{FHG}$ dans le triangle isocèle ci-dessous.

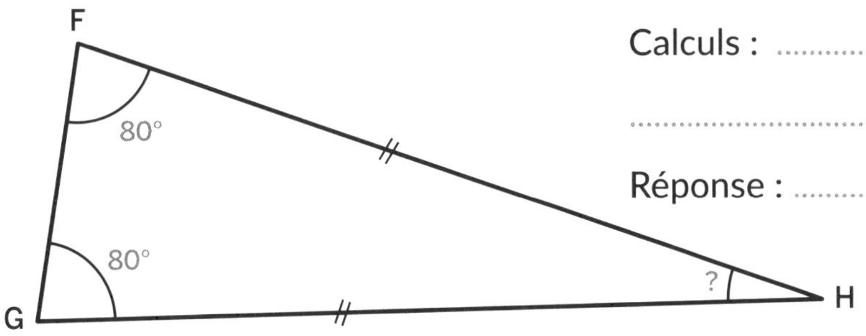

Calculs : ....

....

Réponse : ....

9 Calcule la mesure de l'angle $\widehat{ACB}$ dans le triangle ci-dessous.

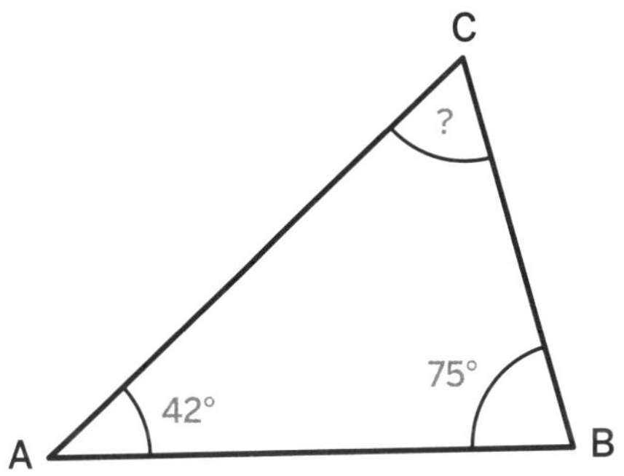

Calculs : ....

....

Réponse : ....

10

Avec ton matériel de géométrie, trace les bissectrices des angles du triangle RST.

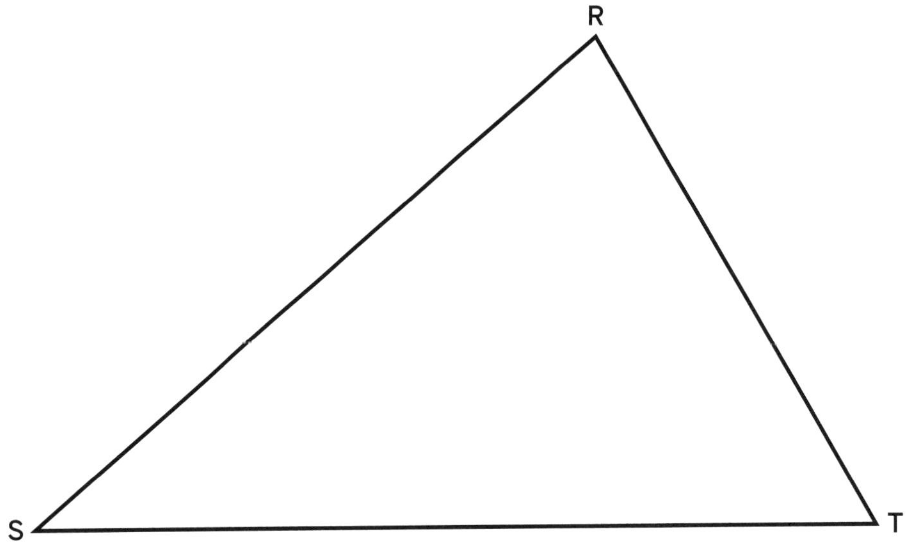

11

Avec ton matériel de géométrie, trace les bissectrices des angles du triangle XYZ.

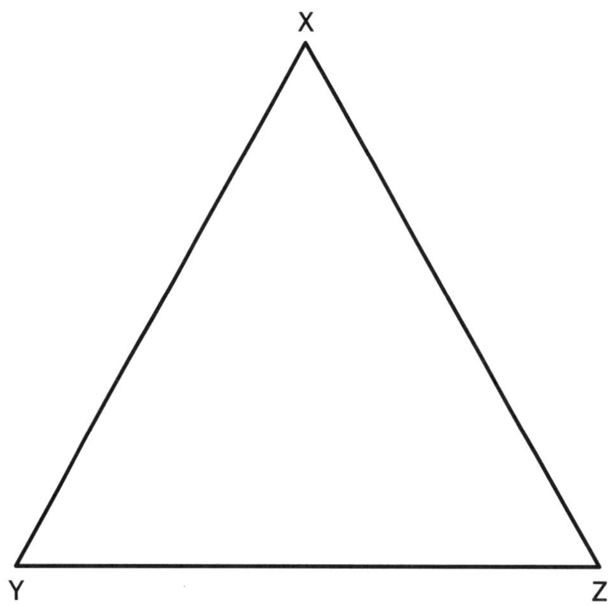

12

Calcule le périmètre de la figure ci-dessous.
[PS] et [QR] sont les diamètres des demi-cercles.

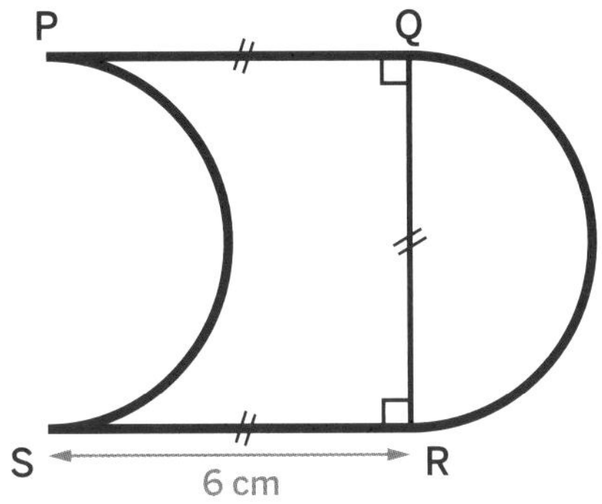

Calculs : ....

....

Réponse : ....

13

Calcule le périmètre de la figure LOVE.
[LO] et [OV] sont les diamètres des demi-cercles.

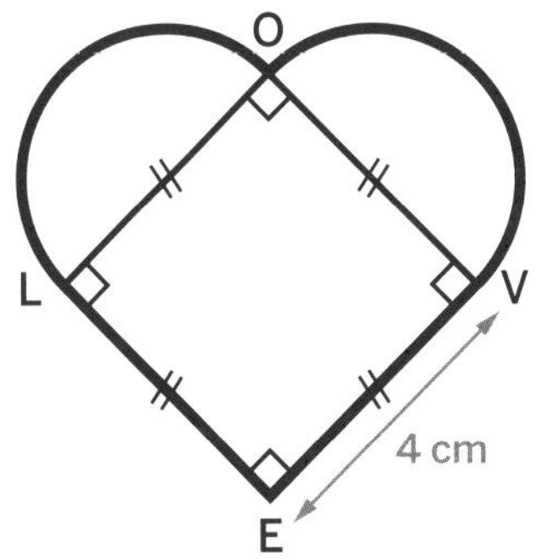

Calculs : ....

....

Réponse : ....

14

Calcule le périmètre de la figure grisée FBGHDE.

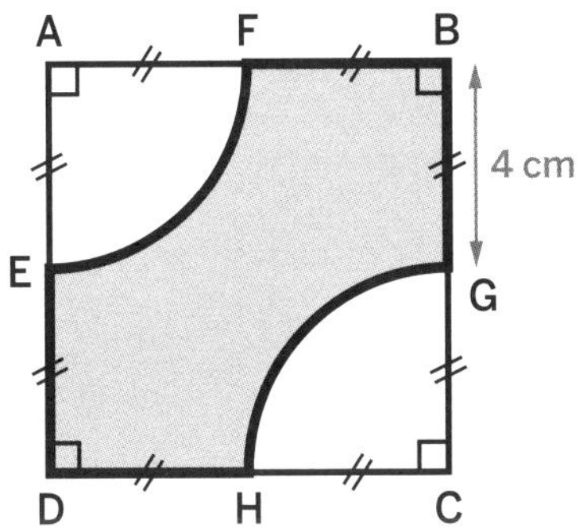

Calculs : ....

....

Réponse : ....

15

Calcule l’aire de la surface grisée ci-dessous.

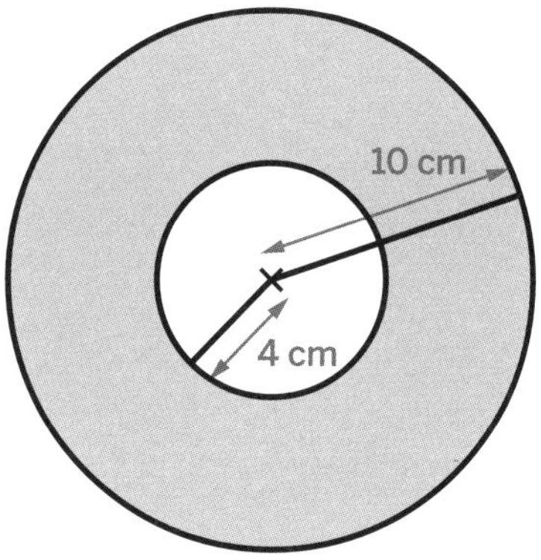

Calculs : ....

....

Réponse : ....

16

Calcule l’aire de la surface grisée ci-dessous.

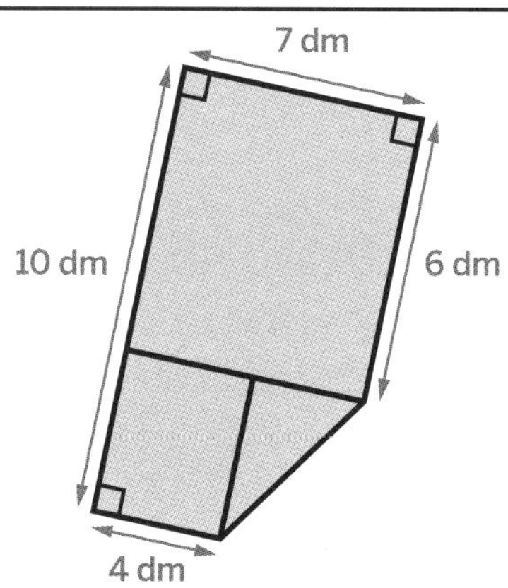

Calculs : ....

....

Réponse : ....

17

Calcule l’aire de la surface grisée ci-dessous.

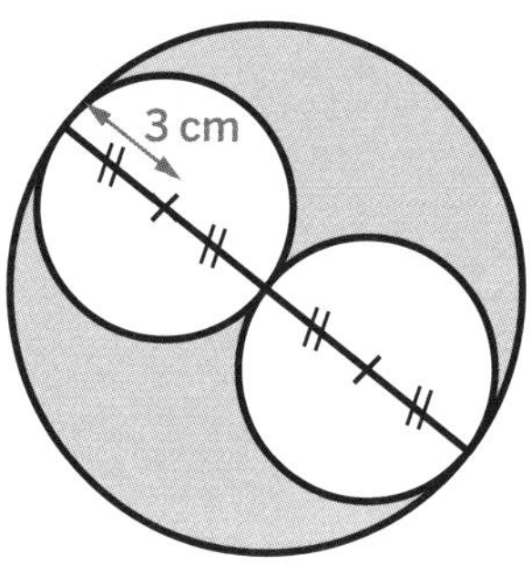

Calculs : ....

....

....

Réponse : ....

18

Avec ton matériel de géométrie, construis un patron du cylindre en respectant les mesures indiquées sur le modèle.

Modèle réduit :

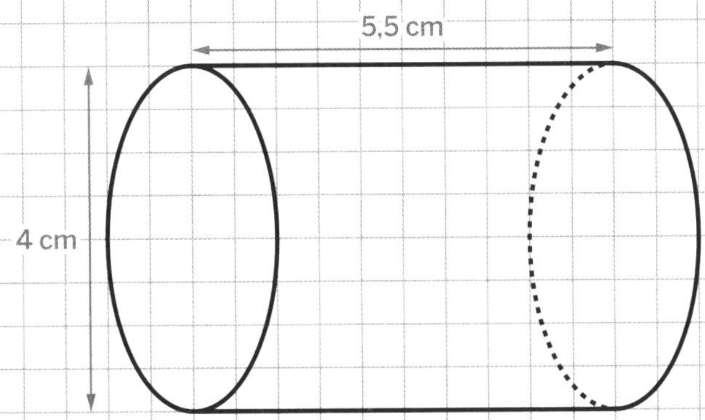

19

Avec ton matériel de géométrie, construis un patron du pavé droit en respectant les mesures indiquées sur le modèle.

Modèle réduit :

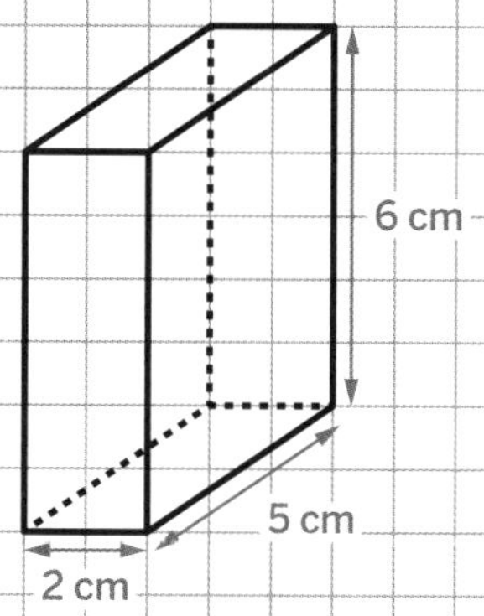

20

Avec ton matériel de géométrie, trace la figure A′B′C′ symétrique à ABC par rapport à la droite (d).

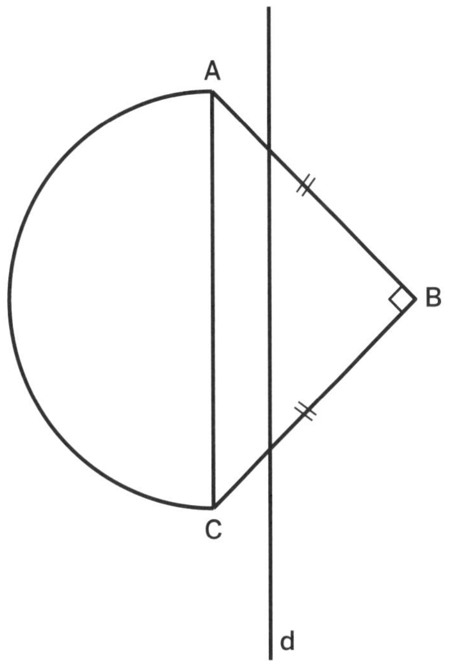

21

Avec ton matériel de géométrie, trace la figure A′B′C′D′ symétrique du losange ABCD par rapport à la droite (d).

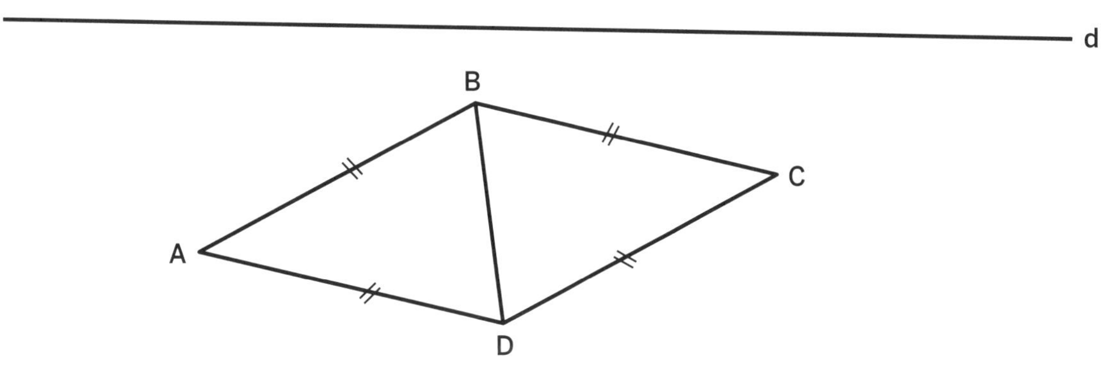

22

Trace la figure A′, symétrique de A par rapport à la droite (d).
Trace la figure A″, symétrique de A par rapport à la droite (d′).
Trace enfin la figure symétrique de A′ par rapport à la droite (d′).

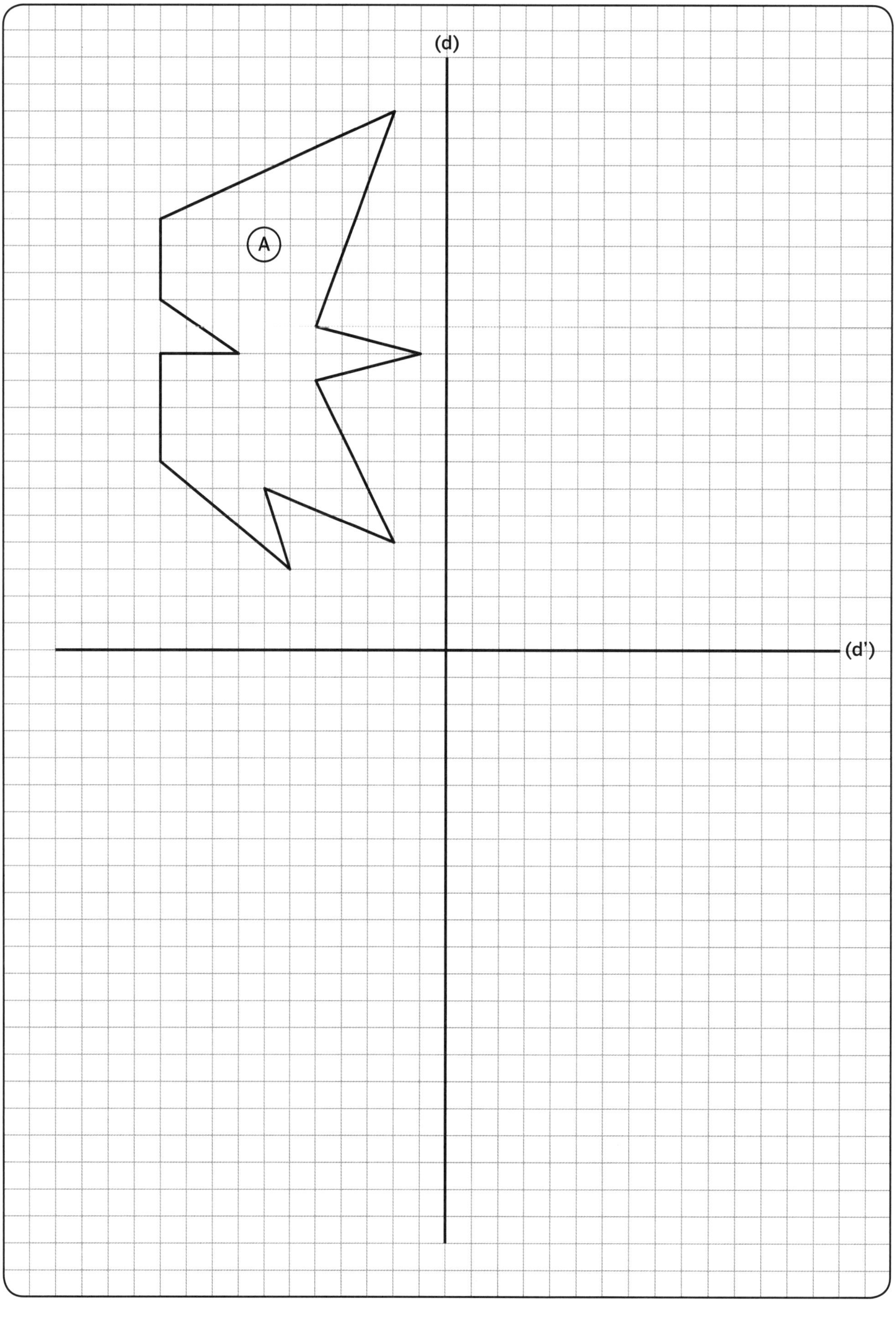

23

Avec ton matériel de géométrie, reproduis le parallélogramme ABCD aux dimensions indiquées.

Modèle réduit :

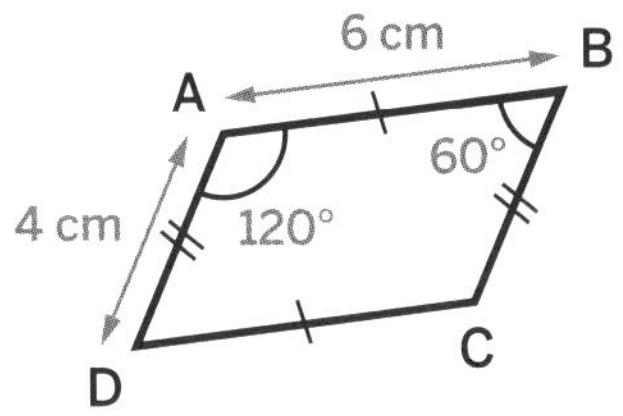

24

Avec ton matériel de géométrie, reproduis le triangle ABC aux dimensions indiquées.

Modèle réduit :

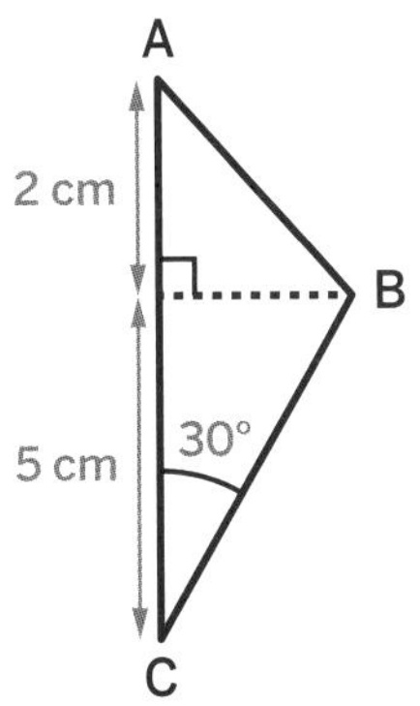

25

Avec ton matériel de géométrie, reproduis le parallélogramme IJKL aux dimensions indiquées.

▢

Modèle réduit :

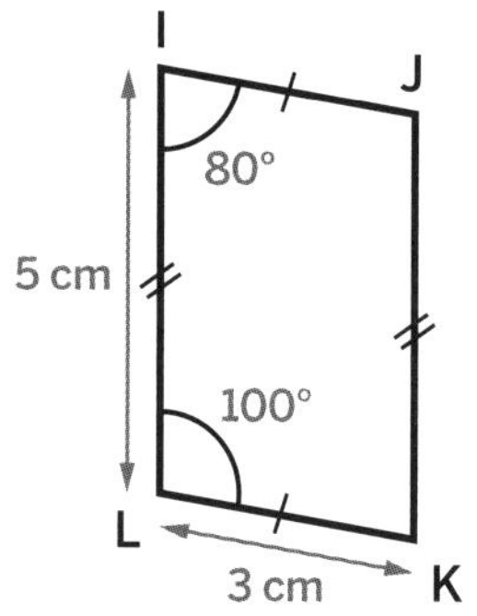

26

Avec ton matériel de géométrie, construis le losange ABCD avec AB = 6 cm et $\widehat{DAB}$ = 55°

▢

27

Avec ton matériel de géométrie, construis le carré EFGH dont les médiatrices mesurent 6 cm.

▢

28

Avec ton matériel de géométrie, construis le triangle isocèle PQR, isocèle en P avec QR = 5 cm et $\widehat{PQR} = \widehat{QRP} = 70°$.

▢

29

Avec ton matériel de géométrie, construis le triangle quelconque STU avec ST = 4,3 cm, TU = 7 cm et US = 9,4 cm.

30

Avec ton matériel de géométrie, trace une réduction de la figure modèle en multipliant ses dimensions par $\frac{1}{4}$.

Modèle :

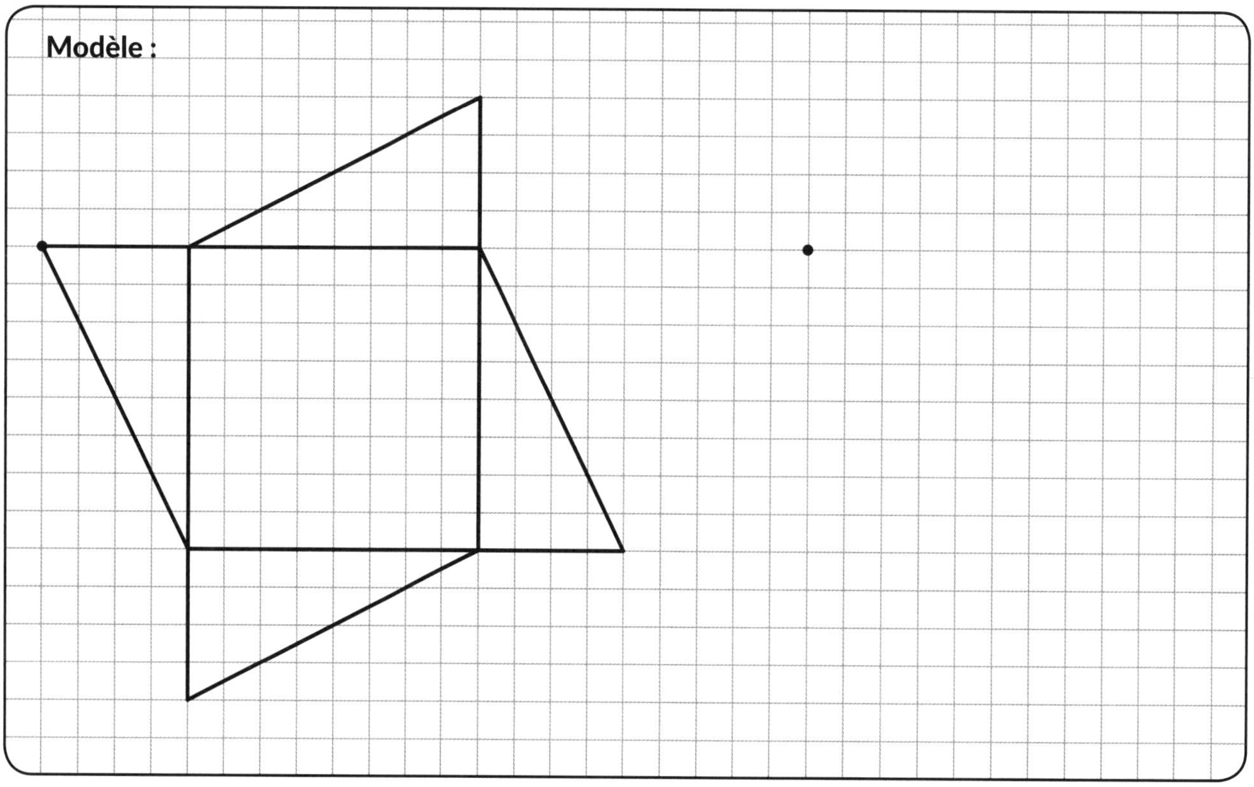

31

Avec ton matériel de géométrie, suis le programme :

- Trace le triangle rectangle ABC, rectangle en A tel que [AB] = 3 cm, [BC] = 5 cm et [CA] = 4 cm.
- À partir de [BC], construis le carré BCDE.
- À partir de [AB], construis le carré ABFG.
- À partir de [AC], construis le carré ACHI. Les carrés BCDE, ABFG et ACHI ne se croisent pas.
- Trace les médiatrices des côtés du triangle ABC. Elles se croisent en J.
- Colorie les carrés de 3 couleurs différentes.

32

Avec ton matériel de géométrie, suis le programme de construction :

- Construis le triangle rectangle ABC, rectangle en A tel que AB = 5 cm, $\widehat{ABC}$ = 60°, BC = 10 cm et $\widehat{BCA}$ = 30°.
- Trace les bissectrices des angles $\widehat{ABC}$, $\widehat{BCA}$ et $\widehat{CAB}$, elles se coupent en O.
- Trace la droite (d) perpendiculaire à [BC] passant par O. Elle coupe [BC] en E.
- Trace le cercle de centre O et de rayon OE.